AF388124

Du même auteur

Le Viêt Nam que j'aime
Tome III
Avec Jean Bernard JOLY

BOD Éditeur
2017

UN ENFANT QUAND JE VEUX ?

PLANIFICATION FAMILIALE NATURELLE
Viêt Nam - Mali

Marie JOLY
Notes mises à jour par Jean Bernard JOLY

BOD Editeur 2020

À Marie, mon épouse, morte en 2017
La publication de ses notes pourra servir à ceux qui aiment TQS

À Pham Xuan Tiêu, son collaborateur et interprète au Viêt Nam

Au Père Joseph Trinh Ngôc Hiên
Qui a initié la diffusion de TQS au Viêt Nam

À Duong Van Loï et aux enseignants de TQS

À Madame Kani Kané sage femme à Ségou (Mali)

À mes enfants : Agnès, Isabelle et André

*Que sert à l'homme de pacourir l'Univers s'il n'y rencontre pas
d'autres hommes ?*
Cardinal Roger Etchegaray

PREFACE

L'Amour supporte tout, il fait confiance en tout, il espère tout, il endure tout.
Première épitre aux Corinthiens Chapitre 13, verset 7

Si l'explosion démographique est un problème, l'humanité doit trouver un moyen de le résoudre. Jusqu'à présent, de nombreuses solutions ont été appliquées, y compris les mauvaises. On a caché l'atteinte à la morale et à l'éthique ce qu'est la pratique de l'avortement à l'ombre de beaux mots comme : protéger la santé, protéger le mariage et la famille et contrôler la reproduction. Mais en fait, il s'agissait juste de dissimuler habilement un crime contre la vie humaine et de diminuer sa gravité.

La culture de la « réduction démographique par la mort » diffuse une mentalité de laisser aller dans les relations sexuelles, le mépris de la dignité humaine, l'égoïsme, la légèreté et le déni de responsabilité pour les fœtus ainsi créés. Nous ne pouvons pas approuver l'existence de politiques gouvernementales pour soutenir l'avortement à des fins de diminution des naissances, et soutenir certains médecins sans scrupules.

La parole de l'Église affirme toujours la valeur sacrée de la vie et sa position contre les forces qui manipulent la vie humaine dans le monde multiforme d'aujourd'hui. Tout ce qui est contre la vie, comme le meurtre, le génocide, l'avortement, l'euthanasie ; tout ce qui viole l'intégrité de la personne physiquement et mentalement, tout ce qui offense la dignité humaine et fait de l'homme un instrument de profit est une grave insulte à la gloire du Créateur.

La vie de l'homme vient de Dieu. C'est sa grâce, son image et son identité cachée. La vie humaine est donc sacrée et inviolable à tous les moments de son existence. Dieu est le seul Seigneur de la vie. Par conséquent, la protection et la promotion de la valeur de la vie contre les menaces d'une culture de la mort doivent être la première tâche de chaque chrétien.

En juin 2015, lors de la Conférence mondiale sur la famille à Milan, j'ai eu l'occasion de rencontrer de nouveau Marie Joly, spécialiste de la planification familiale naturelle (*Tu Quan Sat, TQS en langue vietnamienne*). Elle enseignait la méthode de planification familiale naturelle dans de nombreuses provinces du Viêt Nam, et depuis de nombreuses années, j'avais le plaisir de l'accompagner et de collaborer avec elle à l'organisation et à la diffusion de cette méthode dans mon pays.

Avec un dévouement sincère, Marie Joly a rencontré de nombreux groupes dans toutes les classes de la société civile ainsi que dans l'Église pour leur présenter la planification familiale naturelle et les persuader d'accompagner et d'organiser des programmes de formation sur cette méthode permise par l'Église. Pour mettre en œuvre ce programme de façon la plus pérenne possible, Marie Joly a compris qu'elle avait besoin de relais locaux solides, et a établi des relations avec de nombreuses personnes, groupes et organisations, et aussi avec les médias, en s'engageant complètement dans un esprit d'unité, de partage et de solidarité.

Le programme TQS a ouvert aux participants la possibilité d'exercer la planification familiale de façon approfondie. Les moniteurs formés de façon professionnelle, ont compris qu'il s'agissait d'éduquer toute la personne, homme et femme, en humanité, culture, savoir-être, affection et spiritualité.

Ce programme enseigne la valeur de l'amour donné et reçu, le respect de la dignité de chacun. Il rétablit les normes morales, donne une vision claire et correcte de la sexualité. Il aide l'amour à s'ouvrir à la vie, et exprimant la richesse de Dieu, il contribue à l'édification d'une civilisation de l'amour.

Marie Joly a été confrontée à de nombreuses difficultés dont elle a appris la nature et qu'elle a appris à respecter, dues à la langue, la compréhension de la culture, des coutumes et des traditions du peuple vietnamien, en particulier en ce qui concerne les différences physiques et émotionnelles entre les hommes et les femmes, le respect dans les relations entre les membres du couple, les rapports sexuels. Les Vietnamiens sont très timides et réservés. La sexualité est un domaine qu'ils évitent d'aborder ouvertement, comme un tabou.

Avec une attitude flexible, ludique et amicale, Marie Joly a constamment utilisé toutes ses connaissances pour présenter et transmettre tous les détails de la planification familiale naturelle afin que les auditeurs puissent acquérir des connaissances utiles, des capacités de la pratiquer et de l'enseigner à leur tour. Beaucoup de gens pratiquent maintenant cette méthode, comprennent les questions de genre, sont conscients de ce que l'Église enseigne et apprécient de nombreuses joies dans la vie de leur famille.

Marie Joly a été rappelée par le Seigneur, mais elle a laissé au peuple et à l'Église catholique vietnamienne, au cours de son travail de plusieurs décennies, des documents très complets rédigés dans notre langue. On peut y découvrir sa volonté, son cœur et son âme, sa loyauté et sa passion pour le projet. Jean Bernard, son mari bien-aimé, a voulu diffuser dans ce livre les détails de "l'idée originale" de Marie, afin de faire connaître sa méthode de travail et les personnes qu'elle a rencontrées et de commémorer sa grande compagne de route.

Merci de m'avoir donné l'honneur d'écrire la préface de ce livre. À travers les pages de ces notes, rédigées parfois sporadiquement et brièvement, nous voyons un joli visage, une âme noble, qui, pour le bonheur des autres, s'est montrée prête à défier toutes les difficultés, et qui a donné une partie de sa vie à ces couples vietnamiens dont elle a compris le bonheur nouveau.

Père Joseph Trinh Ngôc Hiên
Paroisse de Thai Hà
Diocèse de Hà Nôi

Présentation

JB.

Ce livre est consacré aux actions dont Marie fut l'acteur principal.

C'est elle qui a conçu et réalisé le programme d'enseignement des méthodes naturelles de planification familiale au Viêt Nam. Elle l'a raconté dans le livre « Le Viêt Nam que j'aime » Tome III.

Elle a proposé aussi cette méthode de planification familiale au Mali à Ségou. Ceci est raconté dans le livre « Le Mali que j'aime ».

Elle a organisé le chantier de rénovation du service de néonatologie de l'Institut de protection de la mère et du nouveau-né à Hà Nôi sous la direction de l'association l'APPEL, ainsi que les fournitures de matériel médical du programme d'enseignement des soins aux mères et aux nouveau-né au Viêt Nam qui a duré 25 ans.

Elle a aussi beaucoup œuvré dans la coopération de la Fondation Leïla Fodil à Ségou pour l'organisation des rénovations hospitalières et le programme d'aide à la scolarisation et la formation professionnelle.

Ce livre relate en détails le parcours de Marie au Viêt Nam, en décrivant les lieux qu'elle a visités avec Tiêu et les formations qu'elle a données. Vous y verrez l'amour, la patience, la ténacité de Marie et de son ami Tiêu pour l'enseignement d'une méthode de planification familiale nouvelle dans ce pays et libératrice de la vie et des consciences.

Vous irez aussi avec elle au Mali à Ségou et à Koubri au Burkina Faso.

Vous retrouverez la voix de Marie, son attention, sa patience, sa persévérance, sa fidélité, son infini respect pour les plus humbles, ceux dont on ne parle jamais.

Marie est morte le 6 aout 2017, un dimanche, le jour de la fête de la transfiguration de Jésus, Christ, au sommet de la montagne, devant Pierre Jacques et Jean. Voulait-il montrer ainsi à celle qui terminait sa vie sur terre et à ceux qui l'aimaient que la suite de son existence serait illuminée par la vue de Jésus, Christ, en face à face, pour l'éternité ?

Quant à moi, au cours de ce travail de décryptage et de classement, j'ai revisité 35 ans d'actions partagées avec elle.

Cette relecture transforme ma peine en exultation devant tellement de foi, de grâce, de bonheur.

Jean Bernard Joly 2020

Abréviations
Et conventions d'écriture

L'APPEL à Paris :
L'association L'APPEL, association de Solidarité internationale qui appuie, depuis 1968, des intiatives locales pour les enfants en situation de difficulté, a réalisé au Viêt Nam un programme d'enseignement des soins aux mères et aux nouveau-nés auquel Jean Bernard a participé.
BILLINGS :
Méthode de planification familiale utilisant uniquement l'observation de la glaire cervicale inventée par le docteur Billings, Médecin australien
CLER :
Centre de Liaison des Équipes de Recherche sur l'amour et la famille, à Paris.
Association reconnue d'utilité publique comme organisme d'éducation, de formation et de conseil conjugal et familial : formation d'éducateurs à la vie, pour l'éducation affective, relationnelle et sexuelle, de conseillères conjugales et familiales et de monitrices
Membre de la Pastorale familiale de l'Église catholique.
FIDAF :
Fédération Internationale **d'Action familiale**
Regroupe toutes les associations qui font la promotion des méthodes naturelles de planification familiale.
FONDATION LEÏLA FODIL : Fondation reconnue d'utilité publique, créée par la famille Joly, destinée à aider les enfants dans les pays en développement.

HCMV : Ho Chi Minh Ville

IEEF : Association internationale de planification familiale naturelle

IPPF : Planning familial international

IPMNN :

Institut de **P**rotection de la **M**ère et du **n**ouveau-né à Hà Nôi. Hôpital national de référence pour la gynécologie-obstétrique et la néonatologie.

M.A.O. : **M**éthodes d'**A**uto-**O**bservation

Méthode naturelle de planification familiale

OGINO :

Méthode de planification familiale fondée sur l'hypothèse que l'ovulation se situe au 14° jour du cycle menstruel. Elle est aléatoire car la date de l'ovulation est variable dans le cycle.

OMS : **O**rganisation **M**ondiale de la **S**anté

PFN : **P**lanification **F**amiliale **N**aturelle

PMI : **P**rotection **M**aternelle et **I**nfantile

TQS : *Tu Quan Sat* : Traduction de MAO en langue vietnamienne

VINAFPA : **VI**et **NA**m **F**amily **P**lanning **A**ssociation. Organisation vietnamienne chargée de faire appliquer les directives du gouvernement pour la planification familiale.

PATRONYMES :

Les noms des vietnamiens sont en trois parties

Par exemple : Pham Xuân Tiêu

Il est d'usage d'appeler les personnes par leur dernier nom, le prénom : exemple : *Tiêu.*

C'est pourquoi, dans le texte, vous trouverez pour la première nomination les trois noms et la qualité, par exemple : *Docteur Pham Xuân Tiêu,* et ensuite seulement la troisième partie du nom, le prénom : *Tiêu.*

Un cas particulier : j'ai écrit le nom, de *Duong van Loï* avec un trémat sur le i de Loï. Cet accent n'existe pas en vietnamien, mais il est nécessaire pour prononcer son nom en français.

M. :
Textes extraits des notes de Marie
JB. :
Textes rédigés par Jean Bernard

Définition des méthodes naturelles de planification familiale

Les méthodes naturelles de planification familiale sont reconnues par l'OMS qui en donne la définition suivante :

Les méthodes naturelles de planification familiale reposent sur l'observation des signes physiologiques caractéristiques des phases de fécondité et d'infécondité du cycle menstruel féminin. Le fait de connaître la phase d'ovulation peut permettre aux couples de choisir le moment de leurs rapports en fonction de leurs désirs d'éviter ou bien de favoriser une grossesse. Les méthodes naturelles de planification familiale sont une alternative pour ceux qui, pour des raisons personnelles, ne peuvent ni ne souhaitent utiliser des contraceptifs pharmacologiques ou mécaniques.

Planification familiale naturelle
AuViêt Nam

Logo de TQS créé à Da Nang

Provinces ayant reçu l'enseigement

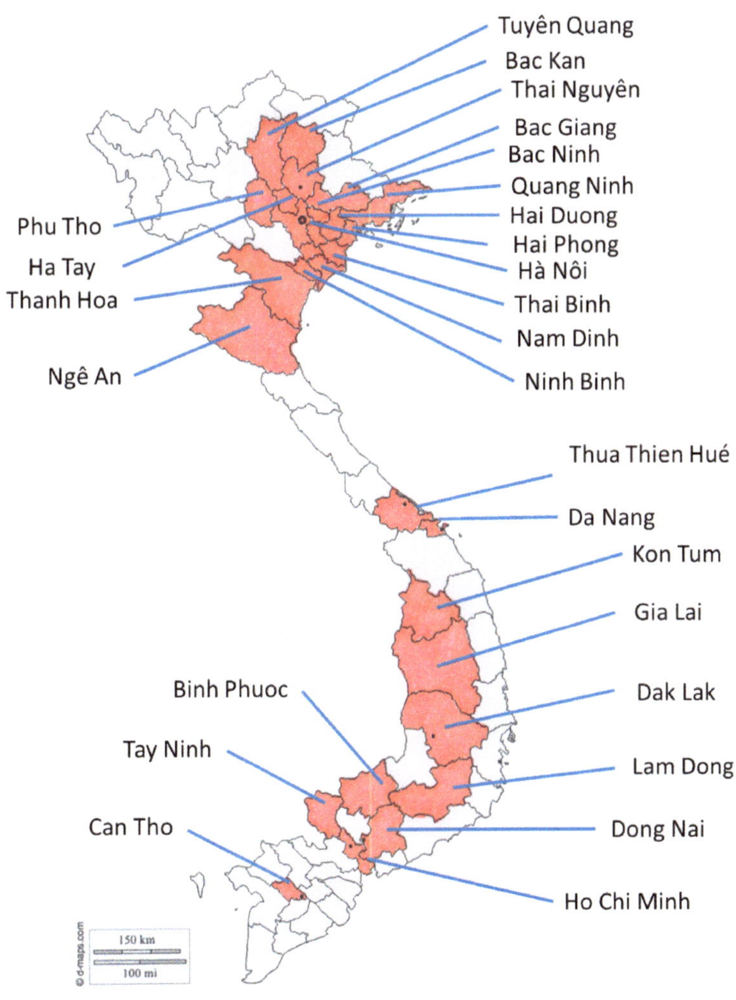

Introduction

M.

En 1983, le docteur Vuong Van Phu de la grande maternité de la ville de Hà Nôi est venu en stage d'observation à Angoulême. Madame le docteur Nguyên Thi Duong lui a succédé en 1984. Ils étaient chargés d'observer le service de PMI[1] du département de la Charente. Ils m'ont expliqué comment un service apparemment identique fonctionnait dans leur pays. Quand Jean Bernard a commencé à aller au Viêt Nam, je ne pouvais pas l'accompagner, car Leïla[2] était à la maison et occupait tout mon temps.

En 1985, après sa mort, je me suis préparée à partir avec lui. J'ai entrepris une formation au CLER[3] Amour et Famille comme Monitrice MAO[4]. J'ai pensé que ces compétences pourraient être utiles au Viêt Nam.[5]

L'augmentation de la population était alors une des préoccupations majeures des dirigeants. Le pays ne produisait pas suffisament de riz pour éviter les famines. Une personne

---

[1] Le service de PMI, Protection Maternelle et Infantile s'intéresse aux grossesses et raux enfants fragiles.

[2] Leïla Fodil, Algérienne âgée de trois ans, est venue à Angoulême pour être soignée pour une leucémie. Marie et Jean Bernard l'ont hébergée chez eux. Marie l'a accompagnée pendant ses traitements de chimiothérapie, jusqu'à sa mort dix huit mois plus tard.

[3] Centre de liaison des équipes de recherche sur l'amour et la famille
65 Bd de Clichy 75009 PARIS Tel : 01 48 74 87 60

[4] Méthode d'auto-observation

[5] Ce pays avait 16 millions d'habitants en 1945 ; il en avait 60 millions en 1987. La population avait donc quadruplé en 50 ans. (En 2010, plus de 80 millions ; en 2015, 90 millions ; en 2020, 98 millions).

consomme environ 13 Kg de riz par mois. Le Viêt Nam exportait le meilleur des récoltes pour acheter à l'étranger une plus grande quantité de riz de moins bonne qualité.

La cause de ce drame reposait sur le régime politique. Le 2 septembre 1954, après la fin de la guerre avec les Français, le pays fêta son indépendance. Le régime instauré par le président Ho Chi Minh était et est encore communiste. La collectivisation des terres au Nord puis au Sud après la libération en 1975, selon le modèle soviétique, modifia complètement les habitudes agricoles. Il se créa des rizières de très grande taille, cultivées par des paysans groupés en coopératives semblables aux kolkhozes, dans lesquelles l'ardeur au travail était médiocre et le rendement faible.

Le gouvernement pensa qu'il fallait limiter le nombre des naissances. La directive imposée a été de limiter à deux le nombre d'enfants par famille avec cinq ans entre chaque enfant et le premier enfant après 22 ans. Le nombre d'enfants toléré était modulé en fonction du statut de la famille : un seul enfant autorisé pour les cadres et les hauts fonctionnaires, trois en milieu rural.

Les affiches parsemaient les villes. Des hauts parleurs répétaient les devoirs chaque matin. Il y avait une prime pour la naissance de chacun des deux enfants mais la venue d'un troisième était punie d'argent et de perte d'emploi.

Pour limiter les naissances, les moyens les plus employés étaient le stérilet, la régulation menstruelle, l'avortement, la stérilisation féminine par ligature des trompes et masculine par ligature du canal déférent. La pilule n'était pas appréciée car trop chimique et trop chère.

Le contrôle de ces directives a été pratiqué avec une surveillance étroite des femmes. Dans les immeubles collectifs, une personne était chargée de noter les règles de toutes les femmes et dès qu'il y avait un retard de règles la femme était fermement *invitée* à venir au centre de planification familiale pour une *régulation menstruelle*. Cette pratique consistait à aspirer le contenu utérin avec une sonde introduite dans la cavité utérine.

Le stérilet était souvent posé aussitôt après l'accouchement, sans consentement de la femme. Quand elle en acceptait la pose, elle recevait une récompense : après le premier accouchement deux tiers du salaire mensuel de base et une dispense de travail social de dix jours pour un an. Si elle acceptait la ligature des trompes après un deuxième accouchement elle était dispensée de travail social pour la vie. L'homme qui acceptait une ligature du canal déférent était dispensé de travail social pour la vie.

L'accouchement d'un troisième enfant était puni d'une amende calculée en nombre de sacs de riz, supérieure à la prime au premier accouchement. Un fonctionnaire qui refusait l'interruption de la grossesse perdait son emploi.
Malgré cela 25 % des familles avaient plus de deux enfants, surtout à la campagne.

Il y avait une coordination entre le planning familial et le programme alimentaire mondial des Nations unies. Dans un centre de PMI, j'ai vu une affiche mentionnant toutes les femmes du quartier avec leur nombre d'enfants, la méthode de contraception utilisée et l'aide alimentaire accordée à celles qui utilisaient une méthode de contraception, qui avaient un ou deux enfants, ou refusée à celles qui n'en utilisaient pas ou avaient trois enfants.
La décision d'agir de la sorte venait des Nations unies.

Méthode d'auto-observation

Un mode de vie

M.

MAO : Méthode d'auto-observation, devient TQS : Tu Quan Sat, en langue vietnamienne.

L'homme est fertile tous les jours, de la puberté à la fin de sa vie.
La femme n'est fertile que quelques jours chaque mois, de la puberté à la ménopause.
La fertilité du couple dépend donc des moments de fertilité de la femme.

Cette connaissance peut être utilisée pour une planification familiale : soit pour favoriser la conception d'un enfant, soit pour l'éviter. Mari et femme partagent alors la responsabilité de la maîtrise de leur fécondité.

La pratique de la planification familiale naturelle nécessite un dialogue du couple dans la vie sexuelle : parler, faire attention à l'autre, l'écouter, le respecter, l'accepter comme il est. Pour le mari, accepter que sa femme ne soit pas toujours disponible pour une relation sexuelle.

Pour pratiquer la méthode d'auto-observation, la femme doit observer et interpréter les signes de sa fertilité.
Le cycle menstruel féminin est marqué de façon très visible par les règles qui marquent le début et la fin de chaque cycle.

Au cours du cycle, d'autres signes physiologiques lui permettront de définir avec précision sa période de fertilité.
Le signe de la glaire cervicale : produite par le col de l'utérus elle s'écoule à travers le vagin et est visible à la vulve. La femme peut

en passant ses doigts à la vulve, savoir s'il y a de la glaire ou non. La présence de glaire est un signe de la fertilité.

Le signe de la température : Au cours du cycle féminin, il y a deux phases thermiques. La femme qui prend sa température tous les matins au réveil peut observer un décalage de la température qui s'élève de quelques dixièmes de degré, vers le milieu du cycle, puis revient au niveau de base. Ce jour permet de préciser la fin de la période de fertilité.

L'association de l'observation de la glaire cervicale et de la température est la *méthode sympto-thermique ou méthode d'auto-observation*.

Si les observations de la glaire et de la température sont notées au jour le jour sur un graphique spécial, la femme peut savoir chaque jour si elle est dans une période de fécondité ou d'infécondité.

Le couple qui souhaite un enfant désirera avoir des relations pendant la période de fécondité.

Le couple qui ne souhaite pas d'enfant devra éviter les relations sexuelles pendant la période de fécondité.

Respecter le désir de ne pas avoir d'enfant, cela mène à pratiquer la continence pendant les périodes fertiles.

La continence, c'est l'absence de relations sexuelles. Elle doit être vécue non comme un inconvénient, mais comme un élément positif. Elle peut permettre une union intense du cœur et de l'esprit des époux.

Pendant le temps de fertilité, s'il ne veut pas d'enfant, le couple peut apprendre à « dire l'amour » autrement que dans la relation sexuelle. Ils peuvent exprimer une affection tendre et intime, tout en maîtrisant leur désir sexuel. Ils peuvent se donner l'un à l'autre sans aller « trop loin ».

La continence fait partie de la vie de tous les couples à un moment ou à un autre :

Séparations dues au travail.

Fatigue maternelle et/ou paternelle.
En fin de grossesse, ou après la naissance d'un bébé.
La continence, ce n'est pas difficile. C'est se priver du plaisir d'un instant pour un bonheur familial plus grand.

Parmi les gestes à travers lesquels les époux peuvent s'exprimer leur amour, il y a l'union réservée : vivre paisiblement une union complète des corps, sans qu'elle aboutisse à une éjaculation. Cela demande bien sûr un apprentissage, beaucoup de délicatesse, de prudence, afin d'éviter d'en perdre le contrôle, ce qui se terminerait alors en union complète.

Si elle est vécue paisiblement, l'union réservée développe la tendresse dans un climat de confiance. La maîtrise de soi qu'elle nécessite surtout de la part du mari, sera vécue comme une preuve d'amour et de respect pour son épouse.

La MAO peut être utilisée à tous les âges de la femme, dans toutes les circonstances de sa vie, même si elle a habituellement des cycles irréguliers. Elle peut être utilisée pendant l'allaitement, la pré-ménopause, après arrêt de la pilule.

Elle est particulièrement indiquée pour les couples qui ne peuvent pas ou ne veulent pas utiliser de technique contraceptive :
Soit parce qu'ils les refusent par crainte des effets secondaires ou manque d'information, ou par incompatibilité avec leurs convictions culturelles ou religieuses.
Soit parce qu'ils n'y ont pas accès : éloignement des centres de santé ou contre indications médicales.
Soit parce qu'ils ne sont pas satisfaits de la méthode de contraception utilisée, ou qu'ils n'ont pas encore de méthode autre qu'Ogino ou le retrait.
Elle peut être très utile à des couples qui veulent un enfant et ont de la difficulté pour concevoir.

Pour pouvoir bien utiliser la MAO, il faut apprendre:
Comment faire son observation
Comment noter son observation

Comment interpréter son observation

Tout cela doit être fait avec rigueur pour repérer avec précision la période de fertilité.

Chaque femme a un cycle qui lui est propre et dont la longueur varie. Seule une observation quotidienne peut éviter les erreurs d'un calcul de jours.

Apprendre est simple. La MAO n'est pas réservée aux intellectuels, elle peut même être enseignée à des analphabètes. Des moniteurs et monitrices sont formés pour l'enseigner et suivre un couple pendant le temps de l'apprentissage.

Les Étapes de mon enseignement

M.

J'ai d'abord accompagné Jean Bernard dans ses déplacements. Cela m'a permis de commencer à connaître, à comprendre ce pays. J'exposais ce qu'est la PFN.

Cette période a duré de 1987 à 1992.

J'ai observé, été observée. J'ai donné des conférences d'information

En 1987, Jacques Lalande, président de l'association L'APPEL qui dirigeait le programme d'enseignement des soins aux mères et aux nouveau-nés auquel Jean Bernard participait, a accepté que je parte avec la délégation.

À mon arrivée à Hà Nôi, Madame le docteur Nguyên Thi Duong m'a accueillie avec un petit panier de roses. Grande émotion de se retrouver deux ans après son séjour à Angoulême. Elle était chargée de me faire visiter la ville pendant les cours de Jean Bernard et de Jacques.

Elle m'a dit :

Il nous est interdit de rester seules avec un étranger.

J'ai donc toujours eu un ou deux autres médecins avec moi, avides de m'interroger sur la France et moi sur le Viêt Nam.

Au cours de nos visites dans la ville nous avons visité le Centre de Protection Maternelle et Infantile et de planification familiale de la maternité de la ville de Hà Nôi. Ce service, comme tous ceux que j'ai visités depuis, était centré sur la planification familiale. Le suivi des petits enfants et des enfants à risque était inconnu.

Au cours de nos promenades j'ai profité des discussions pour parler de la formation que je suivais en France avec le CLER Amour et Famille, pour l'éducation affective et sexuelle et pour l'enseignement des méthodes de planification familiale naturelle. Mes amis étaient surpris mais ils m'écoutaient. Ils l'ont fait savoir à Madame le Profeseur Duong Thi Cuong, directrice de l'IPMNN[6].

Pendant les trois ans qui ont suivi, Cuong m'a invitée à faire des conférences pour exposer la méthode. C'était aussi pour elle un moyen de m'observer. J'ai fait des exposés dans les provinces de Bac Giang, Thanh Hoa, Ninh Binh, Tuyen Quang.

Elle assistait à tous mes exposés et parfois même les traduisait. Il me semblait qu'elle réfléchissait à l'application de cette méthode toute nouvelle, mais rien ne venait.

En 1992, ce que j'exposais a été accepté

La conférence à Thai Binh lors de l'inauguration de la section locale de la VINAFPA a été le réel début de mon action MAO au Viêt Nam. Nous étions attendus par le service de planification familiale dans la salle de conférences du comité populaire. À l'entrée, une grande bassine où mijotaient des feuilles de thé fraîchement cueillies, un vrai délice.

Madame Cuong nous avait demandé d'y faire deux cours : moi sur la planification familiale naturelle et Jean-Bernard sur les soins aux nouveau-nés. Il y avait des représentants de toutes les catégories de la population.

Pour faire mon cours, qui m'avait été demandé au dernier moment, je n'avais aucun document, ni transparent ni diapositive. Je demandai donc un tableau noir et une craie et Jean-Bernard a fait mes dessins au tableau tandis que je parlais et que Tiêu traduisait. Jamais je n'ai eu un auditoire aussi attentif. Tous les yeux ont été

---

[6] Institut de Protection de la mère et du nouveau-né, appelé aussi hôpital C, maternité servant de référence nationale.

rivés sur moi pendant 40 minutes tandis que j'expliquais l'intérêt d'un nombre d'enfants limité (le dessin au tableau présentait des carottes serrées, toutes petites et tristes ou éclaircies et plus belles et souriantes) et les principes de la fertilité de l'homme et de la femme, avec la possibilité pour la femme d'observer chaque jour les signes de fertilité au cours de son cycle (glaire cervicale et variations de la courbe de température) et de repérer ainsi le moment où une fécondation est possible et les moments où elle ne l'est pas. Jean Bernard dessinait au tableau le cycle féminin présenté sous la forme d'un champ cultivé par un paysan avec une alternance de pluie et de soleil. La terre humide permet aux graines de germer, et dans la terre sèche les graines ne poussent pas.

Dans le trajet du retour, secoués dans un véhicule militaire d'origine Russe, sur une route défoncée, Madame Cuong m'a demandé de donner mon enseignement. Elle me confiait Tiêu pour l'organisation et les traductions.

MAO : Méthodes d'auto-observation est devenu TQS (*Tu Quan Sat*) ce qui a la même signification en langue vietnamienne.

Le docteur Tiêu, déjà persuadé du bien-fondé de cette action, n'attendait qu'un ordre d'elle pour travailler avec moi. Il est devenu interprète, puis collaborateur, puis conseiller et enfin ami fidèle.

De 1992 à 1994, Tiêu et moi avons recherché le public intéressé.

Nous avons donné des cours aux personnels des services de santé de l'Etat dans des provinces du Nord à des groupes désignés par madame Cuong, à Hà Nôi et dans les provinces voisines.

En 1994, les autorités nous ont orientés vers les catholiques.
La suite du programme, tel qu'il se poursuit actuellement est dirigé par la paroisse de Thai Hà à Hà Nôi.

Le matériel pédagogique :

Le matériel pédagogique a été perfectionné au fil des années. Je l'ai conçu et rédigé en Français, Tiêu l'a traduit et mis en forme vietnamienne.

Il y avait :

Un lot de sept affiches illustrant l'anatomie de l'homme et de la femme, coloriées et plastifiées recto-verso.

Un jeu de 13 planches originales extraites des manuels, en papier non coloriées pour photocopies et confection de nouveaux jeux complets à la demande.

Un puzzle représentant les organes génitaux de la femme et de l'homme.

Des tableaux blancs avec graphique vierge imprimé, et des affiches plastifiées présentant les phases du cycle.

Une règle à coulisse pour présenter les variations de longueur du cycle. Je l'avais découverte au cours du Congrès international de planification familiale naturelle de Milan 2000 et réalisée en carton. Tiêu l'a fait faire en plastique, ce qui était beaucoup plus solide et facile à manipuler.

Des livrets d'utilisateurs[7]

Des livrets de moniteurs (livret utilisateur avec des conseils pédagogiques)

Des feuilles originales pour photocopies et confection de nouveaux livrets

Des tracts de présentation de TQS pour diffusion et reproduction

Des graphiques vierges pour noter l'observation.

---

[7] Disponible sur le site de la Fondation Leïla Fodil Il est possible de vous en expédier un par internet

La langue vietnamienne

M.

J'ai appris un peu la langue vietnamienne.

On nous avait dit : *C'est une langue facile, il n'y a pas de conjugaison ni de grammaire compliquée.* Alors nous pensions que nous pourrions l'apprendre rapidement. C'était sans compter avec la prononciation.

Par exemple, le mot « *ma* » peut signifier mère, cheval, fantôme ou jeune pousse de riz selon l'accent que l'on donne à la prononciation de la voyelle « *a* » qu'il porte. Chaque voyelle peut se prononcer de six façons différentes. Cela donne à la langue une musicalité remarquable. Le père Alexandre de Rhodes disait des Vietnamiens qu'ils parlent comme les oiseaux.

Ces efforts nous ont permis de dire quelques mots.

Nous pouvions nous débrouiller dans la rue pour demander notre chemin, comprendre les explications données, et choisir les plats des repas. Nous savions présenter notre famille et parler un peu avec les enfants rencontrés qui sont des interlocuteurs plus tolérants que les adultes.

Petit à petit, j'ai appris les mots de mon enseignement, ce qui m'a permis de suivre la traduction de Tiêu et d'interroger quand j'avais l'impression qu'il n'était plus tout à fait dans le sujet.

JB.

Dans la rédation du livre, je n'ai pas utilisé un logiciel d'écriture vietnamienne pour les termes écrits dans cette langue. Un lecteur français ne s'en inquiétera pas. Je demande pardon aux lecteurs vietnamiens.

Les traductions

M.

Je n'ai jamais pu dire mes cours en langue vietnamienne et j'ai dû m'habituer à l'usage d'un traducteur.
Cela suppose de synthétiser sa pensée pour faire des phrases courtes et claires. Le temps de la traduction permet de préparer la phrase suivante. C'est une vraie gymnastique d'esprit.
Beaucoup de médecins de notre génération parlaient le français. Plusieurs d'entre eux ont interprété mes cours.

Le docteur Pham Xuân Tiêu a été mon interprète préféré. Il est aussi notre meilleur ami au Viêt Nam. Jean Bernard a présenté ce que nous connaissons de sa vie dans le tome II du « Viêt Nam que j'aime ». Sans lui, je n'aurais rien pu faire.
Je l'ai rencontré dès mon premier séjour, en 1987. Il était l'un des médecins chargés de me faire visiter la ville de Hà Nôi.
Il m'a beaucoup appris sur la planification familiale dans son pays. Gynécologue-obstétricien, il travaillait au bureau scientifique de l'Institut de Protection de la Mère et du Nouveau Né, chargé des relations avec l'étranger. Par ailleurs il était directeur exécutif de la VINAFPA.
Je lui ai présenté la méthode de planification familiale naturelle par les techniques d'auto-observation. Acquis à l'intérêt de cette méthode, il a accepté de m'accompagner, d'apprendre de ma part ce qu'il ne connaissait pas et de l'adapter pour la culture vietnamienne. Il est devenu mon interprète pour toutes les formations, prenant progressivement en charge le suivi et le perfectionnement des formateurs que nous avions enseignés ensemble.
Il a accepté, sous l'impulsion de madame Cuong, de travailler avec moi à la planification familiale naturelle. Il a continué après sa

retraite. Il est actuellement le conseiller du programme et coopère avec les prêtres Catholiques de la paroisse de Thai Hà à Hà Nôi.

J'ai beaucoup admiré l'ouverture d'esprit de cet homme. Médecin renommé, il s'est enthousiasmé pour un enseignement qui était en contradiction complète avec ce qui était prôné par l'association qu'il dirigeait. Mais son sens de l'humanité et du respect de la vie a pris le dessus.

Il a accepté d'aller travailler avec des catholiques, de rencontrer l'évêque de Hà Nôi. Il est même devenu l'ami sincère du père Trinh Ngôc Hiên, curé de Thai Hà. Le soir, il va souvent à la paroisse. Il aime bavarder avec le père Hiên. Puis il donne des leçons de Tai Chi à tout le personnel devant la reproduction de la grotte de Lourdes qui a été construite, comme dans la plupart des paroisses, au fond de la cour.

Au début des séances de travail avec le groupe de Thai Hà, les participants avaient l'habitude de commencer par une prière et Tiêu y a participé. Il lui arriva même de la provoquer si les participants avaient oublié.

Il m'a demandé s'il devait traduire ou interpréter. *Si je traduis mot à mot, les élèves ne comprendront pas. Si j'interprète, j'adapte ton discours à la mentalité vietnamienne pour qu'ils comprennent.* Cela explique le fait que Tiêu parlait souvent plus longtemps que moi. Et au bout de quelque temps, il anticipait sur ce que j'allais dire, il est devenu capable de donner un cours. Il a ainsi largement participé à la connaissance des M.A.O. et au suivi des groupes. Vous le verrez chemin faisant.

Méthode d'auto-observation

Abrégé d'utilisation

JB

Pour qu'un lecteur non averti comprenne l'enseignement de TQS donné par Marie et Tiêu, j'ai résumé ici les principes de la méthode.

Une description plus détaillée, indispensable pour la pratique, se trouve dans le manuel qu'ils ont rédigé. Il est reproduit dans ce livre. Il est disponible en langue française sur demande à la Fondation Leïla Fodil ; en langue vietnamienne à la paroisse de Thai Hà à Hà Nôi.

L'enfant est le résultat de la rencontre entre l'ovule de la mère et un spermatozoïde du père. Cette rencontre est possible grâce à la relation sexuelle entre le père et la mère. Cette relation est dite fertile quand elle peut permettre la conception d'un enfant.

L'homme est fertile tous les jours, de la puberté jusqu'à la fin de sa vie, car il produit des spermatozoïdes en permanence.

La femme n'est fertile que quelques jours par mois, de la puberté à la ménopause, car elle ne produit qu'un ovule au cours de chaque cycle.

C'est donc la période fertile de la femme qui conditionne la période fertile du couple.

Le cycle menstruel de la femme est la période qui s'étend du premier jour de ses règles à la veille du premier jour des règles suivantes.

Le cycle comporte 3 périodes, dont une seule est fertile.
- La période de latence : elle comprend la durée des règles et les jours suivants.
Sa durée est variable. *L'infertilité est relative.*
- La période de l'ovulation, *c'est la période de fertilité.*
- La période qui suit l'ovulation. Sa durée est fixe. C'est la période de *non fertilité absolue.*

Comme la première période a une durée variable selon les femmes et selon les cycles, l'observation quotidienne des signes de la fertilité : glaire cervicale et température permet de préciser le début de la deuxième période, la période fertile.

La glaire cervicale :

La glaire est une substance produite par le col de l'utérus certains jours du cycle. Elle s'écoule à travers le vagin et s'extériorise à la vulve. Elle est sans odeur, d'abord collante et translucide, puis transparente, élastique, filante. Si on la prend entre ses doigts, on peut l'étirer facilement. Elle peut ressembler à du blanc d'œuf cru. Elle procure une sensation d'humidité au niveau de la vulve et du vagin.
La glaire accueille et nourrit les spermatozoïdes. Elle permet la fécondation.

La période fertile commence dès l'apparition de glaire sentie ou vue.
Jour après jour, la glaire devient plus filante, jusqu'au « jour sommet » après lequel elle cesse complètement, avec une sensation de sécheresse.
C'est le début de la période d'infertilité absolue.

La température :

L'observation de la température sert à confirmer de façon très sûre que l'ovulation est passée.

La courbe de température est plus haute d'environ 0,3° après l'ovulation. Après ce sommet, s'il n'y a pas eu de fécondation, elle retombe à son niveau de base. C'est ce décalage de température qui permet de déterminer avec précision la fin de la période fertile.

Interprétation de l'observation des signes de fertilité

L'observation de la température et la glaire associées permet de préciser la période de fertilité.
La fertilité commence le premier jour de glaire sentie ou vue.
À partir de ce jour, un rapport sexuel peut provoquer une grossesse. Elle se termine le soir du 3° jour suivant le niveau le plus haut de température.

L'inscription des résultats des observations quotidiennes doit être reportée sur un graphique qui permet de bien voir les phases du cycle et les temps fertiles et infertiles. Il est indispensable pour le suivi des femmes par une monitrice.

La MAMA
Méthode de l'Allaitement Maternel et de l'Aménorrhée
La fertilité pendant l'allaitement

JB, résumé des notes de Marie

Si l'allaitement est mixte (sein + biberon) l'infertilité de la femme dure 4 semaines après la naissance. Si la femme n'allaite pas, son infertilité n'est que de 3 semaines.

L'infertilité de la mère allaitante est reconnue à quatre conditions :
- L'enfant a moins de 6 mois
- L'aménorrhée persiste (pas de flux menstruel)
- L'allaitement est complet
- Il y a 6 tétées ou plus par 24 heures.

Si ces 4 conditions sont remplies, la femme n'est pas fertile.

Mais, dès que l'une de ces conditions n'est pas remplie la fertilité revient.

Pour les femmes qui suivent TQS, il faut reprendre l'observation de la glaire et de la température :

Quand l'enfant aura plus de 6 mois,

Si le retour de couches arrive,

S'il n'y a plus que 5 tétées par jour,

Si le bébé absorbe autre chose que du lait.

Alors, la fertilité peut revenir. La femme se trouve en période d'attente.

Dès qu'il y a sensation humide et / ou présence de glaire, la fertilité est possible.

La fertilité demeure les 4 jours secs qui suivent un épisode de glaire. Il peut y avoir une longue période d'attente avec plusieurs épisodes de glaire avant de trouver un décalage de température.

Plus de détails se trouvent dans le manuel TQS.

La planification familiale dans les communes rurales[8]

M.

La situation se présente différemment à la ville et à la campagne :

Dans les civilisations traditionnelles, plus la femme a d'enfants, plus elle est honorée, admirée. Le couple stérile se sent souvent méprisé.

À la campagne, il y a peu de loisirs, on se déplace peu, on va à pied. On travaille beaucoup pour se nourrir.

À la ville, les activités sont plus variées, les loisirs sont nombreux. Il y a beaucoup de choses tentantes dans les magasins.

Mais la différence la plus importante tient à l'éducation :

À la ville le taux de scolarisation des femmes est plus grand.

À la campagne, les femmes sont moins allées à l'école.

La pauvreté de niveau de vie correspond souvent à une pauvreté de connaissances.

Dans tous les pays du monde, l'élévation du niveau de vie va avec l'élévation du taux de scolarisation et s'accompagne de la réduction du nombre d'enfants.

On n'est pas pauvre parce qu'on a beaucoup d'enfants. On a beaucoup d'enfants parce qu'on est pauvre, et surtout pauvre de connaissances.

Construire les écoles et augmenter le taux de scolarisation n'est pas le rôle des services de planification familiale. Au Viêt Nam, les écoles sont maintenant en grand nombre.

---

[8] Exposé de Marie Joly, décembre 1995, à Hoa Binh et Mai Chau

Mais l'enseignement de la connaissance de la fertilité n'y est pas encore fait. Cette éducation est un travail long, mais qui porte ses fruits très longtemps.

Il faut pouvoir comprendre les mécanismes de la fertilité avant de pouvoir écouter et comprendre une information sur la contraception.

On ne peut pas maîtriser ce que l'on ne connait pas.

Votre rôle est d'abord d'expliquer la fertilité : les organes génitaux de l'homme et de la femme, avec des mots très simples, comme si vous répondiez à la question d'un petit enfant :

D*is maman, comment on fait un bébé ?*

L'utérus, c'est la chambre du bébé.

Les ovaires : un sac de graines.

Le vagin, c'est le lieu d'accueil du papa.

Il faut bien expliquer le rôle de l'homme et celui de la femme dans la conception d'un bébé.

Expliquer le cycle féminin, la fécondation, la grossesse.

Même les gens qui ne sont jamais allés à l'école peuvent comprendre cela.

Si dans vos maternités vous attirez les hommes et les femmes pour une information positive sur la fertilité, leur montrant la merveille de notre corps qui peut donner la vie, ils seront heureux d'apprendre quelque chose qu'ils pourront transmettre.

C'est un pas dans l'éducation qui les fera grandir. Ils auront appris que c'est tellement beau une grossesse, qu'on ne peut pas la mettre en route n'importe comment. Et ils auront envie de maîtriser leur fertilité.

On ne peut maîtriser que ce que l'on connaît.

Il faut aussi comprendre pourquoi maîtriser la fécondité. Comprendre la nécessité d'avoir moins d'enfants, en cherchant l'intérêt de la famille, plus que l'intérêt de la collectivité : meilleure santé pour la mère, pour l'enfant à venir, pour l'enfant précédent. La possibilité pour les enfants d'aller à l'école.

Les cultivateurs font très attention à la manière dont ils

plantent leurs légumes pour qu'ils poussent bien. Ils savent prévoir leurs récoltes. Pourquoi ne feraient ils pas aussi attention à prévoir la taille de leur famille ? L'homme et la femme sont faits pour avoir des enfants, mais pas n'importe quand et n'importe comment.

C'est seulement après ces connaissances sur la fertilité, et sur les raisons d'une planification familiale, que les hommes et les femmes pourront écouter et comprendre des explications sur les méthodes de contraception.

Une question est souvent posée : quelle est la meilleure méthode, quelle est la plus efficace ?
Je réponds : celle qui sera choisie par le couple. Pas la même pour tous.
Il y a une efficacité théorique de chaque méthode, elle est généralement très bonne. Et une efficacité pratique qui tient compte de l'usage que le couple fait de la méthode.

Quand vous présentez les méthodes de contraception, il faut expliquer leur mode d'action. Que fait cette méthode dans l'organisme de la femme, sur quoi agit-elle, pour empêcher la venue d'une grossesse. À quel moment agit-elle ?
Présenter aussi ses avantages et ses inconvénients : pour le futur bébé, pour la femme, pour le couple. Sur le plan physiologique et psychologique. Tout le monde pourra comprendre ces explications si elles se réfèrent aux connaissances qui ont été apportées auparavant sur la fertilité.

L'information générale peut se donner à des groupes : de femmes, de jeunes, de couples.
Mais un dialogue entre un médecin ou une sage femme et la femme ou mieux encore avec le couple est indispensable pour aider à choisir la méthode qui lui conviendra le mieux au moment où il en est de sa vie de famille. Ce ne sera peut être pas la même tout au long de la vie du couple. Un dialogue entre le mari et la femme, aidé par un agent de santé formé pour cela, est nécessaire pour un choix éclairé. Et c'est alors que la méthode choisie aura toute son efficacité pour éviter une grossesse non désirée.

Ma première visite en province
Province de Nghê An
Ville de Vinh

1994

M.

La province de Nghe An est située au centre du pays. Je place la visite à la ville de Vinh au début de mes activités TQS, car ce fut elle qui a déterminé toute la suite de mon action. Ce déplacement à Vinh s'est en effet situé au temps où j'explorais les possibilités d'action en faveur de TQS. Dans le même temps, les autorités de santé tentaient de comprendre ma démarche.
La VINAFPA nous emmena à Vinh.
C'était ma première visite pour TQS en province.

Départ de Hà Nôi jeudi à 6h30 après un délicieux petit déjeuner avec le traditionnel *pho bo* à côté du petit lac. Nous étions tous deux, Tiêu et moi dans une superbe Toyota Corolla avec un chauffeur, pour les 8 heures de route entre Hà Nôi et Vinh.

Nous avons été accueillis par les responsables de la planification familiale : le docteur Hoang Ky, président de la VINAFPA de la province de Nghe An, et le Docteur Vo Thuy Phuong, vice président et directeur du centre de P.M.I. de la ville.

La province de Nghe An, située au centre du pays est la troisième province par la taille, et une des plus pauvres. Elle avait été séparée de la province de Ha Thin avec laquelle elle formait la province de Nghe Thin. Elle comportait une importante minorité catholique. Vinh est un port à l'embouchure de Sông Cà (la rivière des poissons).

Le Centre de P.M.I. de la ville assurait tout ce qui concourt à la « protection des mères et des enfants » : surveillance des femmes enceintes, prévention des difficultés obstétricales, vaccinations, et bien sûr la planification familiale.

En 1993, dans la ville de Vinh, 50.000 femmes portaient un stérilet, 15.000 étaient utilisatrices de pilule, 18.000 utilisaient le préservatif, 4.200 stérilisations masculines ou féminines avaient été faites (500 en 1992). Dans chaque centre visité, il y avait une petite salle d'opérations, souvent cadeau d'ONG étrangères, plus ou moins bien équipée vis à vis de l'hygiène, pour la pratique de la ligature des trompes chez les femmes et du canal déférent chez les hommes. Environ 5% des femmes utilisaient Ogino [9], seule méthode naturelle connue. Une petite brochure était distribuée expliquant la méthode.

Au cours de mon séjour, j'ai rencontré deux groupes, dans deux communes différentes, composés de responsables de la commune, chargés d'être motivateurs pour la planification familiale. Un interprète du Comité populaire, Nguyên Cong Thang, m'a accompagné pour une visite rapide de la ville de Vinh, du marché, du pont sur le fleuve, du jardin botanique, avant le dîner avec tous les officiels à 17h30 dans l'hôtel.
Dans la soirée j'ai préparé les rencontres du lendemain, tandis que Tiêu travaillait avec les autres.

Le vendredi 8 avril au matin j'étais dans le village de Nghi Phu. J'ai été accueillie par le Président du Comité populaire et le Curé du village, Joseph Vuong Din Ai. Comme dans tout le pays, la direction de la communauté villageoise appartenait au Comité Populaire dont la fonction était voisine de la Mairie chez nous, mais en fait une délégation du Parti communiste. Le curé, comme je l'ai souvent vu, était invité. Il représentait la communauté catholique. Opposé aux méthodes de planification familiale du Parti, il était comme tous les curés et les évêques que j'ai rencontrés, soucieux de la santé des familles et donc de la nécessaire limitation du nombre d'enfants. Mais il n'avait aucune

---

[9] Méthode tenant comme probable l'ovulation au 14° jour du cycle.

autorité pour l'enseignement de la planification familiale.

Le village avait 11.500 habitants dont 3.400 catholiques, avec une moyenne de 7 enfants par famille. Le Père Joseph avait ouvert une crèche pour 150 bébés de 1 à 4 ans.

Une quinzaine de personnes ont assisté à ma conférence dont 5 catholiques.

J'ai dit d'abord ma joie de rencontrer des frères catholiques. J'ai présenté la position des catholiques face à la planification familiale : non pas un refus, mais un regard différent. Puis j'ai présenté les Méthodes d'Auto Observation.

Les questions posées marquaient l'étonnement : n'est-ce pas trop difficile pour des cultivateurs, cela demande du temps, un niveau économique et intellectuel élevé, est-ce efficace ?

Le médecin du centre de Planification de Vinh était très intéressé, il n'avait jamais entendu parler de la glaire cervicale comme cela. Il m'a demandé de venir parler à ses médecins et sages femmes le samedi matin avant de repartir.

Le vendredi après midi, j'étais dans le district de Hung Nguyên. District de 118.000 habitants, 23 communes, très agricole. Statistiques habituelles avec 1,8% d'accroissement annuel de la population, mais 3% dans certains villages. Les familles étaient nombreuses, 36% avaient plus de 3 enfants.

Le grand souci des responsables était d'arriver à ce que l'information et l'éducation à la planification familiale puissent atteindre toutes les familles.

J'ai visité ensuite la commune de Hung Tay : 8.800 habitants dont 65% de catholiques.

Revenu agricole moyen : 45.000 dong (4,5 US $) par mois et par habitant. La production agricole ne pouvait pas nourrir tout le monde, l'accroissement de la population était plus rapide (>3%) que celui de la productivité.

Nous sommes arrivés dans ce village dans un cortège de 4 voitures flambant neuves, avec tous les responsables du district.

Le nombre des enfants m'a impressionnée : dans les maisons au bord de la route, maisons de briques ou paillottes, cachées derrière une haie de bambous, il n'était pas rare de voir jouer 3 ou 4 petits enfants, les plus grands étaient à l'école.

Une grande salle du Comité Populaire nous a accueillis. Une vingtaine de personnes étaient venues m'écouter, en grande majorité des hommes, seulement 5 femmes cachées dans le fond.

À cette assistance de personnes officielles, de nombreux curieux de passage se sont glissés sous la véranda : des hommes, des femmes, les chauffeurs, des militaires, etc... Au milieu de l'après-midi, une bande d'enfants est arrivée dans les parages, comme une volée de moineaux, attirés par les autos. Je saurai le soir que leur institutrice, apprenant qu'il y avait une conférence intéressante au Comité Populaire, avait lâché ses élèves pour venir m'écouter.

J'ai fait à peu près le même exposé que le matin. L'intérêt semblait très grand. Le représentant des catholiques dit avoir reçu des indications et des brochures sur les méthodes naturelles, mais pas très claires, et surtout personne n'était formé pour l'enseignement de ces méthodes et il le déplorait.

Samedi 9 avril au matin, comme convenu, j'étais au Centre de Planification Familiale de la ville de Vinh. Une vingtaine de médecins et sages femmes travaillant en planification familiale y étaient réunis. Mon exposé a porté essentiellement sur les signes de la fertilité, et surtout sur la glaire cervicale. Exposé un peu plus technique que la veille, puisque s'adressant à des professionnels de la santé.

Au retour de ce voyage, j'ai fait avec Tiêu des projets pour la suite de notre travail commun.

Il nous a semblé que le travail de sensibilisation aux MAO que nous faisions depuis plusieurs années pouvait déboucher maintenant sur des formations plus approfondies permettant de diffuser une réelle possibilité d'utilisation de ces méthodes avec le maximum d'efficacité.

Tiêu voyait grand. Une organisation intéressant « les masses », méthode habituelle dans ce pays au dirigisme d'Etat. Il m'a demandé de réaliser un film vidéo d'enseignement des MAO, de la même façon que Jean-Bernard avait réalisé un film sur l'enseignement des soins aux nouveau-nés asphyxiques « La vie entre les mains ». La vidéo était alors un moyen nouveau très apprécié au Viêt Nam, et qui permettait une diffusion importante.

Il n'y a pas eu de suite.

De mon côté, j'ai proposé l'organisation de sessions de formation de monitrices MAO qui puissent par la suite diffuser un enseignement précis. J'ai remis à Tiêu un projet de programme de trois sessions de formation, en définissant le profil idéal de la future monitrice. Le projet comportait aussi la réalisation de matériel pédagogique adapté au Viêt Nam.

Pour préparer ces sessions et trouver des candidates monitrices, Tiêu s'est proposé de rencontrer le Comité de la Population de Hà Nôi, l'Union des Femmes, le Front de la Patrie. Je lui ai rappelé que Monseigneur Pham Dinh Tung était prêt à proposer des candidates.

La discussion qui a suivi ce voyage a certainement été présentée par Tiêu à Madame le Professeur Duong Thi Cuong. Son approbation était nécessaire. Elle avait tout pouvoir sur l'organisation de la santé maternelle. Elle dirigeait d'une main de fer l'IPMNN. Son accord a été la clef d'ouverture de la suite.

TQS avec les services de la santé dans les provinces du Nord

Avec la VINAFPA

M.

Après l'accord de Madame Cuong, nous avons été orientés officiellement vers des groupes de femmes choisis par la direction nationale de la santé puis par les directions provinciales.

Ces femmes, pour la plupart étaient convoquées.

La VINAFPA supervisa ces actions.

Ce fut une période très intéressante. Elle nous a permis de préciser notre façon d'enseigner.

Elle a intéressé de nombreuses femmes dont certaines ont utilisé TQS pour leur couple.

Elle a permis aux autorités sanitaires et politiques de constater le bien-fondé de notre démarche.

Malheureusement, je ne sais pas, si après notre intervention, ces services de santé ont poursuivi le développement de la méthode.

Heureusement, nous avons pu continuer avec les groupes de catholiques qui se sont chargés du suivi de l'action qui se continue encore actuellement en 2020.

TQS à Hà Nôi

L'Institut de Protection de la Mère et du Nouveau-Né

M.

Pendant tous mes séjours au Viêt Nam, l'IPMNN (Institut de Protection de la Mère et du Nouveau-né) était le lieu de référence. Madame le professeur Duong Thi Cuong qui le dirigeait d'une main ferme était la conseillère de notre groupe comprenant aussi ceux qui travaillaient avec l'APPEL pour l'enseignement des soins aux mères et aux nouveau-nés. En fait, elle en a été pendant de nombreuses années l'inspiration et l'animatrice.

Après plusieurs années d'observation de mes discours, elle m'a demandé d'informer le personnel de l'Institut de TQS.
En avril 1991, j'ai fait un cours de trois jours pour des médecins et sages-femmes de l'Institut, de deux maternités et de l'hôpital gynéco-obstétrique de la ville de Hà Nôi.

En 1994 puis en 1995, Jean Bernard m'a demandé de faire un cours sur la planification familiale pendant le séminaire de formation des médecins et sages femmes des petites maternités de la ville et de la banlieue de Hà Nôi. J'ai essayé de les faire réfléchir sur les raisons de la planification familiale au niveau du couple lui-même, et sur la responsabilité de chacun pour une liberté dans le choix de la méthode qui conviendra le mieux pour une parenté responsable et aussi une sexualité responsable. J'ai aussi abordé la place de la planification familiale dans les maternités : la nécessité d'une écoute personnalisée de chaque femme hospitalisée, pour permettre un dialogue individuel sur la planification familiale dans chaque situation : accouchements, interruption de grossesse, consultations, en sachant que chaque femme a une situation particulière, ses questions, ses attentes.

Aucune femme ne devrait passer par la maternité sans recevoir une information sur le fonctionnement des organes génitaux, sur la fertilité de l'homme et de la femme, et sur tous les moyens de maîtriser sa fécondité. Elle devrait aussi trouver à ce moment les conseils pour choisir la méthode qui convient le mieux pour son couple.

Ce fut un langage nouveau pour ces médecins et sages femmes, qui ne se sentaient concernés que par les actions de leur pratique quotidienne.

Le CGFED

M.

Le CGFED, Centre de recherche sur le Genre la Famille et l'Environnement dans le Développement, était une ONG vietnamienne, animée par Mme le professeur Le Thi Nham Tuyêt.

C'était une personne assez âgée, qui paraissait avoir des ressources financières importantes et qui avait créé un bureau d'études qu'elle dirigeait.

Tiêu me l'a fait connaître dans le but de rapprocher la Fondation Leïla Fodil d'organismes agissant déjà au Viêt Nam dans le même sens que nous, disposant de ressources et de contacts qui faciliteraient notre action. Il travaillait avec elle depuis plusieurs années.

Notre action portait sur les provinces de Hà Nôi, Nam Dinh et Ninh Binh. Nous étions à la recherche d'une organisation centrale permettant de coordonner le développement de TQS dans le pays.

Une convention a été signée avec ce CGFED.

Tiêu a fait une information TQS au cours d'un séminaire organisé au Centre, et les samedi après midi il a donné des cours TQS pour une partie du personnel. Il a été nommé coordinateur de ce programme.

Mademoiselle Hoang Anh, psycho-sociologue, qui faisait partie du personnel, l'a secondé comme secrétaire et en même temps s'est formée comme formateur. La Fondation l'a rémunérée 300.000 dongs par mois (environ 120 FF) pendant plusieurs années. Notre objectif était de mettre au point les techniques d'enseignement, les documents pédagogiques, et de former des formateurs. À partir de l'an 2000, j'ai voulu garder la maîtrise du programme déjà engagé, tout en continuant à apporter une aide financière et un suivi technique et de conseil.

Ce programme est resté à l'état de recherche. Hoang Anh a eu un bébé. Madame Tuyêt m'a semblé faire surtout une recherche d'argent.
Dans le même temps, la coopération avec les catholiques de la paroisse de Thai Ha apportait l'organisation nécessaire.
Cette coopération n'a pas eu de suite.

Avec les services de l'Etat :

Mes premières interventions ont eu lieu à Hà Nôi, dans les organismes nationaux chargés de la planification familiale. En fait tout le monde s'en occupait. C'était une véritable obsession.

1993 : L'Union des Femmes

La VINAFPA que Cuong présidait avait organisé des réunions de jeunes, des clubs d'étudiants, de jeunes gens des districts de campagne à Hà Nôi, Hué et Ho Chi Minh Ville. On y parlait de santé, de planification familiale, de bonheur familial. Quand Tiêu a vu que je m'occupais aussi d'éducation affective et sexuelle des jeunes, il a organisé une rencontre avec l'Union des Femmes de Hà Nôi, pour parler de ce sujet.

L'Union des Femmes est une association créée et dirigée par l'Etat, chargée de la promotion et de la protection féminine. Elle s'occupe bien sûr de planification familiale.

Le samedi 8 mai, devant les 25 *motivatrices*[10] de planification familiale qui se réunissaient une fois par mois, j'ai fait une conférence sur la connaissance du cycle féminin, les signes de la fertilité et les Méthodes d'Auto-Observation pour l'espacement des naissances.

L'usine textile

En novembre 1994, j'ai été invitée dans l'usine textile du quartier de Hai Ba Trung pour préparer une session de formation MAO.

3 600 ouvriers, dont 75% de femmes, y travaillaient en continu, jour et nuit. 400 à 500 métiers à tisser dans un immense hall, avec un bruit assourdissant et aucune protection pour les oreilles. Nous sommes arrivés au moment de la sortie d'une équipe et avons croisé un flot intense de bicyclettes. Les ouvrières ne pouvaient pas encore s'offrir les motos Honda qui envahissaient alors les rues de Hà Nôi.

Un hôpital était annexé à l'usine, pour les soins des ouvrières et de leurs familles, avec une section de planification familiale.

Nous avons fait une séance d'information devant une centaine de personnes, en grande majorité des femmes, mais aussi quelques hommes. Tiêu a parlé de démographie. Puis j'ai fait une petite heure de cours sur la planification familiale : le jeune couple face à la responsabilité de la construction de sa propre famille. J'y ai abordé bien sûr la question des méthodes de planification familiale et parmi elles des méthodes d'auto observation.

Madame Cuong est venue assister à la fin de la séance. Elle a fait un petit discours souhaitant à la direction de l'usine de

---

[10] *Motivatrices* : personnes chargées de la propagande pour la planification familiale.

réaliser le plan prévu, tant pour la production textile que pour la planification familiale, puis elle s'est faite photographier avec deux autres médecins en blouses blanches, auprès des métiers en fonctionnement, entourée de quelques ouvrières, à qui elle montrait un spéculum et un stérilet : « enseignement de la planification familiale dans les usines ».

Cette conférence préparait une session de formation de trois jours pour 18 personnes : de l'usine textile, qui comprenait aussi médecin, de sages femmes, d'étudiants, un professeur de biologie de l'Université, des responsables du Comité Populaire de la ville, un professeur responsable du Club des étudiants, trois « catholiques ». Une sorte de groupe exploratoire permettant aux autorités de se faire une idée de l'intérêt de ce que je présentais.

Le groupe était très attentif. Les étudiantes, très habituées à prendre des notes, remplissaient leur cahier.

J'ai donné les connaissances de base :

Appareil génital masculin et féminin, anatomie, physiologie.

Cycle féminin et ses points de repère pour la fertilité. La fécondation, la grossesse.

J'ai expliqué comment se fait l'observation personnelle : glaire, température, interprétation des observations pour repérer la période de fertilité.

J'ai montré que la pratique de la méthode d'auto-observation entrainait un certain mode de vie en couple.

Il a été très difficile d'établir un échange, surtout à propos des notions de parenté responsable et de sexualité responsable. Le sujet était nouveau, et malgré les efforts de Tiêu, la barrière de la langue était toujours là.

Les questions posées furent surtout techniques : irrégularités des cycles, retour de couches, jumeaux, durée de vie des spermatozoïdes, stérilisation masculine. Et puis aussi : comment transmettre tout cela ? C'est difficile d'en parler à d'autres, et surtout comment le dire aux jeunes ?

Certaines étaient étonnées de voir des jeunes filles (les

étudiantes) participer à cette session : pourquoi parler de cela alors qu'elles ne sont pas encore mariées ? Cela m'a montré à quel point l'éducation sexuelle n'était pas entrée dans les mœurs du Viêt Nam.

Ces *motivatrices*, chargées de convaincre leur entourage de la nécessité de limiter à deux le nombre de leurs enfants, et donc d'utiliser une méthode de contraception, ont été surprises par mon langage. J'ai parlé de la façon de s'adapter à l'auditoire, pour bien faire passer le message. Elles étaient surprises de me voir exposer des thèmes qu'elles pensaient réservés à des médecins ou des sages-femmes. Leur visage s'est épanoui quand je leur ai montré que la connaissance du corps était nécessaire pour comprendre le mode d'action des méthodes de contraception.

L'exposé du fonctionnement du cycle féminin a été suivi avec un grand intérêt et suscita de nombreuses questions. Pendant un temps Tiêu a dû nous quitter, et alors, entre femmes et sans interprète, les questions se sont faites beaucoup plus personnelles, m'interrogeant sur l'érection, le plaisir de l'homme et de la femme. J'ai été très surprise par ces questions. Peut-être l'anonymat d'une étrangère facilitait-il les choses ?

En fin de session, le personnel de l'usine a émis l'idée de se retrouver en « Club M.A.O. » une fois par mois pour travailler ensemble ce qui avait été appris, s'aider dans l'apprentissage de l'auto-observation, échanger les expériences, travailler sur des graphiques. Les étudiantes étaient déjà organisées en club avec des réunions où étaient abordées les questions touchant à la population, la famille, l'environnement, la société. Elles ont proposé d'intégrer les M.A.O. parmi les sujets d'échanges du club.

Le 19 novembre, c'était la fête des enseignants. Il y avait des fleurs partout à la porte des écoles. Tous les écoliers portaient un bouquet à la main pour leur professeur. Ce matin-là, j'avais reçu trois bouquets. Cette fête est très importante et la tradition en est bien conservée. Les professeurs en retraite restaient chez eux pour attendre la visite de leurs anciens élèves. C'est pourquoi Tiêu avait demandé à ne pas faire cours le samedi après-midi. Le soir, la circulation était intense, on croisait des bandes de jeunes avec des paquets cadeau dans les mains, ils allaient en groupe chez leur professeur.

Le docteur Nguyên Quôc Triêu, directeur du Comité de la Population de la ville de Hà Nôi, s'est montré intéressé par notre travail, disposé à prendre en charge l'organisation des sessions de formation et à supporter l'activité des « Clubs M.A.O. » qui se sont réunis chaque mois sous la direction de Tiêu. C'était un grand soutien pour notre projet.

En avril 1995, dès mon arrivée, Tiêu me dit qu'il avait suivi le Club MAO tous les mois. Je croyais rêver ! Il était plein de projets, cherchant à mettre en route un programme dans tout le pays, avec enseignement, étude et recherche. J'étais très impressionnée de voir que la petite graine que j'avais semée avait l'air de commencer à germer.

J'ai retrouvé avec Tiêu les femmes du groupe de l'usine textile. de l'année précédente, mais quelques-unes manquaient.

Quand je leur ai parlé d'inviter leur mari à venir avec elles, cela les fit beaucoup rire. Elles n'envisageaient pas de « couple moniteur ».

Tiêu me dit que les catholiques avaient envie d'inviter d'autres personnes, pour constituer un groupe de formation pour la paroisse l'année suivante. Elles allaient en parler aux « autorités de la cathédrale ».

Madame Huong du Comité de la Population de la ville de Hà Nôi a participé à une partie de notre travail. Mademoiselle le docteur Dung Lan Dung, nièce de madame Cuong est venue pour la première fois. Elle me servira souvent d'interprète plus tard.

La plupart des participantes avaient fait leur propre observation, avec une grande régularité. Depuis novembre, elles s'étaient retrouvées régulièrement en « Club M.A.O. » sous la conduite de Tiêu, dans les locaux du Comité de la Population de la ville de Hà Nôi. Elles en avaient déjà parlé un peu autour d'elles, avec leur mari, avec un couple de cousins, à un groupe à la faculté.

En novembre 1995, nous nous sommes retrouvés une troisième fois. Evelyne Chabrol m'accompagnait.
Sur les 10 participantes de la première session, il n'en restait que 5. Mais toutes étaient très motivées et intéressées pour devenir monitrices, au point de parler d'apprendre le français pour pouvoir suivre une session en France. Et nous savons qu'elles en sont capables !
La télévision est venue filmer l'inauguration.
Trois d'entre elles nous ont remis leurs graphiques d'observation pour les 6 derniers mois.
Anh n'avait pas encore repris son observation après la naissance de son bébé.
Chi étant célibataire avait expérimenté l'observation mais n'avait pas tenu ses graphiques, ce qui est compréhensible. Elle avait de plus été troublée par des cycles très irréguliers au moment de ses examens. Cela a été l'occasion d'expliquer pourquoi les cycles peuvent être irréguliers et comment l'observation permet de s'y retrouver.
Elles avaient diffusé les M.A.O. autour d'elles :
Chi en avait parlé avec ses amies étudiantes.
Dung avait jusque là toujours peur d'être enceinte. Maintenant elle était rassurée. Elle en avait parlé à deux amies et elle les aidait dans leur observation.
Dans l'usine textile, Hiên en avait parlé aux femmes qui n'utilisaient aucune contraception. 10 ouvrières avaient commencé leur observation, elle les avait suivies. Mais elles éprouvaient des difficultés à noter la glaire. Elles oubliaient beaucoup, trop préoccupées par leur travail et fatiguées quand elles rentraient le soir.
Mai avait essayé d'expliquer à ses sœurs, à ses voisines. Mais elles avaient souvent oublié de noter. Elles trouvaient que le stérilet c'est plus facile.

<u>Anh</u> avait transmis à sa sœur jeune mariée pour l'aider à concevoir le bébé qu'ils désiraient. Elle a été enceinte au bout de 6 mois.

Cette mise en commun a permis de reprendre toutes les règles de base de l'interprétation. La place des maris dans la démarche d'observation est délicate. Ils sont d'accord, mais timides, ils n'osent pas venir aux réunions de couples.

1997 L'Union des Femmes

Au mois d'aout 1997, Tiêu a fait une conférence à l'Union des Femmes de Hà Nôi pour présenter les M.A.O. L'intérêt suscité par cette conférence a conduit à la demande d'une session de formation de monitrices.

En octobre, avec Tiêu, j'ai rencontré la vice présidente : Mme To Yên Khanh, et la directrice de la planification familiale, Mme Hanh. Les monitrices formées seraient intégrées dans les activités de l'Union des Femmes pour la planification familiale, reconnues par le Comité de la Population, dans le cadre de la diversification des méthodes contraceptives.

La première session a eu lieu quelques jours plus tard.
Il y avait 16 participantes, membres permanents de l'Union des Femmes, représentant chacun des districts ou quartiers de la ville de Hà Nôi. Âgées de 24 à 41 ans, elles avaient toutes fait des études supérieures à l'université dans diverses branches. Une était médecin. Pratiquement toutes utilisaient la méthode Ogino et/ou le préservatif.

La deuxième session a eu lieu en décembre 1997, lors du séjour d'Evelyne Chabrol.
Elle était venue seule. Elle a continué la formation commencée en octobre. Les 16 participantes avaient fait leur observation avec attention, compte tenu des événements de leur vie de famille.
Mais quand Evelyne a examiné les graphiques que ces femmes lui présentaient, elle a remarqué qu'un certain nombre d'entre elles

trichaient, en recopiant sur une voisine, ou en inscrivant n'importe quoi. C'est banal.

Tiêu lui a dit qu'au Viêt Nam où les gens gagnent très peu le bénévolat est quasiment impossible. Pour que notre action aboutisse, il faut être motivé par l'intérêt et l'argent. C'est resté une question très importante pendant toute la suite de mon action.

En octobre 1998, j'ai continué le suivi du groupe de l'Union de Femmes avec Tiêu.

La session se passait dans la grande salle de réunion rénovée de l'union des Femmes à Quan Su. Toutes les participantes étaient présentes, sauf une qui devait faire passer un examen ce matin à l'université.

Du CGFED il y avait Hoang Anh et une autre jeune fille, Thanh qui suivait elle aussi les cours de Tiêu et de plus apprenait le français.

Ce fut un travail très précis d'approfondissement de leurs connaissances. Elles participaient activement. Elles étaient prêtes à passer l'examen à la prochaine rencontre que Tiêu organisera en décembre.

La moitié environ tenait ses graphiques à jour. Plusieurs nous les ont montrés, en posant les questions qu'elles se posaient pour leur interprétation.

Dans le groupe, quelques unes avaient déjà enseigné la méthode à dix autres femmes. L'une ménopausée, avait enseigné à ses filles.

Pour certaines, la pratique était facile, pour d'autres, la prise de la température posait problème. Elles auraient aimé avoir une méthode qui s'en passe.

7 ou 8 voulaient suivre le cours de formateurs.

L'une a bien expliqué l'intérêt de TQS par rapport aux techniques contraceptives qui ont des avantages mais ont aussi des inconvénients pour certaines femmes.

J'ai bien montré ce que la température apporte de plus en affirmant avec certitude que l'ovulation est passée.

Ce fut l'occasion d'expliquer ce qu'est la méthode Billings, qui n'utilise que l'observation de la glaire cervicale, et pourquoi nous avions choisi pour une meilleure efficacité d'y adjoindre la température.

Nous avons travaillé sur les règles d'interprétation, sur l'interprétation des cycles particuliers : cycle long, épisodes de glaire, fièvre, cycle sans ovulation. J'ai donné un cours sur l'allaitement avec l'étude d'un graphique d'allaitement. Deux graphiques post pilule.

La participation des maris a été abordée.

Un mari invité n'est pas venu, par timidité.

Avec un mari médecin, ce fut facile, il comprenait bien.

Le mari d'une autre était bien d'accord, il aidait sa femme mais il ne voulait pas chercher à comprendre plus profondément la méthode.

Un autre mari était très « docile ».

Un autre encore avait bien écouté la première fois mais ensuite il ne voulait plus écouter car travaillant loin il avait du mal à admettre que quand il rentrait à la maison sa femme ne soit pas disponible pour une relation complète sans risque.

Que dire aux étudiants célibataires ? L'éducation à la connaissance du corps et de la fertilité avant même d'être mariée permet de se préparer au respect de l'autre dans la vie de couple.

Tous ces témoignages nous ont permis de parler de la découverte d'un mode de vie différent et de la recherche d'autres formes d'expression de l'amour.

La présidente de l'Union des Femmes de Hà Nôi, membre du Comité exécutif national, Mme Nguyên Thin Thanh, a clôturé la session. Elle a demandé que nous poursuivions la formation de ce groupe pour que toutes puissent devenir des formatrices dans leur district. Elle demandait aussi des sessions dans les 7 districts de la ville.

Quartier de Hai Ba Trung dans la ville de Hà Nôi

Mercredi 9 avril 1997:
M.

Cette session de formation de trois jours au centre de santé du quartier de Hai Ba Trung faisait partie du projet de la VINAFPA et du docteur Triêu, directeur de la santé de la ville de Hà Nôi. Il appréciait TQS et aurait voulu que tous les quartiers de la ville reçoivent une formation pour que la méthode fasse partie des méthodes de planification familiale proposées.
En fait un seul a reçu la formation : le quartier de Hai Ba Trung.

Tiêu était retenu par d'autres activités, c'est le docteur Hoai qui a traduit. Elle est venue me chercher en moto, très timide et très émue de ce travail, c'était la première fois qu'elle faisait interprète, et elle n'avait pas encore suivi tout le parcours de formation M.A.O. Elle l'a fait avec beaucoup de gentillesse.

17 personnes sont venues, toutes mariées, enseignantes, plus deux médecins et deux personnes du comité de la population du quartier qui ne sont pas restées l'après midi. Leur présence était habituelle dans nos réunions, à la fois pour représenter le comité de la population et aussi par contrôle politique.
Elles avaient des connaissances réelles sur les organes génitaux et le cycle, mais une grande gêne à parler des organes de l'homme. 6 utilisaient le stérilet, 4 le préservatif, 3 Ogino ou le retrait, une était stérilisée.
Elles savaient ce qu'est la glaire et la plupart en avaient déjà observé. En fin de journée, la venue de Tiêu a facilité l'exposé de la spécificité de la PFN par rapport aux autres méthodes.

Le lendemain il n'y avait plus que 9 participantes.
Une dame travaillant à la télévision est passée pour voir, a regardé le livret et nous en a demandé un, pour elle. Elle a photocopié le mien.
Au cours du troisième jour, une question sournoise est venue :
Pourquoi trois jours de formation pour devenir monitrice ?

C'était en fait pour me dire qu'il n'y aurait pas d'autre session. Le bouquet de fleurs a clôturé cette formation. Il n'y a pas eu de demande de deuxième session. L'enseignement de TQS qui nécessite une grande simplicité dans l'exposition des situations personnelles était plus difficile pour des intellectuelles.

Réunion de synthèse

En novembre 1999, réunion de toutes les participantes des cours donnés à l'initiative de la VINAFPA : les anciennes du cours de Hà Nôi, les nouvelles des districts de Dong Da et Hoan Kiêm auxquelles Tiêu avait donné des cours. Au total 32 femmes étaient présentes.

Nous sommes venus surtout pour les écouter, répondre à leurs questions, faire un bilan de l'activité.

Les 6 anciennes faisaient toutes leurs graphiques depuis plus de 2 ans. Elle disaient dans l'ensemble leur satisfaction et celle de leur mari. Leurs témoignages furent très intéressants.

Les connaissances de TQS m'ont permis de bien comprendre toutes les méthodes de contraception et ont rendu le choix possible. J'ai choisi TQS, mon mari m'aide beaucoup.

En tant que médecin, j'avais appris toutes les méthodes de contraception, mais je n'aime pas les techniques qui interviennent sur le corps, mon mari n'aime pas le préservatif. Avec TQS, nous avons maintenant une confiance absolue. Nous aimons bien la période non fertile après l'ovulation où nous nous sentons tout à fait libres.

J'ai suivi le cours depuis 2 ans. Je voulais avoir un autre enfant, et surtout une fille. J'ai réussi, ma fille a 7 mois.

L'une appréciait TQS car elle ne pouvait utiliser aucune technique ; et son mari aussi, car il n'aimait pas le préservatif.

Une autre nous partagea une expérience douloureuse : elle portait un stérilet, une amie lui a parlé de TQS et lui a expliqué comment faire. Elle a aussitôt ôté son stérilet, mais elle croyait qu'il n'y avait pas de risque juste après les règles, et elle a été enceinte. À 40 ans, elle a fait une IVG. Elle en a tiré la conclusion que pour utiliser TQS il fallait bien apprendre cette méthode, ce qu'elle n'avait pas fait. Depuis, elle suit le cours de Hoan Kiêm, fait des graphiques et commence à savoir les interpréter correctement.

<u>Une autre</u> mariée depuis 7 ans, avec deux enfants, n'utilisait aucune méthode. Depuis qu'elle utilisait TQS, elle pouvait se rapprocher de son mari car avant ils avaient la crainte d'une grossesse.

« <u>J'apprécie TQS</u> car je ne pouvais utiliser aucune méthode de contraception. Mon mari aussi, car il n'aimait pas le préservatif. »

« <u>Je portais un stérilet</u> et n'en étais pas satisfaite. Une amie m'a parlé de TQS et j'ai aussitôt enlevé mon stérilet. Une grossesse a débuté. J'ai avorté. J'en ai tiré des conclusions : TQS est une méthode très intéressante. Mais pour pouvoir l'utiliser, il faut bien apprendre, ne pas se contenter de quelques explications rapides. Maintenant, j'ai appris, je fais mes graphiques depuis 5 mois, et je peux les interpréter correctement. »

« <u>Je suis mariée depuis 7 ans</u>. Nous avons deux enfants. Nous n'utilisions aucune méthode de contraception. Depuis que nous utilisons TQS, je me suis rapprochée de mon mari, car avant, nous avions toujours la crainte d'une grossesse. »

Notre programme avec la VINAFPA, signé en juin 1996, s'est terminé en 2000.

Depuis 1996, la connaissance de TQS avait été largement diffusée dans les districts et certains quartiers de la vile de Hà Nôi. L'Union des Femmes, organisme officiel et puissant, avait accueilli avec plaisir TQS et avait formé des femmes capables de faire connaître TQS.

L'expérience de la formation d'un groupe dans une usine, bien que travaillant sur ordre, a permis à des ouvrières de sortir des contraintes contraceptives et d'envisager une certaine autonomie. Mais cela n'est pas quantifiable.

210 personnes avaient été touchées par la formation de moniteur M.A.O, dont 64 faisaient leur graphique d'observation.
61 moniteurs avaient passé un examen d'évaluation à la fin de leur formation. 45 avaient réussi cet examen.

La fin de ce contrat n'a pas permis de savoir ce que le service de santé allait faire avec les moniteurs qui étaient en apparence enthousiastes et persuadés de l'utilité de TQS.
De la relecture des comptes rendus de réunions, il est ressorti qu'à côté des résultats chiffrés des formations de moniteurs, un grand nombre d'acteurs s'étaient appropriés la méthode et l'avaient diffusée dans leur entourage. Mais ceci n'est pas comptabilisable.

La pratique de TQS, toute nouvelle, bien que reconnue par l'Etat Vietnamien, du fait de son caractère individuel, restait entourée de la discrétion que les Vietnamiens savent si bien exprimer, tout en restant capables d'une diffusion très large grâce au bouche à oreille.

Provinces de Nam Dinh et Ninh Binh

Avec les services de la santé
1995-1997

M.

En 1995, les contacts avec le CGFED de madame Tuyêt et probablement l'intervention de Madame Cuong, ont permis au Gouvernement Vietnamien de connaître TQS et d'en apprécier l'intérêt. La limitation des naissances était à l'époque une préoccupation majeure de l'Etat.
Le Comité National de la Population a choisi 3 provinces : Hai Duong, Thanh Hoa et Nam Dinh, pour établir un modèle pour la diversification des méthodes contraceptives en introduisant TQS.

Dans ce cadre, les provinces de Nam Dinh et Ninh Binh ont été les premières provinces, hors celle de Hà Nôi, à recevoir la formation TQS de la Fondation Leïla Fodil. Ces deux provinces provenaient de la division de la province de Nam Hà.

L'initiative en revient à Tiêu, qui m'a emmenée faire une visite en 1995. Madame le Docteur Tran Thi Vinh, directrice de la Protection Maternelle et Infantile de Nam Dinh, ayant appris l'existence de TQS, l'avait invité, car elle pensait que TQS rendrait service aux couples de chrétiens particulièrement nombreux dans sa province et dans la voisine, Ninh Binh.
Elle n'a pas pu suivre toutes les formations car elle devait écouter un cours de « formation politique ». C'est une obligation pour toutes les personnes qui briguent un poste de responsabilité. Ce cours est un enseignement de marxisme léninisme, dans lequel on apprend à détester les régimes politiques libéraux occidentaux. On ne peut y échapper sous peine de sanction grave. Personne n'est dupe.

Les catholiques « acceptaient » l'idée de la planification

familiale, en fait imposée par le gouvernement, mais pas les méthodes de contraception.

Ces deux provinces sont celles dans lesquelles l'enseignement de TQS de la Fondation Leïla Fodil a été le mieux organisé par les autorités civiles et le mieux suivi.

Province de Nam Dinh

Avec les services de la santé

M.

La province de Nam Dinh est située à 90 km au Sud Est de Hà Nôi, Le Fleuve Rouge (*Sông Hông*) la sépare au Nord de la province de Thai Binh. La province de Ninh Binh se trouve au Sud Ouest.

C'est une province très peuplée : 2.600.000 habitants, qui sont 40 à 45 % de catholiques. Comme toutes les provinces du Viêt Nam, elle est divisée en districts de 300.000 personnes ayant chacun sa structure administrative et sanitaire propre.

Pendant huit années, les formations ont été données par Tiêu et moi. Valérie Pigeau et Evelyne Chabrol y ont aussi participé. Le docteur Duong Lan Dung est venue plusieurs fois remplacer Tiêu pour l'interprétariat.

Les dirigeants des services ayant des relations avec la procréation et la planification familiale sont tous venus à une session ou une autre nous rencontrer :

Mme Tran Thi Vinh directrice de la P.M.I. et de la VINAFPA a assisté à toutes les formations..

Le docteur Hiêm secrétaire de la VINAFPA de Ninh Binh.

Monsieur Xao, des relations internationales du Comité populaire

Monsieur Trân Tiên Canh responsable du bureau administratif, de la culture, l'Éducation et la Santé au Comité de la Population de la Province.

Le docteur Vo Minh Tiên vice-directeur du Comité de la population de la province voisine de Nam Hà.

Monsieur Duân, sous directeur du Comité de Population de Nam Dinh.

Le docteur Duân, directeur de la santé de la province

Monsieur Hoang, pharmacien, sous-directeur du Comité de la

Population.

Le docteur Doan Van Luong vice président du Comité de la Population du district de Xuân Thuy.

Ils avaient tous un bon contact avec les évêques et les curés, que je n'ai pu rencontrer que lors de la deuxième session de formation.

Ils ont pris en charge l'organisation de la formation dans la province de 12 monitrices TQS. Ils ont demandé aux catholiques d'envoyer des participantes pour cette formation.

Les formateurs

Le groupe provincial de Nam Dinh a été constitué par madame le docteur Vinh pour former des coordinateurs du projet pour la province et des formateurs. Il s'est réuni deux fois par an entre 1995 et 1999. Il comprenait 21 personnes, 3 par commune, chargées de recevoir une formation TQS, pour pouvoir inclure TQS parmi les méthodes de contraception proposées.

16 participants et 6 auditeurs libres.

Le Docteur Binh, médecin de P.M.I., et le Docteur Thao médecin de la polyclinique du district de Hai Hau ont été les coordinatrices pour la province. Elles sont venues approfondir leurs connaissances à Hà Nôi au mois de décembre avec Evelyne Chabrol.

Le personnel de santé choisi comprenait 10 médecins, 3 aides médecins dont 1 d'un poste sanitaire de commune. 3 sages femmes dont 1 d'un poste sanitaire de commune. 6 femmes dont 4 venant de communes rurales.

Il y avait des représentants du Comité de la population, de l'Union de la Jeunesse, de l'Union des femmes, de l'Union des paysans, des services de l'éducation. Certaines femmes venant de communes rurales ont eu plus de mal à suivre le cours du fait de la demande assez intellectuelle des médecins. La directrice et la sous directrice du Service de Protection Maternelle et Infantile de la province ont suivi les trois jours de cours.

Tous étaient jeunes. L'utilisation de moyens de contraception se

partageait entre stérilet (5), préservatif (5), Ogino (5, 2 fois associée au préservatif), et aucune méthode (4). Une femme avait été stérilisée après la deuxième césarienne.
Deux jeunes femmes catholiques venaient d'une commune rurale, Nge Tay.

Nous avons fait deux sessions de formation de moniteurs formateurs à la capitale de la province. Madame Vinh venait nous chercher Tiêu ou Dung et moi, avec Valérie Pigeau ou Evelyne Chabrol, à Hà Nôi à 6 h du matin.
Evelyne est venue seule en 1996.
Chacune de nos sessions durait deux jours et demi à trois jours, soit 16 heures de travail effectif, adapté à la fonction et à la nature des participants.

La programmation de nos réunions n'a pas été toujours facile. La période de la moisson, variant de quelques semaines, intervenant pendant le moment choisi pour notre déplacement, a entraîné parfois la suppression de sessions. Ailleurs, c'était un typhon, ravageant maisons et récoltes et empêchant tout déplacement. C'était les inconvénients de l'intervention d'étrangers.

Madame Vinh a ouvert la première session et y a participé des jours entiers.
Au cours d'une journée, un journaliste de la télévision régionale est venu filmer le cours.
Les participantes, médecins compris, bien que venus sur ordre, ont été immédiatement très enthousiastes, heureuses d'avoir appris des choses nouvelles.
Elles étaient souriantes et heureuses de se rencontrer. Certaines d'entre elles avaient été changées car ayant trop de mal à suivre.
Les nouvelles étaient souvent des sages-femmes qui ne semblaient pas trop perdues. Tiêu les suivait de près en les interrogeant souvent.
Beaucoup d'entre elles ont fait leurs graphiques d'observation.

Nous avons travaillé dessus, soit personnellement, soit en groupe.
La plus grande difficulté exprimée était la prise de la température tous les matins à la même heure.
La glaire semblait plus facile à observer. Mais la difficulté était de repérer le passage de la sécheresse au début de la glaire : passage de sec et rien à quelque chose ou humidité. J'ai repris les explications sur l'observation de la glaire, pour affiner cette observation, les aider à bien repérer le début, à observer au moins 5 jours de glaire avant le jour sommet.

Nous nous sommes interrogés sur l'intérêt qu'il y aurait à présenter l'observation de la glaire seule (méthode Billings). L'observation de la température permettant de préciser la date de l'ovulation nous a parue dominante. Tiêu en était très partisan. C'est ainsi que tout le programme a été présenté avec cette double observation.

La présence des maris a été très difficile à obtenir. Ceux qui sont venus se sont assis à côté de leur épouse, leur tenant la main. Preuve d'attention et de respect. Ils ont participé et échangé avec simplicité.

Beaucoup, jeunes mariées, ont utilisé TQS pour obtenir rapidement la grossesse qu'elles souhaitaient.
La période de l'allaitement était très longue. Souvent plus d'un an. Il a fallu préciser comment faire. L'enseignement de la « Mama » est venu à chaque session. Valérie a expliqué la physiologie de l'allaitement.
Les questions étaient nombreuses.

Erreurs d'interprétation des graphiques. Une avait des cycles longs depuis son deuxième accouchement, elle nous dit avoir eu un rapport au 4° jour après la température haute, elle a été enceinte et a fait un avortement. L'examen de son graphique a montré que ce rapport se situait trois jours après une pointe de température isolée, en pleine période de glaire.
Glaire ou infection vaginale ?
Peut-on déterminer le sexe de l'enfant en fonction de la date de la

relation sexuelle ?

L'affichage du puzzle présentant les organes génitaux était l'occasion de préciser le déroulement du cycle féminin.

Tiêu a montré d'après des statistiques récentes que le nombre d'enfants réel est toujours supérieur au nombre d'enfants voulu par les femmes (3,3 réel, 2,85 voulu). Il ne faut pas oublier que toute méthode de contraception peut être mise en échec par le bébé qui est dans la tête de chaque femme.

Je leur ai proposé de se retrouver en petits groupes pour étudier leurs graphiques en se référant toujours bien aux règles d'interprétation qu'elles ont sur leur livret. Ainsi elles arriveraient à prendre confiance en elles. Et surtout qu'elles expliquent à leur mari, pour être toujours deux à décider.

À la fin de cette première session, Le Docteur Vinh a demandé à Tiêu de venir les aider une fois avant le *Têt*, début février, une fois en avril avant notre retour pour une deuxième session. Elle voulait, comme ce qui avait été fait à Hà Nôi, organiser des « clubs TQS » pour aider les utilisatrices. Elle proposait que les médecins formés aillent dans les communes aider les femmes. Elle doutait de la capacité des paysannes à pratiquer TQS. C'est pourquoi nous avons constitué une après midi un petit groupe de 5 femmes avec lesquelles nous avons fait un travail de base très pratique sur la façon d'utiliser un graphique et d'y noter les observations.

La session suivante a eu lieu le 31 décembre, 1er et 2 janvier, jours de congés favorables pour les paysans, les institutrices, et pour les maris qui travaillent au loin et ont pu être présents. Ce choix m'a paru étrange, mais le 1er janvier n'a pas le même sens que chez nous, même pour l'an 2000. Ce qui importe c'est Noël pour les catholiques, et le *Têt* (nouvel an lunaire) pour tous.

Certaines avaient commencé à aider une belle-sœur ou une amie.

Nous les avons encouragées pour pouvoir mieux comprendre et mieux aider les autres.

Mais il y avait de la concurrence en planification familiale.

Des américains étaient venus en visite à la VINAFPA en proposant leurs services par une association pour « Choisir librement une contraception efficace ». En fait, il s'agissait du don d'un bloc opératoire pour faire des stérilisations « volontaires ». L'argent a été donné pour cela, et la transaction a été faite.

Comme l'examen clôturant la formation aboutissait sur la remise d'un diplôme demandé par les autorités, nous avons dû sanctionner les plus faibles qui n'ont reçu qu'une attestation de suivi des sessions.

Mais Madame Vinh m'a obligée de donner un diplôme de monitrice à Mme Qui, et au Dr Chau de la VINAFPA, bien qu'elles n'aient pas suivi la 3° session. Je l'ai fait vraiment contre mon gré.

Avec ce groupe destiné à devenir les formateurs et les coordinateurs pour la province de Nam Dinh, nous avons beaucoup travaillé les techniques de pédagogie et d'enseignement. En effet, la pratique de TQS nécessitait la connaissance du fonctionnement des organes génitaux. Il fallait permettre à des personnes n'ayant aucune connaissance scientifique de comprendre comment la glaire cervicale et la température étaient les témoins du fonctionnement du cycle féminin, en utilisant des termes et des comparaisons compréhensibles, et des mots du langage courant.

Explications des participants au tableau noir, jeux de rôles, démonstration de l'emploi de la règle à coulisse, interprétation de graphiques.

Exercices d'expression pédagogique à partir d'un puzzle récapitulatif et de graphiques.

Dans les districts

Le docteur Duân avait le souci des populations villageoises et des familles catholiques. Il nous a proposé d'organiser des sessions dans des districts, pour être plus proches des femmes. C'est ainsi que les districts de Xuân Ngoc, Giao Chau, Xuân Truong, Hai Hau, My Loc, Giao Thuy, Xuân Tiên, ont reçu une session de formation

Dans le district de Xuân Thuy.

Le district de Xuan Thuy avait 370.000 habitants, 41 communes, une ville.
C'était la première fois que j'entendais dire d'un district qu'il était riche. Le président du Comité populaire venait d'acheter 5.500 m2 dans le quartier Hoan Kiêm à Hà Nôi pour établir une vitrine d'exposition des productions de son district pour l'exportation. Ce district était un grenier d'un riz parfumé très spécial, une grande production de crevettes avec une usine de préparation pour l'exportation, tous les produits de la mer et des lacs, et une grosse production de sel de mer. Sur la route entre Nam Dinh et Xuan Thuy, on voyait du riz à perte de vue et une multitude d'églises à l'horizon, j'en ai vu sept à la fois rien qu'en tournant la tête.
Le docteur Doan Van Luong, vice président du Comité populaire et Président du Comité de la Population du District de Xuân Thuy nous a demandé qu'un séminaire de formation puisse avoir lieu dans son district qui comptait environ 30% de catholiques et 100 églises. Il souhaitait que ce séminaire touche des personnes du district et des communes : instituteurs, catéchistes, personnel médical, et membres d'associations du gouvernement. Les monitrices en formation à la province viendraient nous aider pour ce séminaire. L'organisation serait prise en charge par le Comité de la Population, le Front national de la Population, avec une aide demandée à la Fondation Leïla Fodil. Le prêtre du district et le Dr Luong ont rédigé des lettres de demande que Tiêu nous a fait passer.
En 1995, Madame Vinh a ouvert le premier séminaire.
Il y avait :

Le docteur Nguyên Tanh An, chef du service de Santé du district,
Le Docteur Doan Van Luong, vice-président du Comité de la Population de Xuân Thuy
Mme Ly, journaliste au journal hebdomadaire de la province de Nam Hà.

Il n'y avait pas de VINAFPA à Xuan Thuy, mais un comité de la population très actif. Dans chaque commune, des femmes étaient responsables d'un certain nombre de familles pour veiller à les accompagner dans leur planification familiale, et des coordinatrices surveillaient 100 familles. Ceci mérite explications. Ces femmes surveillantes étaient chargées d'observer les règles des femmes de leur groupe et de les conduire au poste de santé pour une aspiration utérine en cas de retard de règles !

Les 16 participantes étaient heureuses d'apprendre une méthode qui soit acceptable par les catholiques refusant le stérilet et l'interruption de grossesse. Toutes avaient l'habitude d'utiliser un thermomètre, à cause du paludisme.

J'avais apporté de France des paquets de biscuits « Lu ». Quand la distribution fut faite, nous avons vu ce phénomène extraordinaire : comme les petites enfants de chez nous, elles ont commencé par casser successivement et manger les quatre coins du biscuit.

La plupart utilisaient Ogino.
Lors du deuxième séminaire, chaque participante a décrit ce qu'elle avait fait pour diffuser TQS et interroger.
Si une femme a fait son observation avec TQS pendant 2 ou 3 ans et a des cycles très réguliers, peut-elle abandonner l'observation et compter les jours ? La réponse est non, bien évidemment : le plus contraignant dans la méthode c'est l'abstinence, autant l'observer avec le maximum de sécurité, et les cycles même très réguliers peuvent changer tout d'un coup.
La plupart d'entre elles aidaient des couples amis ou familiaux.
J'ai précisé les règles de la méthode en allaitement complet.
<u>Van</u> voulait un enfant après 5 ans de mariage.

J'ai précisé l'utilisation de l'observation de la glaire seule, et l'avantage qu'apporte la température dans l'affirmation de l'ovulation.

La deuxième fille de <u>Qui</u> avait 7 mois 1/2. Elle l'allaitait encore et avait allaité complètement pendant 6 mois. Elle n'avait pas encore eu son retour de couches. Elle voyait de la glaire, mais pas de jour sommet. Elle oubliait quelquefois de prendre sa température. Elle avait aidé 2 femmes : une qui avait arrêté car le mari était parti pour un long séjour à l'étranger. Une qui voulait avoir un enfant. Elle cherchait les femmes qui ne pouvaient pas utiliser le stérilet.

<u>Chau</u> aidait une femme qui avait un enfant de 15 mois et allaitait encore un peu. Elle voyait bien sa glaire et le jour sommet mais oubliait souvent la température.

<u>Chut</u> aidait une femme qui se croyait stérile. Elle est maintenant enceinte de 2 mois.

Pour elle-même, elle avait cassé son thermomètre, et observait la glaire seule, mais elle avait confiance.

<u>Les hommes</u> ont exposé l'encouragement qu'ils apportaient à leur épouse, les femmes ont parlé de leurs propres difficultés, toujours les mêmes : la prise de la température le matin.

À la fin de la matinée, Madame Vinh a récusé deux hommes médecins : leur femme portait un stérilet et ils avaient clairement exprimé leur manque d'intérêt pour TQS, ne croyant pas à son efficacité. Qui étaient-ils ? Qui les avait envoyés ? J'ai observé ce même phénomène à Saïgon. Le curé a chassé ces hommes, qui étaient manifestement des représentants du parti. Les « auditeurs libres » ont eux aussi abandonné.

Dans le district de Giao Thuy

En avril 1997, le district de Xuân Thuy dans lequel nous avions donné une session de formation avait été divisé en deux : Xuan Truong et Giao Thuy. La formation s'est agrandie avec le district de Giao Thuy puis avec un nouveau groupe choisi parmi les

50 *motivatrices* de la VINAFPA du district de My Loc, à forte proportion de catholiques.

Mme Vinh nous a accompagnés,Valérie, Tiêu et moi, à Giao Thuy. Elle insistait sur l'importance de la participation à toutes les réunions pour pouvoir devenir monitrice.

Nous avons retrouvé avec plaisir les participantes du mois de novembre. Quatre étaient absentes, toutes du même village (Giao Chau), sans que nous sachions pourquoi.

Un tour de table a permis de faire le point pour chacune :

<u>Hong</u> : avait parlé de TQS à un homme qui n'avait pas pu expliquer à sa femme ; à une femme portant un stérilet qui commençait son observation mais trouvait cela difficile ; à une femme qui continuait son observation et en avait parlé avec son mari.

<u>Dinh Thi Thom</u> : avait un stérilet qu'elle supportait mal (ménorragies). Elle avait commencé son observation dès la première session et avec l'accord de son mari avait enlevé son stérilet après 3 mois d'observation, sans difficulté. Elle se sentait maintenant plus à l'aise et montrait son enthousiasme.

<u>Do Thi Huyên</u>: avait un stérilet. Elle faisait son observation depuis 5 mois, observait bien sa glaire, avait plus de difficultés à prendre sa température chaque matin. Elle attendait d'être tout à fait sûre d'elle pour enlever son stérilet. Son mari était d'accord.

<u>Nguyên Thi Kiêu</u> : faisait son observation depuis la 1ère session, avec l'accord de son mari. Son cycle était régulier. Son mari l'aidait à penser à la température, il préparait le petit déjeuner pendant ce temps là. Elle a enlevé son stérilet et ils utilisaient le préservatif quand ils n'étaient pas sûrs d'eux.

<u>Dinh Thi Thuy</u> avait un stérilet qu'elle avait enlevé il y a 5 ans pour hémorragies. Elle utilisait retrait et Ogino. Elle faisait maintenant son observation, glaire et température sans difficulté. Son mari était d'accord. Ils avaient fait ensemble le choix de TQS et en étaient heureux. Ils étaient bouddhistes.

<u>Tran Thi Thom</u> avait arrêté la pilule parce que son mari était parti

travailler loin et ne revenait qu'une fois par an. Elle faisait son observation sans difficulté mais n'avait pas encore revu son mari depuis.

<u>Tran Thi Chin</u> avait un stérilet et avait beaucoup maigri ; elle l'avait enlevé, mais n'était pas tranquille et l'avait donc remis. Son mari était d'accord pour essayer TQS et enlever le stérilet quand elle serait sûre de son observation. Elle n'avait pas de difficulté à faire son observation. Elle était *motivatrice* pour la planification familiale, mais elle n'aimait pas le préservatif, ni la pilule. Elle avait observé beaucoup d'utilisatrices de pilule et vu les problèmes qu'elles rencontraient.

<u>Vu Ngoc Ha</u> : en tant qu'homme il avait bien compris mais il avait des difficultés à apprendre à sa femme. Elle avait cassé son thermomètre et abandonné ; elle observait un peu sa glaire mais ne la notait pas.

<u>Nguyên Van Trung</u> : ils avaient un bébé de 6 mois. Sa femme allaitait encore un peu, elle avait vu son retour de couches. Elle avait commencé son observation il y un mois et trouvait difficile de prendre le temps de prendre sa température. Mais pour eux, c'était un choix personnel d'utiliser TQS.

<u>Dao Minh Viên</u> : sa femme avait enlevé son stérilet et ils utilisaient le préservatif. Elle faisait son observation depuis 4 mois. C'était un peu difficile, mais quand on veut on peut.

<u>Nguyen Viêt Xuân</u> : stérilet pendant 6 ans puis enlevé il y a 3 ans. Remplacé par préservatif et Ogino. Sa femme emblait aimer TQS. Elle avait fait son observation pendant 2 mois puis abandonné car il était parti au loin pendant 3 mois.

<u>Bui Thi My</u> : avait des difficultés à faire son observation quand elle était de garde à l'hôpital.

<u>Un mari</u> dit : après la première session que j'ai suivie il y a 3 ans, j'ai appris la méthode à ma femme qui a enlevé son stérilet mis après la naissance de notre premier enfant. Depuis 3 ans nous utilisons TQS en toute sécurité. Nous voulons poursuivre la formation pour devenir couple moniteur.

Ces témoignages étaient vraiment très enthousiastes.

Après quelques explications techniques j'ai parlé du choix personnel de cette méthode, mode de vie en couple.

J'ai déclenché de nombreuses et vives réactions : *On nous a obligées à porter un stérilet. Certes maintenant, on ne nous force plus de cette façon, mais il faut toujours atteindre le but : un ou deux enfants.*

À la clôture de la session, seuls les 12 participants de cette session ont été retenus pour continuer le travail de moniteurs. Ils auront bientôt à transmettre leurs connaissances à d'autres familles. Une réunion avec les conjoints a eu lieu au mois de juillet ; Tiêu y a été invité.

Dans la commune de Xuân Ngôc

Dans ce nouveau district de Giao Thuy, nous sommes allés rencontrer dans la commune de Xuân Ngôc, Mr Kim et Mr Tuân, vice-président du comité populaire, qui était le mari de Thom, une des participantes les plus enthousiastes.

Xuan Ngoc est une commune de 5.000 habitants, avec 92% de catholiques. Ils espéraient que TQS pourrait se développer dans leur commune, car cela convenait bien aux familles qui ne voulaient pas des autres méthodes de contraception.

Fin du programme de Nam Dinh

En mai 1997, lors de la dernière session à la ville de Nam Dinh, Madame Vinh, directrice de la PMI, fit un discours encourageant les équipes constituées à poursuivre la formation de moniteurs et à aider les couples à suivre TQS.

Mes encouragements et ceux de Tiêu avaient un certain caractère pathétique, car nous avions bien observé que ce programme allait cesser.

Le choix de TQS par le couple a suscité une grande discussion. Elles disaient que les paysannes aimaient bien le stérilet. C'est faux a dit Tiêu, *on ne leur propose rien d'autre. Actuellement, la contraception est encore forcée. C'est donc une toute nouvelle démarche qui est proposée : faire d'abord une information sur les organes génitaux, la fertilité, puis sur les différentes méthodes de contraception, pour permettre un véritable choix.*
Et les échecs de TQS quand on porte un préservatif troué ! Évidemment, s'il est utilisé en période fertile, et si il y a une grossesse, il ne s'agit pas d'accuser TQS mais le trou du préservatif.

En dehors de mes visites annuelles, je pensais qu'il ne se faisait pas grand-chose. Où était la motivation ? Les enthousiasmes pendant les sessions étaient-ils seulement le témoin d'un intérêt intellectuel ou de la langue de bois ?

Et pourtant, Madame Vinh dit que depuis 3 ans, 52 personnes avaient suivi notre enseignement, médecins ou femmes de milieux catholiques. Beaucoup d'entre elles avaient pu faire leur observation. Certains couples remerciaient TQS qui leur avait permis d'avoir la grossesse qu'ils souhaitaient.

Mr Duân, vice-président du Comité de la Population a remercié la fondation Leïla Fodil d'avoir apporté une nouvelle méthode de planification familiale avec TQS, méthode moderne, qui élargissait les possibilités de choix des couples.
La province était maintenant bien sensibilisée à cette méthode.
Quand on parlait de contraception, on citait maintenant TQS.
Cependant, le recrutement des participants pour les cours ne s'est pas bien déroulé, car nous avons au début choisi des personnes qui ne voulaient pas appliquer la méthode.

Après cette séance de clôture, nous avons rendu une dernière visite à la commune de Xuan Ngoc, puis au village de Giao Chau. L'année dernière, nous y étions allées à bicyclette. Xuân et Viên qui avaient assisté au cours nous ont accueillis.

Giao Chau est une commune de 5.000 habitants, dont 92% de catholiques. Le vice président du comité populaire nous dit qu'il était au courant de notre cours, qu'il savait qu'il y avait 8 participants de sa commune qui avaient commencé leur observation. Il était très content que nous venions aider les chrétiens par une méthode de planification familiale efficace. *« Nous les chrétiens nous aimons bien les M.A.O., nous ne voulons pas des autres méthodes. Nous espérons que les participants pourront bientôt aider d'autres habitants de la commune et que cette méthode pourra se développer ».*

Il nous proposa d'aller visiter l'église mais n'était pas sûr que nous puissions rencontrer le curé retenu par un enterrement. Xuân et Viên nous ont accompagnés à pied jusqu'à l'église : il s'agit de la cathédrale de Bui Chu dont j'avais tant entendu parler comme d'un haut lieu de l'église catholique au Viêt Nam. C'est une très grande église avec 2 tours, une coupole et un toit à deux pentes entre les deux, toute peinte en jaune vif, comme beaucoup de maisons de style colonial de Hà Nôi. Dans la cour d'entrée, la grotte de Lourdes traditionnelle. Derrière l'église d'immenses bâtiments d'évêché.

Les deux jeunes sont entrés et aussitôt arrivèrent le curé de la paroisse, le père Pham Ngoc Oanh, un prêtre professeur de théologie, le père Joseph Tuyên, et un autre prêtre plus âgé, en soutane, le père Chi. Les deux premiers parlaient très bien le français. J'ai conversé donc directement en français avec le père Joseph et Tiêu traduisit pour les vietnamiens de la commune qui nous accompagnaient. Le père Oanh nous accueillit en nous disant : *cela fait longtemps que je vous attendais.* Il était au courant de nos cours. Le cardinal lui en avait parlé. J'ai exposé un peu notre programme, proposé une rencontre avec des responsables de la commune et de la paroisse pour les informer. Le père Oahn se dit au service des familles catholiques de la commune et heureux de l'aide que j'apportais. Ils ne connaissaient qu'Ogino, seule méthode acceptée et connue jusqu'à maintenant dans les livres qu'ils avaient. Ils étaient d'accord pour aider et favoriser avec le comité de la population des rencontres de couples pour se former à TQS. Ils aimeraient pouvoir nous rencontrer plus longtemps la prochaine fois, pour discuter et informer un groupe de prêtres et de responsables de la commune.

Cette rencontre très chaleureuse avait pu avoir lieu grâce à Tuân et Viên qui nous avaient vraiment poussés jusque là alors que les responsables de la commune hésitaient un peu. Ajouté à l'enthousiasme montré par les participants de ce cours, cela faisait comme une petite lumière qui s'allumait sur notre cheminée a dit Tiêu, tandis qu'en moi même je pensais *L'Esprit souffle où il veut*. Tiêu avait donné plusieurs cours d'utilisateurs.

La présence des personnalités officielles n'était pas seulement un geste de représentation. Madame Thom, présidente de l'Union des Femmes, épouse du Président du Comité Populaire de la commune et catholique, était la responsable du groupe de six couples et 10 femmes. Comme c'était la saison des récoltes, les hommes n'avaient pas pu venir.

Les participants étaient presque tous des paysans, ils s'exprimaient à tour de rôle. La session a duré trois jours. L'enthousiasme des participants faisait plaisir. Certaines redisaient leur joie de connaître les M.A.O. et de pouvoir les utiliser dans leur couple. Quand j'ai parlé du choix personnel, j'ai déclenché une grande discussion qui m'a semblée très véhémente : elles disaient bien que le stérilet leur avait été imposé alors qu'elles n'en voulaient pas. Que maintenant on ne l'imposait peut être plus tant, mais qu'on employait d'autre moyens pour atteindre l'objectif recherché : 2 enfants par famille. Tiêu avait bien expliqué que notre propos n'était pas de discuter cet objectif, mais d'apporter une autre méthode pour y arriver.

Province de Ninh Binh

Avec les services de la santé

M.

J'ai travaillé TQS dans cette province d'abord à la demande des autorités sanitaires, puis avec les catholiques.

Comme la province de Nam Dinh, Ninh Binh est une province de population à majorité catholique.

Les relations du service de santé avec les autorités religieuses étaient cordiales. C'est le service de santé qui a organisé les réunions et convoqué les participantes catholiques. Je n'ai rencontré les évêques, Mgr Paul Bui Vhu Tao et Mgr Joseph Nguyên Van Yên à Phat Diêm que lors de ma deuxième visite.

Valérie Pigeau, Evelyne Chabrol, Tiêu et moi ont été les intervenants de la Fondation Leïla Fodil.

En avril 95, je suis venue avec Tiêu

La ville de Ninh Binh, chef lieu de la province du même nom, est à 90 km au sud de Hà Nôi sur la route de Thanh Hoa. J'y ai travaillé avec monsieur Nguyên Thê Khoa, vice-directeur du Comité de la Population et madame le docteur Bui Thi Âm, directrice du Centre de PMI et de Planification familiale.

Madame Âm a pris la diffusion de TQS avec beaucoup de cœur. Cette femme qui mesurait 1m80, n'avait pas trouvé à se marier à cause de sa grande taille. Elle était toute dévouée à son travail de PMI. Elle avait aussi bien compris que la PMI ne devait pas se limiter à la planification familiale, mais devait aussi s'intéresser au suivi des enfants dès la naissance. À sa demande, Jean Bernard a fait venir Catherine Petit, médecin de PMI d'Angoulême en vue d'une coopération. L'exposé que fit Catherine au personnel de la PMI de la province a été très mal accueilli. Ce sujet ne faisant pas partie des préoccupations des agents de santé n'a pas été compris. Jean Bernard constatera la même chose quand il fera des formations sur les soins aux nouveau-nés. Ce fut la seule fois qu'un exposé de notre délégation n'a pas reçu bon accueil.

Madame Âm a constitué un groupe destiné à devenir les formateurs pour toute la province.

Le docteur Tong Xuân Vi, médecin à l'hôpital du district de Kim Son a créé des groupes de formation d'utilisatrices dans plusieurs communes de ce district.

La première session de formation de formateurs à la PMI de la province a eu lieu en novembre 1995. Un accord officiel a été signé quelques jours plus tard pour un enseignement pendant trois ans, deux fois par an, au groupe de la province et dans des districts. Il désignait le district de Kim Son comme objectif devant servir de modèle pour l'ensemble de la province. C'était un district pauvre et à forte majorité catholique (48%), avec 40% de familles de plus de trois enfants.

Ce fut un bon travail d'échange de questions concernant la méthode.

La crise d'appendicite de Valérie a interrompu la session et imposé un retour d'urgence à Hà Nôi.

1996

En avril 1996, le docteur Thanh successeur du docteur Âm qui avait pris la retraite m'a demandé de faire une information pour le personnel du Centre de Santé. Ils étaient en effet très intrigués par la pancarte T.Q.S.

Les 80 personnes bien tassées dans la salle de cours, ont écouté avec un intérêt sensible.

La VINAFPA de la province a donc décidé de changer de stratégie et de sélectionner des couples qui avaient réellement besoin de TQS.

Les catholiques de Kim Dinh étaient la bonne cible.

J'ai demandé à visiter la cathédrale de Phat Diêm et à rencontrer l'évêque ou son coadjuteur. Le programme de la session avait été organisé en conséquence pour nous laisser une après-midi libre.

Cette cathédrale a été construite entre 1880 et 1902. Sur un vaste périmètre, il y a plusieurs églises, toutes de style purement vietnamien, semblables à des pagodes, sauf que les bas reliefs de pierre et décorations représentent des scènes bibliques. Une petite église entièrement en pierre impressionne beaucoup les vietnamiens plus habitués aux constructions de brique et de bois. Même Tiêu se demanda comment il y a 100 ans on avait pu élever des pierres aussi haut, comme dans les pyramides d'Egypte !

La cathédrale principale a un soubassement de pierre, avec des bas reliefs sculptés, des murs en bois, l'intérieur en grosses colonnes de bois, poutres sculptées comme dans les pagodes, mais avec une forme d'église, longue nef très haute. Dans le chœur, un retable un peu comme celui de la cathédrale de Hà Nôi rouge et doré.

Il y a aussi d'autres églises adjacentes dans lesquelles nous ne sommes pas entrés. Un clocher en pierre à plusieurs étages avec toits pointus. Au 2° étage un gros tambour, au 3° une grosse cloche longue avec maillet de bois suspendu.

Dans les jardins, 3 grottes artificielles : la grotte de Lourdes, celle de Bethléem et le Calvaire. Autour, des bâtiments modernes abritent l'évêché.

Après la visite nous avons été reçus par Monseigneur Paul Bui Chu Tao, évêque de Ninh Binh. Il avait 87 ans et était accompagné par son vicaire général, âgé de 79 ans. Ils parlaient tous deux le français. Nous n'avons pas vu son coadjuteur, Mgr Joseph Nguyên Van Yên. Nous étions, Evelyne, Tiêu et moi accompagnés par le Dr Hiêp secrétaire de la VINAFPA de Ninh Binh, et par le directeur de la PMI de l'hôpital de district de Kim Son, tout proche de la cathédrale.

L'évêque, très âgé, ne comprenait pas très bien notre travail. Son vicaire général semblait mieux comprendre, il nous a remerciés de venir les aider, répétant plusieurs fois que notre proposition ne devait pas être seulement pour les catholiques, mais qu'il fallait s'occuper de toutes les familles.

Dans la commune de Kim Dinh

En juin 1996 nous avons pu faire la première session de formation dans la commune de Kim Dinh, choisie par la VINAFPA comme centre pilote.

J'ai rencontré pour la première fois le docteur Tong Xuân Vi, médecin au Centre de Santé du district, et chef d'un groupe de planification familiale dépendant de la P.M.I. de Ninh Binh. Jeune, avec un visage ouvert et souriant, il a aidé le groupe du centre de santé de Kim Dinh et développé des formations dans les communes voisines. Il n'était pas croyant, mais tolérant. Il a pratiqué rapidement TQS avec sa femme.

Le poste de santé de Kim Dinh était dirigé par le docteur Tiên qui était catholique. Il a su, avec patience, persuader les femmes qui ont suivi nos formations que cette méthode avait un réel intérêt pour la vie de leur couple.

Lors de la première réunion, il y avait 15 femmes, toutes paysannes. Cinq n'utilisaient aucune technique de contraception, deux Ogino, huit le retrait, trois avaient porté un stérilet quelques années puis abandonné.

C'était le groupe idéal que je souhaitais réunir pour montrer que des personnes de connaissances très rudimentaires étaient capables de pratiquer TQS.

La composition de ce groupe a été pour Tiêu et moi-même l'occasion de simplifier au maximum notre enseignement pour l'adapter aux connaissances très simples de notre auditoire. Nous avons banni tout terme trop scientifique et insisté sur la pratique.

Tiêu a bien expliqué le climat de confiance dans lequel il fallait travailler. TQS apportait un nouveau choix possible parmi les méthodes de contraception, l'homme et la femme prenant chacun leur part dans la planification familiale.

Pendant douze ans, lors de chacun de mes déplacements au Viêt Nam, je suis allée visiter le centre de santé de Kim Dinh.

Le docteur Vi était un animateur et organisateur passionné. Il avait acquis l'accord des curés, de la VINAFPA et du Comité de la population.

Le groupe du début était composé d'un certain nombre de femmes un peu âgées, en pré-ménopause. Rapidement il s'est étoffé, nos réunions regroupant jusqu'à 35 femmes, toutes actives, venant poser des questions en apportant leurs graphiques. En dix ans, il n'y pas eu de grossesse non désirée dans ce groupe.

Le docteur Vi organisait des réunions entre nos visites. Tiêu est venu aussi plusieurs fois. Ce groupe composé de femmes paysannes de connaissances rudimentaires intéressait manifestement les autorités sanitaires, y compris en haut lieu.

Le travail pratique d'examen des graphiques et de réponse aux nombreuses questions des participantes a permis de bien saisir les difficultés de chacune et d'aider personnellement.

Entre deux visites de la Fondation Leïla Fodil, Madame Âm organisait des réunions des groupes de Ninh Binh et de Kim Son.

Dix réunions ont été organisées par elle au cours de l'année 1998.

À Kim Dinh, Vi suivait le groupe et Tiêu formait des couples.

Pendant les réunions, les participantes montraient le sérieux de leur démarche, pour elles-mêmes, puis pour aider les autres. Toutes disaient l'accord et les encouragements de leur mari. Elles disaient aussi leurs difficultés dans la régularité et dans l'interprétation de leur observation. Elles souhaitaient apprendre plus avant d'aider les autres. Elles étaient plus à l'aise dans l'observation que sur l'anatomie et la physiologie. C'était un groupe de femmes rurales, pratiques. L'expérience a montré qu'elles pouvaient appliquer avec succès cette méthode au premier abord assez intellectuelle, aussi bien pour obtenir une grossesse que pour certaines l'éviter pendant dix ans.

La correction des épreuves de l'examen que nous leur avons appliqué a confirmé l'extrême difficulté à expliquer la théorie, mais la bonne aptitude à observer et à inscrire sur les graphiques et à en interpréter les résultats.

La plupart de ces femmes désiraient transmettre cette méthode à leurs connaissances. Nous leur avons montré comment utiliser le livret, puis comment expliquer l'observation, pourquoi des rencontres fréquentes étaient nécessaires, comment parler avec leur mari pour l'observation de leur couple et aider les maris de leurs voisines à qui elles enseignaient.

La continence périodique ne nous a jamais semblé être un problème. La pratique de TQS a permis à de nombreux couples de reprendre des relations sexuelles abandonnées depuis plusieurs années par crainte d'une grossesse qui aurait abouti à un avortement forcé ou à la pratique d'une technique de contraception.

Quelques commentaires des participants

« TQS est une bonne méthode pour cette région qui a beaucoup de catholiques (60 à 70%) qui refusent les autres méthodes. C'est plus sûr qu'Ogino.

La religion nous demande le respect mutuel entre mari et femme, et aussi le respect des enfants, ce qui veut dire la planification familiale. La continence, dans ce cas, n'est pas une difficulté, car c'est sacrifier un désir d'un instant pour un plus grand bonheur de la vie familiale.

Depuis que nous utilisons cette méthode, mon mari est devenu meilleur et plus docile. Le mari : cette méthode suppose la compréhension mutuelle ».

La formation de monitrices pour diffuser à toute la province était le gros souci de madame Âm.

L'évaluation de ce travail a permis de tirer des expériences :

1°) Pour avoir de bons résultats, il faut l'attention des autorités locales. Dans le cas du Viêt Nam, cela comprenait les autorités politiques et sanitaires et aussi les autorités religieuses.

2°) Les participants doivent être des volontaires qui n'utilisent pas d'autre méthode. Ils doivent savoir lire et écrire.

3°) Les organisateurs doivent être entraînés et enthousiastes pour TQS comme étaient le Dr Vi, et le Dr Tiên.

4°) Il faut pouvoir rencontrer souvent les utilisateurs pour les aider dans l'interprétation de leur observation.

5°) La méthode TQS doit être acceptée par les utilisateurs qui la considèrent comme la méthode appropriée pour leur couple.

6°) Les utilisateurs doivent acquérir plus de compétences s'ils veulent aider les autres.

7°) Il ne faut pas recruter de participants venant de régions variées, loin du centre, car il est trop difficile de les suivre régulièrement. Une partie du succès du groupe de Kim Dinh est que les participants venaient en couple, et qu'ils vivaient dans le même village et pouvaient donc aider le voisinage.

2000

En 2000, Tiêu a fait avant notre visite une première session de moniteurs avec 9 couples et 3 femmes, dont une plus âgée était membre de la VINAFPA de Kim Son: révision des cycles, examen des graphiques, jeux de rôles

Je devais faire la deuxième session en deux journées de travail. Mais les moissons étaient en cours. Le docteur Vi suivait l'inspection mensuelle du Ministère. La session a été reportée à plus tard, après les moissons.

Au Nord du Viêt Nam, il est souvent possible de faire trois récoltes de paddy. Dans ce cas, la date des moissons n'est pas précise. Elle peut varier de plusieurs semaines. Il ne faut pas tarder car on doit cultiver aussitôt pour préparer la récolte suivante.

Il n'y a eu qu'une matinée de travail avec 3 couples et 9 femmes.

Regardant les graphiques de 3 participantes en attendant le début du cours, je fus émerveillée par le sérieux avec lequel ces graphiques étaient faits. Pas un oubli. Une interprétation très bien faite. Quand on pense que c'était des paysannes et qu'elles arrivaient si bien à faire leur graphique de température, c'était extraordinaire.

Pendant le tour de table chacune s'est exprimée :
Une d'entre elles apportait 32 graphiques[11].
Avant, nous utilisions l'Ogino ou le retrait. Maintenant, la glaire et la température déterminent bien ma période de fertilité. La première fois c'était difficile. Maintenant cela va bien. J'ai présenté à quelques jeunes filles, mais c'est difficile de transmettre.
Une autre a dit :
Pas de difficulté pour moi. J'ai de plus en plus confiance. J'ai essayé d'aider une amie à faire son graphique. C'est difficile d'aider. Je fais mes graphiques sans difficulté. J'ai aidé une femme qui a déjà fait 2 graphiques. Elle vient me voir pour l'aider. J'apporte 25 graphiques. Je ne sais pas très bien comment aider les autres. J'ai appris à une femme qui a fait un graphique, mais je ne sais pas si c'est correct. Je fais mes graphiques régulièrement sans difficulté pour la température. Avec la glaire il y a quelques problèmes que je ne comprends pas encore. J'ai aidé deux femmes. Elles sont heureuses d'apprendre TQS car elles n'ont pas confiance dans le calendrier (Ogino). Le problème est qu'elles ne peuvent pas acheter de thermomètre qui coûte 6.000 ou 7.000 dongs (30 centimes d'euro). Son mari a dit :
Je suis à l'aise pour utiliser. J'ai confiance. Avec la continence je peux conserver ma santé.
Un homme a dit :
La première fois, j'ai trouvé difficile. Maintenant que j'ai compris les détails, c'est facile. J'ai aidé ma femme dans l'observation, je lui rappelle de prendre sa température. La continence n'est pas un

---

[11] Un graphique décrit un cycle, c'est à dire environ un mois lunaire.

problème si la période fertile est bien déterminée.
Sa femme apportait 25 graphiques.
Je suis heureuse de suivre les cours. J'ai appris à deux voisines qui observent la glaire. Leurs maris sont loin. Je leur apprends la température pour qu'elles puissent l'utiliser quand leur mari reviendra.
Une participante a dit :
Je suis maintenant ménopausée. Mais avant j'avais pu faire quelques graphiques. J'ai appris à ma fille et lui ai donné mon thermomètre.
<u>Une autre :</u>
Voici 15 graphiques. J'aime bien cette méthode. Cela va bien avec ma santé et nos conditions de vie. Nous avons 2 enfants. J'ai une confiance parfaite. J'ai appris à une autre à faire son observation de glaire et de température, mais pas encore à marquer sur le graphique. Je veux apprendre pour l'aider à faire les graphiques ».
Son mari a dit :
J'ai confiance moi aussi. Je dois faire un effort pour la continence .

Le Docteur Tiên, chef du poste sanitaire de Kim Dinh était aussi le secrétaire des activités catholiques de la paroisse. Il avait le support du curé. Il recevait des demandes des catholiques qui avaient peur des techniques contraceptives, peur du stérilet et des avortements provoqués. Il trouvait que maintenant les jeunes catholiques acceptaient l'idée de planification familiale. Le nombre annuel des naissances était passé de 200 à 85 cette année.
Il avait sous sa responsabilité les agents de santé de hameaux qui ont en charge la propagande pour la planification familiale. Il voulait les former pour adjoindre TQS aux méthodes proposées.

Monsieur Tang, secrétaire de la VINAFPA de la province de Ninh Binh et coordinateur du programme TQS a fait inscrire TQS dans son rapport d'activités pour la diversification des méthodes de contraception. L'efficacité a été reconnue. Mais il leur était difficile de disséminer la méthode.

2002

En novembre 2002, le docteur Vi, formateur et le docteur Tiên chef du poste sanitaire de Kim Dinh étaient satisfaits car 14 participantes continuaient à utiliser TQS. Certaines femmes avaient déjà fait 50 graphiques de cycle. 4 couples courageux avaient commencé à aider d'autres couples.
Deux femmes avaient accouché d'un garçon désiré, grâce à TQS.
Le docteur Tiên pensait qu'il y aurait beaucoup d'autres couples intéressés, en particulier dans une partie de la commune plus pauvre et éloignée du centre. Il aurait aimé leur apprendre TQS car elles n'utilisaient aucune autre méthode.

Pour pouvoir mieux faire, elles demandaient des moyens matériels : livret, graphiques, thermomètre pour les femmes à qui elles transmettaient, et une petite rémunération pour compenser le travail qu'elles ne feraient pas pendant ce temps. Elles auraient aimé travailler comme un agent de la planification familiale.

Ces femmes pensaient qu'en diffusant TQS elles se feraient un métier. L'argent était bon à prendre quelle que soit son origine. Les ONG étaient des sources de profit. Je les ai dissuadées. La Fondation Leïla Fodil n'était pas une entreprise. Ses ressources étaient limitées. Et puis, ce n'était pas dans sa philosophie. Ce refus de paiement n'a pas freiné la diffusion de TQS. C'était tellement important !

Commune de Luu Phuong

La commune de Luu Phuong a été choisie après celle de Kim Dinh. Elle était tout près de la cathédrale de Phat Diêm.

Le docteur Vi y a constitué un groupe de 15 femmes plus 3 agents du poste sanitaire de la commune. Toutes étaient paysannes et travaillaient en plus dans l'artisanat des paniers. Catholiques, elles disaient leur intérêt pour TQS, conforme à la demande de l'Église.

Il a donné 6 journées de cours. Ces femmes très enthousiastes, étaient d'un niveau intellectuel très différent de celles de Kim Dinh, commune distante d'à peine deux kilomètres. Certaines pouvaient prendre des notes et comprenaient vite. Pour d'autres il a fallu répéter de nombreuses fois et recommencer encore au cours suivant. Il a éprouvé une difficulté, en tant qu'homme, à expliquer la sensation de glaire.
Le médecin chef du centre s'est dit intéressé par ce cours car son village catholique refusait les techniques contraceptives. TQS était pour lui une aide au programme national de limitation des naissances.

Conclusion :

En novembre 2002, le docteur Thanh, a remplacé madame le docteur Âm à la direction de la PMI de la province.
Il connaissait déjà TQS à travers les rapports d'activité mensuels de Vi.
Nous avions travaillé à Kim Son depuis 5 ans et cela commençait à porter des fruits. Il y avait un changement dans la façon de réfléchir, d'agir, d'utiliser la planification familiale.
Thanh voulait diffuser TQS dans toute la province, pour « faire un modèle ». Ce terme était très utilisé au Viêt Nam, il entrait dans l'idéologie du Parti. TQS pourrait être inclus dans le programme de planification familiale de la province.
Thanh devait soumettre ce programme au directeur de la santé.
C'était la reconnaissance officielle du travail déjà effectué à Kim Son par le docteur Vi.
C'était la possibilité de pouvoir par la suite intégrer TQS dans le temps de travail des agents de santé.
Tiêu a accepté de faire la formation de ces moniteurs provinciaux.

Le cours à la ville de Ninh Binh avait échoué. Je pensais

que nous avions commencé là un travail en profondeur, soutenu par des services de santé très demandeurs, mais je me suis vite rendue compte que ce n'était que de la langue de bois. Les participantes venues sur ordre n'étaient pas suffisamment motivées. Les tours de table du matin nous laissaient perplexes. Certains graphiques étaient trop beaux pour être vrais, l'un allait jusqu'au 29 avril, nous étions le 24, deux étaient identiques, manifestement copiés l'un sur l'autre.

Aucun des trois groupes formés n'a poursuivi une activité après une ou deux sessions. Le chef lieu de la province n'était pas le bon objectif.

Seul le programme du district de Kim Son a pu se développer grâce à l'attitude des participants et à la contribution du Dr Tiên, chef du poste sanitaire de Kim Dinh, de Vi et de Tiêu pour l'enseignement.

Province de Hai Phong

M.

Au cours du programme de l'APPEL pour l'enseignement des soins aux mères et aux nouveau-nés, madame le docteur Huong, directrice de la PMI de la province, avait entendu parler de TQS. Elle était venue en stage à Angoulême et avait pu observer le système de protection maternelle et infantile français.

Le 22 novembre, elle a réuni 15 personnes de son service : chefs d'équipes mobiles [12] de quelques districts et médecins ou personnels du centre de province.

Mme le docteur Chut, chef du service de planification familiale, madame le docteur Luong représentant du Comité de la Population, madame Tam représentante de l'Union des femmes.

Je leur ai donné trois heures d'information.

Voici leurs remarques :

Mme Chut : « J'ai compris que TQS est une méthode moderne. Les besoins en planification familiale sont encore grands. Nous serions heureux d'avoir votre aide pour une formation de formateurs à cette méthode ».

Mme Luong du Comité de la Population : « Merci des nouvelles connaissances apportées. J'aime votre pédagogie qui est accessible à des gens normaux. À Hai Phong les chiffes d'utilisateurs des méthodes de contraception sont les suivants :

Ogino- retrait : 11%

Stérilisation   : 7 %

Pilule   : 3,5%

---

[12] Les « équipes mobiles » étaient chargées de la diffusion et de l'application des méthodes de planification familiale : stérilet, stérilisation masculine et féminine, régulation menstruelle, avortements.

Préservatif   : 18 %
Stérilet   : 60%
Les paysannes ont beaucoup de maladies gynécologiques à cause de leur travail dans les rizières. Catholiques elles ne peuvent pas porter de stérilet et elles ne veulent pas prendre la pilule. TQS pourrait être bien pour elles, alors que je pensais que ce ne pouvait s'adresser qu'à des femmes intellectuelles. Nous aimerions demander votre aide pour former des couples utilisateurs puis des formateurs ».

<u>Mme Tam</u> : Union des femmes. « J'ai eu un grand bonheur de pouvoir assister à cette séance et de pouvoir tout comprendre. Il y a à Hai Phong 500 000 femmes qui doivent utiliser une méthode de planification familiale. Les techniques ne sont pas suffisantes, surtout pour les catholiques. Si nous voulons pouvoir développer cette méthode, il y a un grand besoin de formation de formateurs et de motivateurs. Je vais en parler avec les responsables de l'Union des Femmes et vous inviter à leur rendre visite ».

<u>Madame le docteur Hiên</u>, chef du bureau de planification familiale : « Nous aimerions pouvoir appliquer cette méthode dans les régions difficiles. Mais 50 à 60% des femmes souffrent de leucorrhées. Comment faire pour observer la glaire et la différencier ?

Vous dites qu'il faut prendre la température le matin : est ce que cela change quelque chose s'il y a eu une relation sexuelle la nuit ?

Vous avez dit que la période post-ovulatoire était absolument infertile. Et pourtant l'ovule vit 24 heures ».

Réponse : J'ai dit période « non fertile post ovulatoire », il faut bien savoir en préciser le début. Je remontre le champ encore fertile après la fin de la pluie.

<u>Une participante de la PMI</u> : « J'avais déjà entendu parler des méthodes naturelles, mais je n'avais pas compris. Cette fois ci, avec les schémas du cycle et l'exemple du graphique, c'est très clair. Merci ».

Le lendemain, il y a eu une rencontre à l'Union des Femmes. À deux pas de la PMI, une magnifique maison de style colonial, jaune avec les volets verts, des vérandas tout autour de la maison, en bon état. De quoi faire rêver nos amies de la PMI qui étaient si mal installées dans leurs 4 minuscules pièces situées des deux côtés de la rue.

Madame la présidente m'a remerciée du cours. Elle était intéressée et aimerait nous demander notre aide pour l'organisation d'une formation de formateurs, car les besoins étaient grands. Elle avait un club d'utilisateurs de techniques contraceptives, un club des femmes qui refusent le 3° enfant, un club de femmes qui travaillent pour gagner de l'argent pour les plus pauvres.

Je lui ai proposé une aide en pédagogie : l'apport des cours de Tiêu et le matériel pédagogique nécessaire. Mais l'organisation devrait être à sa charge, y compris l'accueil de Tiêu. J'ai insisté sur le choix des personnes à former et sur leur implication personnelle, ainsi que sur la nécessité d'intégrer à l'avenir les activités TQS dans les activités de l'Union des Femmes.

Il n'y a pas eu de suite. Je n'ai pas pu rencontrer l'évêque.

Province de Thanh Hoa

Mai 1993 :

À Thanh Hoa, deux réunions de deux heures avec un groupe de 30 sages femmes et infirmières de l'hôpital Phu San. J'ai surtout insisté sur la connaissance de la glaire cervicale et sur l'aide que son observation pouvait apporter pour la maîtrise de la fécondité. Les auditrices ont été très intéressées.

C'est Madame Cuong qui assurait la traduction.

Il n'y a pas eu de suite.

Après les services de la santé,
Avec les catholiques

M.

Le titre de ce chapitre peut vous paraître curieux, car dans les rencontres dans les provinces et les districts que je décris précédemment, il y avait beaucoup de catholiques. Ils et elles étaient très intéressés par la méthode, car elle les libérait des contraintes du Gouvenement, contraires à leurs convictions. Mais ces personnes n'ont assisté aux cours que parce qu'elles avaient été convoquées. Il s'agissait de contrats passés avec les autorités sanitaires et la VINAFPA. Le personnel de santé rencontré était pour beaucoup très intéressé, et même pratiquait, mais les autorités sanitaires n'ont pas donné l'assurance qu'elles s'occuperaient de développer la méthode après mon intervention. Je suis certaine que quelques personnes rencontrées qui ont pratiqué TQS ont diffusé l'information autour d'elles.

Comme je l'ai raconté, à Nihn Binh, un jour, le directeur provincial de la santé m'a dit que je devais orienter l'enseignement vers les catholiques :
Allez les rencontrer, ils vous accepteront, car nous, ils nous chassent !

Monseigneur Pham Dinh Tung

M.

Pour travailler avec les catholiques, il était indispensable d'obtenir l'accord des autorités civiles et religieuses, en particulier celle de l'évêque du diocèse de Hà Nôi. Monseigneur Paul Joseph Pham Dinh Tung qui avait été évêque de Bac Ninh depuis 1963 mais assigné à résidence par le gouvernement pendant tout son séjour dans cette province, venait d'être nommé évêque de Hà Nôi au mois de mars. La première fois que nous l'avons vu, c'était pendant la procession de la fête des rameaux. Les vietnamiens ne sont pas grands, lui était tellement petit qu'on ne le voyait pas. Seule dépassait une grande palme qu'il brandissait de droite à gauche.

D'une maigreur impressionnante, ses yeux fixaient l'interlocuteur avec une attention extrême. On y lisait aussi une grande bonté.

Tiêu était réticent pour assister à cette visite. Il craignait des réactions négatives du gouvernement. Mais il est venu avec moi.

Monseigneur Tung m'a reçue pendant près d'une heure. Je lui ai exposé le travail déjà fait avec Tiêu et la VINAFPA depuis quelques années, et la suggestion des autorités de Nam Dinh d'aller vers les catholiques. Il nous a dit tout d'abord combien la mentalité vietnamienne traditionnelle est respectueuse de la vie ; le cas de conscience des jeunes femmes catholiques obligées d'adopter des techniques de planification familiale non conformes à leurs convictions religieuses. Mais il avait aussi le souci que notre enseignement soit donné avec l'autorisation du gouvernement vietnamien et qu'il ne soit pas réservé aux familles catholiques.

Le diocèse de Hà Nôi comportait entre 300.000 et 350.000 catholiques, et seulement une vingtaine de prêtres. Les laïcs étaient dans l'ensemble peu instruits. Ce n'était pas un obstacle à l'enseignement des M.A.O.

Sachant qu'à Vinh je devais rencontrer des catholiques patriotes[13], j'ai interrogé Monseigneur à leur sujet. Il me répondit : *Les patriotes sont des catholiques engagés avec le gouvernement qui cherchent à agir pour le bien de tous.*

Il fallait que les autorités religieuses obtiennent du Comité de la population de la ville de Hà Nôi, et du Comité National de la Population un accord pour diffuser les MAO.

La demande devait être écrite.

Le Père Jean Do Tong, curé de la cathédrale était réticent. J'ai demandé à Monseigneur Tung de rédiger une demande officielle d'aide pour la formation à la planification familiale naturelle. Il ne l'a pas écrite. J'ai bien compris pourquoi. Un document écrit de cette nature aurait pu se retourner contre lui. Lorsque je lui ai montré le double d'une lettre que j'avais rédigée et adressée aux œuvres Pontificales Missionnaires à Paris, il a accepté de signer et de mettre son cachet sur cette copie. C'était pour lui la seule façon d'exprimer son accord à cette démarche. Lors de chacune de nos rencontres, il m'a encouragée de vive voix à poursuivre le travail, mais il ne pouvait faire plus. Il disait : réfléchissons et prions.

Ma demande d'autorisation aux autorités a été acceptée.

---

[13] Le comité des catholiques patriotes s'appelle maintenant Comité d'union du catholicisme vietnamien.

La position officielle du Gouvernement est :

La politique constante du Parti et de l'Etat vietnamiens est de respecter et de garantir les droits à la liberté de croyance et de culte du peuple vietnamien, dans le respect de la Constitution et de la loi.

Vivre l'évangile au sein de la nation pour le bonheur des compatriotes ; Les bons catholiques sont aussi de bons citoyens.

La création de ce comité par le Gouvernement a pour objectif de faire accepter toutes les lois de l'Etat, en particulier pour ce qui concerne la limitation des naissances, avec l'acceptation de l'avortement.

Un article de ses statuts dit : « *Se préoccuper des intérêts de la vie spirituelle et matérielle des catholiques, refléter les aspirations des fidèles auprès de l'Etat pour que leur soit donnée une légitime satisfaction* ».

Le clivage entre catholiques patriotes et catholiques traditionnels est certain dans les objectifs, mais partiel dans les cœurs.

Le lendemain, la messe de Pâques à la Cathédrale fut toute résonnante d'alléluia.

À la fin de l'entretien, Monseigneur Tung nous a invités à revenir à 17 heures à la messe dite dans la chapelle de l'évêché pour Mère Teresa de Calcutta. Le prêtre a célébré en Latin, Vietnamien, Français et Anglais. À la sortie, nous avons pu échanger quelques mots. Mère Teresa est toute petite, toute voûtée, un visage ratatiné, mais des yeux vifs, pétillants d'énergie et de douceur. J'ai pu parler avec une jeune sœur mauritanienne, sœur Désirée, qui connaît les docteurs François et Michèle Guy, du CLER, qu'elle avait rencontrés à l'Île Maurice quand elle était étudiante.

Après trois années de discussions entre mère Teresa et le gouvernement vietnamien pour obtenir l'autorisation d'ouvrir un établissement privé, une petite communauté de trois sœurs devait s'installer au Viet Nam pour créer une maison d'accueil pour handicapés dans la région de Hoa Binh. Cette installation n'a pas eu lieu, les sœurs voulant être maîtresses de leurs actions, ce qui était incompatible avec le régime.

C'est le Père Joseph Sinh qui a été chargé de superviser nos activités à Hà Nôi.

Il me dit que les prêtres avaient beaucoup de difficultés pour parler de la vie sexuelle avec les couples. Ils écoutaient leurs difficultés, mais ne disaient rien. Tiêu et moi avons proposé qu'une formation leur soit donnée. Ce serait Tiêu qui la ferait. Mais il n'y a pas eu de suite. Les prêtres avaient peur de la sexualité.

Le père Sinh nous a invités à dîner au restaurant avec lui. Puis, chez lui, nous avons rencontré son père et nous avons alors découvert toutes les difficultés rencontrées par les catholiques et les prêtres.

Le père de Joseph Sinh est d'une famille de 7 enfants, cultivateurs à Phat Diêm. Seuls Joseph et son plus petit frère ont pu faire des études.

Joseph Sinh a étudié le Russe en Russie, puis le Français depuis quatre ans. Grâce aux cours de vietnamien qu'il a donnés à des français à Hà Nôi, il a pu offrir une télévision couleur à ses parents. Tout le village se réunit chez eux pour la regarder, et à 20h on coupe la télé pour prier tous ensemble pendant 1/2 heure.

Sous une apparence de liberté, l'Eglise du Viêt Nam était sous haute surveillance.

Quelques exemples :

Les autorités civiles devaient donner leur accord pour l'entrée au séminaire, l'ordination sacerdotale, l'organisation de toute réunion. Le père du Père Sinh avait 89 ans. Il avait désiré être prêtre, mais les autorités lui en ont refusé l'autorisation. Il a fait 3 ans de prison pour avoir transporté des livres entre Hà Nôi et Phat Diêm.

Les séminaristes qui avaient terminé leur temps et arrivaient au moment de l'ordination, ne pouvaient pas être ordonnés et ne pouvaient pas exercer leur ministère de prêtre car ils n'avaient pas reçu l'autorisation officielle.

Les trois sœurs missionnaires de la Charité que Mère Térésa était venue installer à Hà Nôi en 1992 pour s'occuper d'enfants handicapés auraient été expulsées.

Le jeune curé d'une paroisse de Hà Nôi a accepté de prêter une salle paroissiale pour la formation d'un groupe de chrétiens à la Planification Familiale Naturelle, à condition qu'il n'en soit pas fait de publicité dans les médias.

Dans ce climat, le clergé et les fidèles devaient rester très prudents malgré l'intensité de leur foi et leur courage admirable.

Quant à moi, je suis certaine que toutes mes activités d'enseignement des MAO et touts mes déplacements ont été connus et surveillés, mais je n'ai jamais été inquiétée.

Grâce à l'impulsion du Cardinal Tung, l'enseignement de TQS s'est développé de façon fulgurante à Hà Nôi.

Les paroisses de Ham Long et Thai Hà étaient les lieux des réunions, car elles étaient dirigées par des curés dynamiques.

Ham Long

Paroisse de la ville de Hà Nôi

M.

C'est Tiêu qui a donné à Ham Long la première formation en mars 1996. Il y avait alors 16 personnes de la paroisse.

Les formations se sont succédées en mai 1996, décembre 1996, mai 1997, octobre 1997.

Les participants étaient des hommes et des femmes actifs qui souhaitaient devenir moniteurs de la méthode.

Evelyne Chabrol, membre du CLER, était conseillère conjugale à Périgueux. Elle a fait des cours, des informations et des visites avec Tiêu. Valérie Pigeau, sage femme à l'hôpital de La Rochelle en a partagé avec moi, Tiêu en a fait seul.

Monsieur Ban a été le premier coordinateur. Il aurait souhaité devenir prêtre, mais sa nomination avait été refusée par le gouvernement. Alors, il s'est fait imprimeur. C'est lui qui éditait les documents de l'évêché et des paroisses dans son imprimerie, située dans la rue où nous allions prendre des repas. Il présentait son métier comme une réponse au refus de sa prêtrise et comme un moyen d'aider l'Eglise.

Le groupe de Ham Long s'est enrichi de personnes d'autres paroisses de la ville. Le nombre d'assistants n'était jamais le même. Certains ont suivi jusqu'au bout la formation. Ils étaient catéchistes dans leurs paroisses, chargés de la préparation des jeunes couples au mariage. D'autres, en particulier des médecins, venaient trouver ce qu'ils cherchaient, sans toujours appliquer ou diffuser. Le désir de connaître et d'apprendre est très puissant chez les Vietnamiens. En revanche l'application pratique de ce qu'ils ont appris est plus aléatoire.

Les formations duraient deux jours et demi, soit 15 heures de travail :

En voici le programme. C'est celui qui a été appliqué dans touts les lieux où nous avons enseigné TQS.

Rappel de l'anatomie et de la physiologie des organes génitaux de la femme et de l'homme.
Description du cycle féminin
Description des phénomènes principaux de ce cycle utilisés dans la méthode TQS : la glaire et la température.
Comment faire l'observation de la variation de ces phénomènes et comment noter sur un graphique.
Comment interpréter ce graphique.
Lors des séances successives, réponse aux questions que se posaient les utilisatrices, examen des graphiques qu'elles apportaient.
Pour la formation des moniteurs, des éléments de pédagogie.
Enfin, les sessions de formation étaient terminées par un examen donnant droit à un diplôme en cas de succès.

Dès les premières formations, les participantes, enthousiasmées par la nouveauté, ont diffusé leurs connaissances à leurs familles, leurs amies, les membres des formations de préparation au mariage.
Compte tenu de la pudeur et de la discrétion des vietnamiennes, je n'ai jamais pu connaître le degré de diffusion de ces connaissances.
Lors de la troisième session de Ham Long, il y avait 10 hommes et 5 femmes. Les assistants s'étaient enrichis de catéchistes qui souhaitaient devenir moniteurs. Des médecins ont participé.
Leurs témoignages étaient impressionnants.

Quelques commentaires des participants

En 1997 ils étaient 8 présents, c'est à dire à peu près la

moitié du groupe : Tuyêt, Phuong, Cong, Loï[14], Hiên, Hai, Tinh et son mari Ho.

Chacun exprima ce qu'il avait fait depuis le mois de décembre et nous en avons profité pour rappeler quelques points importants.

<u>Duong Van Loï</u> était maître de chants dans la paroisse de Thai Hà. Le curé de la paroisse de Dong Da l'avait envoyé suivre les formations de Ham Long pour approfondir ses connaissances afin de mieux présenter la méthode et répondre aux questions des couples. Dix femmes mariées de sa paroisse faisaient déjà leur observation. Elles avaient demandé une session de formation pour devenir monitrices.

Il était aussi catéchiste. Sa femme faisait son observation personnelle ainsi que d'autres femmes de sa famille.

Avec son épouse Bich et sous la direction du Père Joseph Trinh Ngôc Hiên, curé de la paroisse de Thai Hà et chargé de la pastorale familiale du diocèse de Hà Nôi, qui avait suivi attentivement les formations TQS de la paroisse de Ham Long, il est devenu le coordinateur des actions de TQS dans les provinces du Nord du pays.

<u>Thin,</u> rencontrait des couples à domicile dans sa clientèle de médecin traditionnel. Elle suivait 2 femmes. L'une avait encore du mal à noter, elle oubliait. L'autre, une jeune femme de 28 ans avec un enfant de 3 ans avait déjà fait 4 graphiques très bien interprétés. Elle était gênée de parler avec des hommes, des jeunes gens et des jeunes filles. La prise de la température était difficilement acceptée. Nous avons dû souvent expliquer l'avantage de l'association glaire et température.

<u>Ho</u> avait présenté les M.A.O. à des citadins. Moins attentifs, plus riches que les campagnards, ils utilisaient les moyens techniques de contraception.

Nous avons toujours respecté le libre choix.

---

[14] J'ai placé un tréma sur le ï de certains noms afin d'en faciliter la prononciation

<u>Haï</u> était catéchiste à Thai Hà, chargé de la préparation au mariage des jeunes couples. Il y parlait de M.A.O. Il aidait des jeunes couples chrétiens à pratiquer. L'abstinence est une pratique courante chez les couples chrétiens habitués à la méthode Ogino. Ils voulaient bien s'abstenir quelques jours de plus pour une plus grande sécurité. La plupart ne souhaitaient que l'observation de la glaire.

Il nous a montré le livret de famille catholique diffusé dans tout le pays, datant de 1964, et comportant beaucoup d'erreurs, il nous a demandé de faire un nouveau livret.

Tiêu a accepté de rédiger une nouvelle page pour ce livret.

<u>La femme de Cong</u> avait fait son observation, mais ils trouvaient que c'est difficile de prendre sa température, la vie est compliquée, elle est très occupée et ne trouve pas le temps le matin.

<u>Un couple de Giao Thuy</u> a répondu que le mari fait le petit déjeuner pendant que sa femme prend sa température. « Quand on veut on peut » nous ont-ils dit.

<u>Tuyêt</u> avait appris à quelques couples : une femme ne supportait pas le stérilet et l'avait enlevé. Tuyêt avait déjà fait 5 séances d'enseignement de TQS pour la préparation au mariage de 7 couples de fiancés. Elle disait que pour certains la pratique de l'observation est difficile surtout la prise de la température.

Elle commençait une nouvelle série de cours et nous proposait d'y venir.

<u>Une jeune fille</u> apprenait avant son mariage, malheureusement elle n'avait pas apporté les graphiques.

<u>Dai</u> avait donné des conseils aux couples en cours de préparation au mariage. Il voudrait bien l'enseigner en détail, mais le curé de sa paroisse n'avait pas encore donné son autorisation pour le faire. Dans ce pays soumis aux tracas de l'administration communiste, les curés exercent un pouvoir et un contre pouvoir aussi puissant.

<u>Diên et Lan</u> venaient de Thuong Thuy, assez loin de Hà Nôi. Elles étaient célibataires et souhaitaient se former comme monitrices.

<u>Deux jeunes filles</u> venaient pour la première fois. Elles avaient eu

connaissance des M.A.O., lu le livret, et avaient envie d'apprendre.

<u>Un couple de moniteurs</u> de la paoisse de Thai Hà :

Dans un premier temps, nous avions pensé qu'il suffirait de donner une information sur TQS dans les cours de préparation au mariage. Mais nous avons trouvé que ce n'est pas suffisant. Il y a des couples qui veulent apprendre individuellement et il faut pouvoir les suivre.

<u>Un catéchiste</u> :

L'Eglise catholique demande aux couples de ne pas utiliser de techniques contraceptives, mais les méthodes naturelles. Il est important de pouvoir leur enseigner une méthode efficace en conformité avec la loi de l'Église. Des portes semblaient fermées pour les couples catholiques, TQS apporte une clé pour ouvrir une autre porte.

<u>Commentaires de couples</u> après les cours TQS en préparation au mariage :

J'ai bien apprécié le cours de TQS donné les lundis soirs. Il m'a fait comprendre en détails le fonctionnement du corps de l'homme et de la femme. L'observation de la glaire et de la température donne une méthode contraceptive naturelle très efficace. J'étais élève de première et de terminale, puis deux ans à l'université. Mais nous n'y avons reçu que des connaissances très sommaires sur la physiologie et la reproduction de l'homme. Ce n'est qu'ici que des professeurs m'ont donné consciencieusement les connaissances très délicates mais très nécessaires pour notre vie.

Au terme des cours de TQS, je sais l'utilité de cette méthode. Elle nous aide à vivre avec bonheur actuellement et nous aidera encore dans le futur. De plus, l'enseignement de la physiologie et de la psychologie et des différences entre l'homme et la femme, m'ont permis de mieux comprendre mon partenaire.

Vous nous avez donné beaucoup de connaissances concernant le fonctionnement du corps de l'homme et de la femme, sur la morale dans la vie des couples, très utiles pour la vie conjugale. Particulièrement nous avons eu une bonne chance d'apprendre

TQS et je trouve que c'est une méthode très utile pour la vie des couples.

Ces participants venaient de paroisses différentes. Ils ont exposé ce qu'ils faisaient dans leur secteur pour propager les M.A.O. Il en est ressorti une activité très grande et variée. Tous avaient fait un gros effort d'information pour intégrer TQS dans la préparation au mariage. Dans les paroisses de Tan Lac, Cua Bac, Dong Tri et Thai Ha, TQS était proposé aux couples à la place d'Ogino. Certains avaient enseigné à leur femme, aux femmes de leur famille qui ont suivi sans difficulté. L'une avait enseigné à deux couples à leur domicile.

La plupart étaient à l'aise avec l'observation de la glaire, moins avec la température que l'on oublie plus facilement, tout en reconnaissant sa plus grande précision. Tous demandaient un approfondissement de leurs connaissances car ils ne se sentaient pas encore très sûrs de l'interprétation. Ils se réuniront pour travailler les graphiques difficiles, avec l'aide de Tiêu ou de Dung pour les aider.

Plus ils informaient plus ils rencontraient des demandeurs de formation et plus ils éprouvaient la nécessité d'avoir des femmes bien formées comme monitrices pour faire l'enseignement individuel et le suivi des couples que les hommes ne se sentaient pas capables de faire.

Le Père Michel Hoàng Duc Oanh de la province montagneuse de Kon Tum a suivi une formation, il souhaitait que nous venions dans sa province, mais nous ne pouvions pas le satisfaire.

Dès ce moment, j'ai compris que la diffusion de TQS allait se faire de façon fulgurante. C'était tellement mieux qu'Ogino et cela respectait les convictions humaines et religieuses des femmes. Tiêu et moi savions que nous ne pourrions pas maîtriser la pratique de la plupart des couples utilisateurs. La crainte de voir survenir des erreurs conduisant à des grossesses non désirées était grande. Tiêu redoutait que ces cas nuisent à la réputation de la méthode.

Mais toutes les femmes interrogées à ce sujet étaient confiantes et aussi disposées à assumer ce qu'elles appelaient le don de Dieu.

C'est pourquoi nous avons très rapidement créé des documents destinés aux utilisateurs. J'en parlerai plus loin.

Mais aussi, la labilité de l'assistance à nos réunions nous donnait l'impression que l'intérêt apporté par les assistants était pour certains d'entre eux uniquement intellectuel. Ils auraient bien voulu se passer de la rédaction d'un graphique et de la prise de la température.

En revanche, c'est dans ce groupe de Ham Long que l'équipe future de la diffusion de TQS dans les provinces du Nord s'est constituée.

Une année, mademoiselle Dao Xuân Dung s'est jointe à moi comme interprète. Elle était la nièce de Cuong, directrice de l'Institut qui la considérait comme sa secrétaire personnelle. Cela lui avait bloqué sa carrière de médecin gynécologue, car elle passait la plupart de son temps dans un bureau. Affable, serviable, elle a aussi beaucoup aidé les délégations de l'APPEL dans ses entreprises : rénovation de la néonatologie et des bâtiments anciens de l'établissement, interprétariat des séances d'enseignement des soins aux mères et aux nouveau-nés à Hà Nôi et dans les provinces éloignées.

Dès les premières séances de formation TQS, une discussion s'est ouverte à propos de la rémunération des coordinateurs et des moniteurs. Tous les inscrits souhaitaient devenir automatiquement moniteurs et être payés alors que les sessions étaient suivies avec plus ou moins de régularité.

Cette question d'argent a été âprement débattue, car au Viêt Nam, le bénévolat n'était pas répandu. Et puis, la plupart des intervenants n'étaient pas riches.

Tiêu pensait que la Fondation Leïla Fodil devait réserver ses efforts financiers à l'aide à la formation, mais non au paiement des moniteurs. Ceux-ci devaient être défrayés comme « une aide à l'action des moniteurs en faveur des M.A.O. » et non comme le paiement d'un salaire, à la condition qu'ils suivent 5 couples dans l'année. Ils ont répondu que 25$ par mois était insuffisant et que 5 couples c'était beaucoup ! Cela a déplu à Tiêu car il savait que cet argent représentait beaucoup pour eux, mais ce marchandage était désagréable.

Il craignait aussi que la VINAFPA n'assure ni aide ni relai.

Il avait été choqué que la directrice de la PMI de Nam Dinh ait obligé de remettre un diplôme à deux personnes qui n'avaient pas assisté à la troisième session et pas passé l'examen.

La paroisse de Thai HÀ a développé des séances de formation de monitrices en cours du soir, avec Tiêu et Dung.

Paroisse de Thai Hà
Marie et Tiêu
Novembre 1998

M.

Quand au XIX° siècle, les Rédemptoristes sont arrivés au Viêt Nam, ils ont acquis 60.000 m2 de terrain à Hà Nôi, dans le district de Thai Hà. Au moment de l'indépendance, en 1954, l'état leur en a repris la plus grande partie, ne leur laissant que 6.000 m2. En particulier les bâtiments conventuels ont été pris pour installer l'hôpital de Dong Dà, tout près des locaux de la paroisse. Dès l'entrée de la rue étroite qui mène à l'hôpital, on voit la croix que le comité populaire n'a pas osé enlever du sommet du bâtiment. Il faut tourner à gauche, les locaux de la paroisse sont 25 mètres plus loin. Une grande cour, au fond de laquelle il y avait comme dans chaque paroisse une reproduction de la grotte de Lourdes. L'église venait d'être rénovée. Sur le mur du chœur une belle sculpture murale représentant les 101 martyrs vietnamiens. Les bureaux étaient dans un grand bâtiment de trois étages. C'est dans ces salles que j'ai donné mes cours.

Tiêu avait fait avec Dung la première session de formation TQS à la paroisse de Thai Hà en décembre 1997 à la demande de Loï qui avait suivi les sessions de Ham Long.
Le curé de la paroisse, le Père Joseph Trinh Ngôc Hiên, rédemptoriste, jeune, vif, parlait bien le français. Il succédait aux prêtres du même ordre envoyés pendant la période de la colonisation par les *Missions Étrangères de Paris*. Le groupe des rédemptoristes avait une autorité certaine dans l'Eglise du Viêt Nam. Le Père Hiên était chargé de la pastorale familiale du diocèse de Hà Nôi. Il s'est tout de suite manifesté comme le coordinateur du projet TQS pour l'ensemble du pays. Enthousiaste, il voulait que Tiêu soit entièrement à sa disposition, qu'il aille faire des cours

dans d'autres paroisses de Hà Nôi, qu'il aille à HCMV et je ne sais où encore. Comme tous les prêtres que nous avons rencontrés, il m'a dit sa difficulté à aborder les questions touchant à la sexualité avec ses paroissiens. Il était content que des laïcs se forment pour cela.

Loï et sa femme Bich seraient les coordinateurs du projet pour les provinces du Nord. Le père Hiên était prêt à reprendre le tract, à y ajouter une petite introduction qu'il ferait lui-même pour encourager les couples. Il pourrait le faire imprimer par l'imprimerie des rédemptoristes de Saïgon et le faire insérer dans le livret de la famille catholique qui serait transmis à toutes les paroisses du pays.

Il pensait aussi, pour aider Tiêu, à un jeune docteur, qui malheureusement n'est jamais venu.

J'ai animé avec Tiêu la deuxième session.

Il n'y avait plus que 7 personnes seulement sur les 26 du groupe de départ, mais ces personnes étaient bien persuadées de l'importance de leur formation:

<u>Loï et Bich</u> avaient une fille de 2 ans. Loï était à l'aise dans sa façon d'expliquer quand il était au tableau.

<u>Thang,</u> frère de Loï, avait une fille et un garçon. Sa femme portait un stérilet. Il était à l'aise pour parler avec des amis.

<u>Thin et Tuyêt</u> du groupe de Ham Long. Tuyêt faisait son observation. Elle avait aidé des couples qui voulaient un enfant. Elle continuait l'enseignement pour la préparation au mariage. Certaines jeunes filles de son cours faisaient leur observation.

<u>Thanh Thi Toan,</u> étudiante infirmière de 21 ans, avait suivi les sessions de Ham Long. Elle faisait son observation et interprétait ses graphiques.

<u>Le docteur Thin,</u> de Ham Long, continuait à parler de TQS à ses clientes et à des femmes autour d'elle. Elle était toujours aussi souriante et pleine de bonne volonté mais ne semblait toujours pas plus assurée dans ses connaissances.

<u>Dai</u>, de Ham Long, avait déjà aidé 20 couples. Ils aimaient TQS car ainsi le couple se respecte, et on peut améliorer ses connaissances sur la fertilité et la vie de tous les jours.

<u>Hoang Anh</u> du CGFED accompagnait Tiêu pour devenir formatrice. Âgée de 26 ans, elle était sociologue psychologue.

<u>Trois nouvelles</u>, jeunes filles avaient été envoyées de Hang Bôt par la religieuse Nguyen Thi Lai qui avait suivi la formation et leur avait transmis les bases.

<u>Bang</u>, célibataire de 25 ans, étudiant en anglais, voulait être formateur.

<u>Hai</u> de Ham Long. Ce monsieur, d'un âge mûr faisait de gros efforts pour se montrer à la hauteur de son rôle d'enseignant de préparation au mariage. J'ai admiré sa persévérance. Il disait toujours que c'est difficile, et malgré tout il continuait et était moteur pour les autres.

Le travail fut très lent mais utile pour consolider les connaissances. Les réunions d'enseignement données par une étrangère comme moi étaient certainement trop espacées : Novembre, février, juillet, octobre. Il fallait hâter la formation de moniteurs locaux.

Le père Hiên est intervenu en insistant sur l'observation, nécessaire pour pratiquer TQS, ne serait-ce que pour apprendre à se connaître et à surveiller la bonne santé de son corps.

Le jour suivant, les participants avaient changé.

<u>Khuong et Hong</u> qui avaient suivi la première session avec Tiêu sont venus de Bac Ninh. Dans cette province, 99% de la population sont des cultivateurs. Ils se demandaient comment TQS pouvait leur convenir car ils utilisaient les méthodes contraceptives ou Ogino.

Les demandes d'informations pleuvaient concernant la pilule, le stérilet, la stérilisation et ses effets secondaires.

Comment suivre un couple dans sa formation.

Et aussi :

Vous êtes catholique, comment cela se passe-t-il en France ?
J'ai répondu : nos parents ont eu 9 enfants avec Ogino. Nous en avons eu trois, choisis, avec TQS.
Quand est le début de la vie ? J'ai répondu que, pour les catholiques c'était dès la fécondation.
Explication sur le stérilet et raison pour laquelle l'Eglise catholique le refuse car empêchant la nidation, il tue l'embryon.
L'attention a été si grande, que nous avons oublié la pause. Il est difficile de faire court.

Le troisième jour, les questions pleuvaient encore :
La pilule, son mode d'action, ses contrindications. Si on veut arrêter la pilule pour choisir TQS, attention aux troubles de l'ovulation après, aux risques de grossesses multiples. Conseil : continence le premier cycle d'observation.
Les jumeaux.
La stérilisation masculine et féminine.
Les difficultés psychologiques. Le bébé dans la tête.

Et nous avons fait un jeu de rôle que Tiêu a mené entièrement, sans traduction : explication à un couple de ce qu'est un cycle.

L'après midi : un court résumé du cycle avec les images du puzzle en transparent : utérus, ovaire, schéma d'observation de la glaire et de la température. Hong est venue montrer où se situe la période fertile. Que veut dire « période fertile » ? Bich expliqua comment observer et noter la glaire. Thanh, comment noter et interpréter la température.

La difficulté de ce groupe était son hétérogénéité de lieu d'origine, d'âge, de niveau de formation car certains avaient suivi cinq sessions. Pour d'autres c'était la première. Ces deux jours ont été très riches, pour eux comme pour nous. Tous ont très bien participé.
Au cours du travail, ils se sont rendus compte de la difficulté à transmettre ce que l'on sait, à le dire clairement et dans le bon ordre, à dire tout ce qu'il faut, mais pas trop.

Ce mode de travail nous a confortés dans l'idée qu'il fallait revoir notre pédagogie pour l'adapter encore mieux à chaque type d'élève, utilisateur ou moniteur. Qu'il fallait exiger une grande rigueur et imposer un mode d'enseignement aux moniteurs en suivant le livret mot à mot. Les moniteurs étaient souvent confrontés à des questions auxquelles ils ne savaient pas répondre. Ils voulaient approfondir leurs connaissances pour pouvoir bien enseigner et former de nouveaux moniteurs parmi les premiers couples utilisateurs.

Pour ma part, j'ai senti que ce groupe était motivé pour diffuser TQS. Les provenances diverses des membres du groupe annonçaient les formations dans les provinces du Nord du Pays.

Le Père Hiên a demandé à Tiêu de faire des cours du soir dans le cadre de la préparation au mariage des jeunes couples, sur le thème de la connaissance de la fertilité et de la planification familiale naturelle.

Il en avait déjà fait plusieurs et j'ai pu assister à l'un d'eux.

12 jeunes filles et 9 jeunes gens étaient répartis de part et d'autre de la salle, comme cela se fait à l'église, sauf deux couples assis côte à côte.

Tiêu a fait un cours très complet sur le cycle féminin et présenté le graphique que l'on peut utiliser pour noter l'observation des signes de la fertilité.

Les auditeurs n'ont rien dit. Il est vrai que le sujet était encore tabou et qu'il était très difficile pour les jeunes d'en parler.

Après le cours, j'ai transmis à Tiêu mes réflexions. Le niveau scientifique m'a paru un peu trop élevé. Il faudrait revoir le programme en fonction du public. Il s'agissait de jeunes qui sont obligés de venir pour se préparer à leur mariage. Il conviendrait de leur apporter une information plus simple sur leurs corps faits pour donner la vie et sur les possibilités de maîtriser leur fertilité : mode d'action des techniques de contraception et présentation détaillée de TQS pour de futurs utilisateurs.

J'ai retrouvé avec Tiêu ce groupe en octobre 1998.
La paroisse de Thai Hà est devenue le lieu de rassemblement pour la formation TQS des catholiques de Hà Nôi. Les personnes de Ham Long se sont jointes à celles de Nam Dong.
Nous avons travaillé les méthodes pédagogiques pour la formation de moniteurs, la préparation au mariage et l'accompagnement personnel des couples

En 1999, (voyage de Marie et Tiêu) les activités de la paroisse de Thai Ha se sont précisées.
La diffusion de TQS était bien acceptée par les autorités. Le père Hiên allait chaque semaine au poste de police du quartier pour tenir au courant des activités de la paroisse. Les policiers l'ont félicité de s'occuper de la planification familiale !
Tiêu était très enthousiaste pour transmettre les connaissances. Il avait donné trois cours à la paroisse, réunissant 15, 24 et 48 personnes. Il avait présenté TQS à l'église plusieurs fois. Il s'était organisé avec Loï pour que les sessions de Thai Ha et de l'Union des femmes aient lieu à la même date.
Plusieurs participants appliquaient la méthode et faisaient des graphiques d'observation. Quelques unes avaient aidé des amies.
Des catéchistes d'autres paroisses avaient demandé à leur curé de bien vouloir intégrer TQS dans le programme de catéchisme pour la préparation au mariage.
À Thai Hà on avait ouvert un bureau de consultation chaque jeudi après-midi, et tous les soirs à la demande, dans un local de la paroisse. La Fondation Leïla Fodil avait payé une partie des ameublements nécessaire : armoire, bureau, tables, chaises, installation du téléphone etc. Le couple de Loï et Bich y recevait les personnes souhaitant apprendre individuellement TQS. Une femme médecin en retraite donnait des conseils sur la santé familiale en général.
J'ai assisté à des entretiens. Quel bonheur ! Bich dictait un graphique à une jeune fille. Puis Bich et Loï ont reçu ensemble un

jeune homme qui venait pour la première fois. Il travaillait à Hà Nôi mais venait de Nam Dinh où habitait sa fiancée. Ce fut 3/4 d'heure d'entretien. Échange détendu à trois avec ce jeune homme. Un vrai entretien de conseil.

Le Père Hiên avait parlé de TQS à une réunion mensuelle des prêtres de Hà Nôi. Le soutien des curés était indispensable. Dans quelques paroisses, la venue de jeunes prêtes facilitait TQS. Ils étaient enthousiastes et demandaient tous des formateurs pour les couples de leur paroisse. Mais il n'y avait pas encore de formation pour eux-mêmes.

Bilan en novembre 2002

Père Hiên, Loï, Tiêu, Marie, JB.
M.

Il y avait 3 acteurs principaux : Hai, Chiên et Loï, sous l'impulsion forte du père Hiên.

Hai et Chiên avaient chacun accompagné une trentaine de couples en suivi individuel après leurs cours de préparation au mariage. Parmi ceux-ci, près de la moitié avait pu grâce à TQS mettre au monde un fils, comme ils le souhaitaient.

Le bureau de conseil de Thai Hà avait reçu très peu de clients. Le père Hiên pensait à la publicité : une affiche à la porte de l'église proposant TQS.

Dans 3 paroisses : Thai Hà, Cua Bac et Kê Set, les cours de préparation au mariage regroupaient entre 20 et 50 couples et duraient 6 mois. Il y avait en début de formation 6 soirées d'une heure à une heure et demie consacrées à la planification familiale. Les jeunes filles étaient invitées à faire leur observation et à présenter leurs graphiques pendant au moins 2 ou 3 cycles pour obtenir l'accord du mariage religieux. La plupart du temps, les couples souhaitaient un enfant aussitôt.

Septembre 2003
à Hà Nôi

M.

Mon séjour de septembre 2003 a été un des plus longs. Je souhaitais faire le bilan des activités TQS dans tout le pays.

Après une semaine de visites, avec Tiêu le père Hiên et Jean Bernard, nous avons fait un bilan pour les provinces du Nord.

Des nouveaux évêques avaient remplacé les anciens :

Monseigneur Joseph Ngô Quang Kiêt, nouvel évêque de Hà Nôi nous a reçus et encouragés.

Le père Hiên lui a présente Tiêu qui pourrait faire une information à une réunion de prêtres.

À Phat Diêm : Monseigneur Joseph Nguyên Van Yên.

À Bui Chu : Monseigneur Joseph Hoang Van Tiên.

Ces jeunes évêques avaient compris l'intérêt de TQS et avaient indiqué aux prêtres des paroisses d'aider la diffusion de la méthode.

Je ne présente ici que les activités de la paroisse de Thai Hà, bien que Loi supervise toutes les paroisses du Nord.[15]

Au mois d'août, Tiêu avait réuni les 20 moniteurs de 4 provinces : Hà Nôi, Bac Ninh, Bac Giang, Nam Dinh pendant 3 jours.

Avec Oanh, Loï avait fait deux sessions de formation à Hà Nôi

Dans la paroisse de Thai Hà, Loï et Bich avaient donné des cours TQS tous les lundis soirs.

Dans le cadre de la préparation au mariage, toutes les jeunes filles devaient faire 4 ou 5 graphiques pendant les 6 mois de préparation. Ainsi elles connaissaient la méthode avant de se marier. À chaque

---

[15] La relation de TQS des autres provinces figure dans les chapitres suivants.

session, 1 ou 2 couples voulaient approfondir. Actuellement, 2 couples déjà mariés continuaient leurs graphiques.

Hai enseignait le catéchisme et TQS pendant la préparation au mariage à la paroisse de Kê Sât.

À la paroisse de Ham Long, Melle Oanh faisait les cours de préparation au mariage. Elle n'exigeait pas que les jeunes files fassent leur observation. Monsieur Dai faisait de même à la paroisse de Cua Bac.

Une séance de travail avec les formateurs a permis de comprendre l'utilisation de TQS par les couples et de perfectionner l'enseignement. :

Il y avait : Hai, Loï, Melle Oanh, Mr Chiên, Mr Thuc, Mme Hong, et 2 nouvelles étudiantes : Melle Phuong, Melle Tran Thi Kim Thanh.

Les curés acceptaient d'augmenter le nombre d'heures consacrées à TQS dans les préparations au mariage.

L'intérêt des jeunes participants était surtout de pouvoir préciser la conception de leur premier enfant. Ils utilisaient surtout l'observation de la glaire cervicale.

C'est pourquoi il fallait corriger la règle à coulisse pour ajouter un 4° jour après le jour sommet de glaire et prolonger la flèche de la fertilité d'un jour. En effet, la règle ne représentait pas la température, mais seulement la glaire, il fallait donc 4 jours et non pas 3 pour atteindre la fin de la fertilité.

Nous avons travaillé aussi le questionnaire que Tiêu avait rédigé, destiné à vérifier si une utilisatrice avait bien compris et savait par cœur les règles essentielles pour une bonne utilisation. Ce fut l'occasion de faire de bonnes révisions.

Il y a eu aussi une réunion bilan avec le Père Hiên, Loï, Haï, Tiêu, JB, et moi.

Le Père Hiên était heureux des quatre visites de supervision qu'il avait faites avec ses enseignants et nous. Cela lui avait donné confiance, surtout pour les cours de préparation au mariage.

À Kim Dinh, il avait vu des preuves concrètes de l'efficacité de la méthode avec ces utilisatrices paysannes qui avaient commencé à former d'autres femmes.

À Nam Dinh il sentait que le climat n'était pas aussi bon.

Il regrettait de ne pas avoir comme enseignants plus de couples utilisateurs moniteurs, à part Loï et Bich. Les permanents d'Église souvent célibataires et âgés, étaient de bons enseignants, mais il leur manquait le témoignage de vie. Les femmes comme Hoang de Hà Nôi et Hong de Bac Ninh avaient l'avantage d'être femmes même si elles n'étaient pas mariées.

Il nous a dit aussi combien la situation était différente au sud et au nord. Chez les Rédemptoristes de Saïgon, les couples venaient facilement se réunir. Au nord il fallait pouvoir les attirer par quelque chose.

Loï et Haï ont été intéressés par la diversité des résultats et le travail de supervision que nous avons fait. Les enseignants devaient en tirer expérience : préciser leur langage d'information et de formation, faire attention à la qualité de l'enseignement avant de disséminer, prendre confiance en soi.

L'équipe de Thai Hà était l'équipe la mieux structurée.

L'évaluation faite avec le père Hiên nous avait montré que l'enseignement des connaissances était bon, mais encore trop compliqué pour les utilisatrices.

La stratégie adoptée maintenant était bonne : persuader les dirigeants, évêques, curés, avant de travailler à la base, avec des couples souhaitant utiliser TQS, trouver la limite du simple et de l'essentiel.

Tiêu devait continuer son rôle de référent, d'expert scientifique.

Les enseignants comme Haï et Loï devaient se concentrer sur la formation de monitrices capables de guider les femmes dans l'utilisation pratique.

En 2004

M.

En 2004, La paroisse de Thai Hà est devenue le centre de propagation de TQS.

Le père Hiên informait tous ses visiteurs. De nombreux curés demandaient un cours pour leur paroisse. Il était le coordinateur, avec l'aide technique de Tiêu, coordinateur national.

TQS n'était pas présenté comme une méthode de contraception mais comme un mode de vie pour le couple. Le premier objectif présenté par des couples ayant suivi la préparation au mariage était d'avoir un enfant.

L'organisation générale était centrée sur :

La formation de couples utilisateurs dans de nouvelles paroisses, avec l'aide des premières utilisatrices du secteur pour les former comme monitrices.

La coordination entre les différentes équipes par deux réunions annuelles des responsables d'équipes avec les formateurs de Hà Nôi.

La recherche de l'autonomie des diocèses pour leurs propres activités.

Dans la pratique,

Haï, Loï et Chiên ont donné des nouveaux cours pour trois nouvelles équipes dans les provinces de Ha Tay, Ha Nam (Trung Trang), le diocèse de Bui Chu (Bao Dap), et pour les anciens à Bac Ninh et Bac Giang.

Tiêu a donné avec moi deux cours de renforcement des moniteurs, pour ces trois nouvelles équipes.

L'équipe de Thai Hà a donné des cours de préparation au mariage à 200 couples.

Le matériel pédagogique était distribué lors de tous les cours.

Loï et sa femme Bich donnaient des cours supplémentaires tous les lundis soirs à 10 couples utilisateurs.
Haï, Chien et Oanh donnaient les cours de préparation au mariage dans leurs paroisses respectives, à Ke Set, Ham Long et Ha Tay.

Avec Tiêu, j'ai donné trois jours de cours complémentaire après une formation par Loï et Haï à :
5 femmes de Bui Chu : 1 religieuse et 4 jeunes catéchistes.
4 religieuses de Bac Ninh qui avaient déjà commencé à transmettre à des couples.
5 femmes mariées de Hà Nam (Thuong Trang) ;
2 femmes de Ha Tay : une religieuse 49 ans, et 1 catéchiste célibataire de 22 ans.

En novembre 2005

Marie, Tiêu, Jean Bernard
M.

Tiêu avait donné deux cours de renforcement pour les enseignants en avril et juin.

Loï, Chiên et Haï ont donné des cours pour des utilisatrices dans 4 nouvelles communes. Les participantes ont commencé leur observation.

300 personnes avaient suivi des cours de préparation au mariage en 2 sessions de 6 mois. Les jeunes filles faisaient leur graphique personnel.

Le bureau de consultation fonctionnait.

La bibliothèque du centre Thanh (Saint) Gerardo, venait d'ouvrir. Elle avait la documentation sur TQS, des tracts sur le bureau d'accueil.

Le père Hiên et le père Phuong avaient informé tous les prêtres et religieuses du diocèse de Hà Nôi qu'ils avaient rencontrés.

J'avais prévu une semaine de travail à Hà Nôi avec l'équipe du père Hiên. Ces plans ont été un peu modifiés par la présence du père Hiên seulement pendant 2 jours.

Et puis, Tiêu trop fatigué par le travail intensif avec l'Appel les deux semaines précédentes, a dû se reposer. Nous avons donc dû annuler les visites à Kim Son et à Tach Bich nouvelle commune proche de Hà Nôi. Et surtout Tiêu n'a pas pu assurer tout l'interprétariat des cours.

J'ai travaillé avec Loï et sa femme Bich, Haï, Chiên et Melle Oanh, fidèles enseignants des classes de préparation au mariage dans leurs paroisses respectives, sans interprète, en nous aidant de graphiques de plus en plus difficiles et du livret TQS,

nous reportant à la page correspondant aux questions posées. Nous nous sommes très bien compris.
Ils ont été tellement intéressés par ce travail que nous avions prévu pour une matinée et que nous avons continué toute la journée.

Loï avait invité des couples utilisateurs des communes de Hoa Muc de Hà Nam et Thach Bich proche de Hà Nôi. Ils avaient déjà reçu l'enseignement de Loï. Cela nous a permis un travail très approfondi avec seulement 8 personnes, jeunes célibataires et couples mariés. Loï comprenait bien ce que je voulais dire par gestes, quelques mots de vietnamien et la page du livret. Il donnait lui-même les explications.
Ce fut un excellent travail à la fois pour les enseignants et pour les futurs moniteurs, les faisant passer de la théorie des cours à la pratique concrète du suivi d'un couple utilisateur.

Le père Hiên m'avait demandé de faire une conférence sur la vie conjugale pour 150 jeunes en préparation au mariage. Un étudiant francophone est venu faire la traduction. Postulant à la prêtrise, il n'avait jamais entendu parler de sexualité ni de vie de couple, encore moins de TQS. Heureusement Loï était là pour répondre directement aux questions techniques qu'Antoine avait du mal à traduire.
Seule une jeune fille du premier rang buvait mes paroles en français qu'elle comprenait.

Provinces de Nam Dinh et Ninh Binh

Avec les catholiques

M

Notre démarche en deux temps, donnant priorité aux services de santé et de planification familiale de l'Etat pour l'enseignement de TQS, peut paraître curieuse à des occidentaux. Mais elle s'inscrivait dans le mode de fonctionnement marxiste de l'Etat.

La démarche inverse aurait conduit à un rejet par le gouvernement.

Comme nous avions commencé officiellement dans les deux provinces de Nam Dinh et Ninh Binh, nous pouvions introduire l'Eglise.

Nam Dinh

En décembre 2002, le Père Joseph Trinh Ngôc Hiên, curé de la paroisse de Thai Ha et responsable de la pastorale familiale du diocèse de Hà Nôi, prenant la suite des services de santé, a organisé l'enseignement de TQS aux catholiques dans les diocèses de la province de Nam Dinh.

Il m'a fait rencontrer le père Martin Nguyên Ba Thinh, curé de la cathédrale (*Nha Tho Lon* : la grande église).

Pour lui, TQS était tout nouveau. J'étais étonnée de cette réflexion, car les services de santé et de planification familiale de la province enseignaient cette méthode avec la Fondation Leïa Fodil depuis cinq ans !

Son souci était d'aider les familles à bien vivre selon la morale chrétienne. Jusqu'à maintenant c'était lui-même qui enseignait la planification familiale dans les cours de préparation au mariage.

Mais il ne savait pas comment répondre aux couples qui se plaignaient de l'inefficacité d'Ogino.

« Avec l'accord du cardinal et du curé », Haï et Chien de la paroisse de Thai Ha à Hà Nôi sont venus enseigner 25 catéchistes de 19 paroisses. TQS a été intégré dans les cours de préparation au mariage.

Ils doutaient de la capacité des paysans très pauvres de la campagne, dont le niveau de connaissance était très bas, de pouvoir appliquer la méthode.

La rigueur des directives de l'Eglise était redoutable. Une dame a dit :

Chaque dimanche, je vois qu'il y a seulement 2 femmes sur 10 qui viennent à la messe car les autres utilisent le stérilet et n'osent pas venir. Comme elles portent un stérilet, elles n'ont pas droit à l'eucharistie.

Les catholiques se sont organisés, comme les fonctionnaires de l'Etat pour diffuser TQS dans toute la province : formateurs et coordinateurs au niveau central, groupes d'utilisateurs dans les paroisses.

Ils ont sélectionné quelques couples pour appliquer et enseigner dans leur paroisse. Le curé a parlé à ses paroissiens de l'importance de la planification familiale et de la nécessité d'utiliser TQS.

TQS a été intégré dans les cours de préparation au mariage.

Un bureau bibliothèque avec documentation sur TQS et centre de conseil a été ouvert dans les paroisses.

Haï et Tiêu sont venus plusieurs fois pour une session de renforcement.

Mais on ne pouvait pas aller trop vite, car il s'agissait de changer des mentalités et des habitudes. Cela prendrait bien 4 ou 5 ans.

Les réunions m'ont montré combien la diffusion était difficile.

En septembre 2003 je n'ai rencontré que la moitié du groupe des catéchistes formateurs.

Pas d'utilisation, pas un graphique. Pas de motivation dans ce groupe.

Ninh Binh

District de Kim Son, Village de Kim Dinh

En septembre 2003, le Père Hiên, Haï et Loï nous ont accompagnés, Tiêu, Jean Bernard et moi à Kim Son.
Le Père Hiên avait demandé un rendez-vous avec l'évêque, Mgr Joseph Nguyên Van Yên. Il souhaitait son appui pour étendre à d'autres paroisses l'expérience faite à Kim Dinh et Luu Phuong.
Pendant le petit-déjeuner de *bun moc*[16] à Kim Son, le docteur Vi a expliqué son travail. Il était un ami sincère du père Dung que le père Hiên connaissait.

Le père Hiên nous a accompagnés à Kim Dinh et a assisté à la première partie de la rencontre avec les femmes du village. Puis il est parti voir l'évêque avec Haï et Loï alors que nous restions à Kim Dinh toute la matinée.

La salle de réunion du poste sanitaire de Kim Dinh était trop petite pour accueillir les 35 femmes qui étaient venues ce matin dont quatre avec leur mari.
Tiên était heureux de présenter les résultats des formations. Au cours de l'année 2003, les 10 femmes utilisatrices depuis 3, 4 ou 5 ans maintenant, avaient commencé à aider d'autres femmes, au moins une chacune, 5 pour l'une d'elles.
Beaucoup avaient apporté leurs graphiques. La plupart étaient très bien faits, les erreurs minimes et sans conséquence sur la bonne connaissance de la période fertile.

---

[16] Le bun môc est une soupe comprenant : du bouillon de bœuf, des boulettes de viande hachée mêlée de chapignons noirs, d'oignons hachés, de sel et de sucre, d'ail frit, de tiges de jeunes oignons, de germes de soja, d'herbes parfumées avec surtout du coriandre, du vermicelle de riz, et dans une coupelle, du piment trempant dans du nuoc mam, un demi citron vert.

En décembre 2004, nous avons couché à l'hôtel Hoang Gia à Ninh Binh. Notre délégation : Tiêu, Jean Bernard et moi, comprenait aussi le frère Phuong de Thai Hà. Catholique et comprenant des religieux, elle n'aurait pas été acceptée à Kim Son. Nous avons rejoint Vi au restaurant de *bun môc*.

Nous avons trouvé cette année un grand changement par rapport à l'année précédente, les visages étaient plus détendus, les femmes semblaient plus à l'aise avec TQS et avec leurs voisines qu'elles avaient aidées. C'était le fruit du travail patient de Vi et de Tiên.

Chaque femme a expliqué comment elle pratiquait TQS. Les difficultés rencontrées ont reçu réponse de Tiêu de Vi ou de moi.

Les cours de Vi étaient bien suivis.

Dans les années suivantes, TQS a diffusé dans tout le district, soit avec l'aide des cours de Vi et de Tiên, soit de façon directe, entre femmes utilisatrices. Le compte exact en est impossible. Les réunions regroupaient à Kim Dinh ou Luu Phuong une trentaine de femmes. Chacune disait enseigner une parente ou une voisine. Nous ne pouvions faire la part de ce qui nous faisait plaisir et de la réalité.

Le total du budget pour cette année a été de 7.090.000 dongs soit 345 €.

J'ai fait une dernière réunion à Kim Dinh en avril 2008, avec Tiêu, Vi, Loï et Jean Bernard.

Nous souhaitions que les autorités de l'Eglise locale s'impliquent plus dans ce programme pour aider les couples dans leur paternité et maternité responsable, en accord avec leur foi et avec les perspectives de leur pays.

Nous avons rencontré le Père Antoine Nguyên Tam Tu, curé de la paroisse de Ton Dao qui desservait aussi Kim Dinh. Étrange rencontre du responsable de la foi qui savait que depuis plus de dix ans, TQS était enseigné dans sa paroisse mais n'avait jamais demandé à prendre contact avec nous.

Il a demandé une formation pour son village. Nous l'avons invité à aller d'abord avec quelques femmes regarder comment cela se passait à Kim Dinh. Puis quand il aurait constitué un groupe de femmes intéressées, Loï pourrait venir faire la formation, avec le docteur Vi.

La paroisse prendrait en charge l'organisation matérielle sur place.

Depuis 2008, alors que je ne pouvais plus me rendre au Viêt Nam, j'ai demandé chaque année au Père Hiên de me tenir au courant de l'activité du groupe de Kim Dinh pour lequel j'avais une réelle affection. Loï ne le mentionnait plus dans ses rapports d'activité TQS.

En 2004, à ma demande, Loï a écrit :

Concernant le groupe de Kim Dinh, Kim Son nous pouvons vous dire qu'il n'existe plus. La cause majeure est la migration très forte de la population des petites villes aux plus grandes villes pour gagner la vie. On ne peut trouver dans les villages que des gens âgés et des enfants et ces gens-là ne sont plus des utilisateurs de TQS.

Pour bien réveiller le mouvement de TQS à Kim Dinh il nous faut surpasser quelques autres difficultés : trouver un remplaçant au docteur Tien qui est à la retraite et au docteur Vi qui est devenu directeur de l'hôpital de Kim Son. Notre père Hiên a l'intention de discuter avec le père supérieur de la paroisse Kim Dinh pour voir si l'on peut faire quelque chose pour cette région.

Commune de Luu Phuong

La réunion avec les nouvelles utilisatrices formées depuis 2002 par le docteur Vi n'a pas pu avoir lieu car toutes les femmes de la commune étaient convoquées à la banque pour rembourser un prêt qui leur avait été accordé par la Banque Mondiale.

Vi a expliqué : les réunions avaient lieu dans la maison d'une des dames, près de l'église. 15 femmes faisaient leur graphique depuis 10 à 15 cycles. Toutes étaient catholiques. 2 avaient appliqué pour avoir un enfant, les autres pour la contraception.

Elles utilisaient aisément, personne ne se plaignait. Elles évitaient ainsi les complications du stérilet.

Nous avons augmenté un peu l'indemnité de coordination du docteur Vi, de 100 000 à 150 000 dongs par mois (8,50 euros)

Nous avons cessé les indemnités pour le travail des monitrices qui était seulement un encouragement de départ pour leur montrer que c'était possible. Elles ont continué. Notre objectif était que la communauté puisse se prendre en charge elle-même, sans aide de l'extérieur. Il ne fallait donc pas mettre en route des dépenses qu'elle ne pourrait pas assurer par la suite. Ainsi, le travail des monitrices devait pouvoir à l'avenir être un travail bénévole, remercié peut être par un petit cadeau des utilisatrices, mais non rémunéré officiellement. Sinon, elles risquaient de venir travailler pour le salaire et non pas pour TQS.

Nous avons reçu en cadeau un bidon d'alcool de riz de Kim Son. Nous l'avons partagé avec Tiêu. L'alcool de riz de Kim Son est le meilleur du pays.

Province de Bac Ninh

M.

Bac Ninh est la capitale de la province du même nom et le chef lieu d'un diocèse qui regroupe cinq provinces administratives entières : Bac Ninh, Bac Giang, Bac Can, Thai Nguyên et Vinh Phuc. Et aussi des districts de sept provinces voisines : Tuyên Quang, Hà Giang, Hung Yên, Hà Nôi, Lang Son, Hai Duong et Phu To. La ville de Bac Ninh est située à 30 km de Hà Nôi vers le nord. L'autoroute toute neuve de Lang Son y conduit facilement.

En 2002, Hai et Chiên ont fait 2 sessions de formation de trois jours pour des couples. J'ai rencontré l'évêque, Mgr Joseph Tuyên. Il découvrait TQS. Il avait fait traduire un livre Billings, laissé par un curé américain, mais il manquait de formateurs pouvant l'enseigner. Il y avait là aussi deux personnes qui avaient suivi les cours de TQS de Thai Hà : Mademoiselle Hông catéchiste chargée des cours de préparation au mariage pour le diocèse de Bac Ninh et Monsieur Khuong, responsable de l'imprimerie du diocèse. L'évêque souhaitait pour son diocèse un contingent de formateurs qui puissent ensuite aller dans les paroisses.

Un groupe de 9 femmes, sous la responsabilité de Melle Hông a été constitué. Elles étaient toutes auxiliaires de la pastorale. Elles ont reçu deux sessions de formation par Hai et Oanh en mai et juillet 2003 et la session de Tiêu à Hà Nôi en août 2003.

En septembre 2003, Monseigneur Joseph Tuyên, le Père Hiên, Hai, Loï, Tiêu, JB et moi les avons visitées. Elles étaient souriantes, motivées, heureuses d'apprendre. Presque toutes faisaient leur observation et les ont apportées. Nous avons fait toute la journée des exercices à partir de questions de femmes demandant des réponses simples et pratiques. Loï donnait ensuite les réponses. Tiêu ou moi des compléments. Ce groupe était capable d'autonomie.

Province de Bac Giang

District de Luc Nam.

M.

Bac Giang est à 20 km de Bac Ninh, et Luc Nam est encore 30 km plus loin. Dès que l'on quitte l'autoroute, on se retrouve dans la campagne d'autrefois, sur une route en terre. C'est une région agricole de maraichage. Il y avait beaucoup de monde dans les champs. Les légumes poussaient sur de jolies plates bandes bien régulières. C'était le moment de la récolte des petits oignons destinés au *pho* matinal.

Nous avons rencontré le Père Nguyên Huy Tao, curé de Luc Nam. C'était un ami du père Hiên. Il avait une grande église avec un clocher, à 300 mètres d'une autre église encore plus grande avec deux clochers. Un très joli jardin devant son presbytère où se mêlaient arbres fruitiers, fleurs, bonzaï, pierres, statues de saints, tortues et crapauds de ciment, jolis oiseaux dans des cages.

Sa paroisse regroupait des hameaux très éloignés, jusqu'à 30 kilomètres. Il y avait deux minorités, *Thai* et *H'Mong* avec beaucoup d'enfants. Les routes étaient mauvaises. Le niveau d'éducation bas. Les élèves limitaient leurs études au primaire.

Deux sessions de cours avaient été faites par Haï et Chiên pour 24 participants. Cinq d'entre eux avaient suivi une formation de moniteurs à Hà Nôi au mois d'août :

Le Père Hiên, Haï, Loï, Tiêu, Jean-Bernard et moi avons rencontré ce groupe dirigé par Monsieur Nhi, catéchiste de 56 ans et membre du Conseil Paroissial. Il avait enseigné Ogino pendant 20 ans, puis Billings, avec un manuel traduit par le curé, il enseignait maintenant TQS.

Nous avons travaillé sur des questions simples de techniques et sur les pièges à éviter.

Ils faisaient essentiellement des cours de préparation au mariage, environ 30 couples par an en demandant trois graphiques TQS aux fiancés. Mais ensuite ceux-ci voulaient un enfant et ils oubliaient tout. Ils ne posaient jamais de questions.

Il n'y avait aucune action auprès de couples mariés.

Le principe même de la maîtrise de la fécondité ne semblait pas admis. Ou bien les couples avaient déjà une méthode de contraception et ne voulaient pas changer de mode de vie.

Nous avons insisté sur le but de l'enseignement de TQS dans la préparation au mariage : il ne fallait pas que ce soit un ticket pour obtenir l'autorisation de se marier. Il fallait présenter TQS en positif pour le bonheur de la vie conjugale, comme une connaissance de soi pour aider le couple dans sa vie sexuelle. La relation sexuelle a en effet deux buts : le plaisir des époux et la transmission de la vie. Quel bonheur pour la femme de savoir quand la relation sexuelle va donner la vie à son enfant ! La relation sexuelle est très différente dans la tête de l'homme s'il sait que ce jour là il va pouvoir donner la vie en plus du plaisir. Connaître la date précise de la conception est une aide pour le suivi de la grossesse.

Nghi comprenait cette démarche. Il ne semblait pas que le Père Tao voie TQS de la même façon.

Sœur Tinh, une des monitrices avait travaillé à Tuyên Quang.

Elle avait donné trois jours de cours (après midi et soir) pour 13 couples, mari et femme présents. Elle comptait sur les maris pour aider leur femme. Ces couples pratiquaient déjà Billings, avec le livret qui avait été traduit par l'évêque. Ils connaissaient donc déjà la glaire. Elle y a ajouté la température, pensant que ce serait plus sûr que la glaire seule.

Loï leur avait fourni le livret TQS. L'évêque a payé les thermomètres et fait photocopier les graphiques vierges.

Doàn avait collaboré avec Tinh pour une soirée d'information à cent mères catholiques. Elle cherchait à organiser un cours pour 15 à 20 couples, elle en avait parlé au prêtre responsable qui était d'accord, mais il fallait attendre. Elle était jeune, très enthousiaste. *« Je fais mes graphiques, si je suis religieuse, je ne pourrai pas utiliser, mais si je me mariais, c'est la méthode que je choisirais »*

Mes visites ont cessé en 2004. Le travail TQS n'était pas bon car les connaissances étaient utilisées uniquement pour la préparation au mariage.

Les personnes n'étaient pas bien choisies : hommes, âgés ou jeunes célibataires. Seule Madame Nga, infirmière de 35 ans, mariée depuis peu, était capable de s'adresser à des couples et de les suivre. Nous l'avons invitée aux cours de renforcement et de coordination à Hà Nôi.

Province de Hà Tây

Commune de Dông Chiêm

Marie, Tiêu et Jean Bernard
23 mai 2007

M.

Située à 60 km de Hà Nôi, avant d'entrer dans la province montagneuse de Hoa Binh, cette paroisse est très pauvre. On y fait une seule récolte de paddy par an, en mai, car ensuite, quand surviennent les pluies, le territoire situé un peu en contrebas sert de trop plein pour éviter l'inondation de la ville de Hà Nôi. Tout est alors submergé. C'est pourquoi les maisons sont construites sur une digue, certaines d'entre elles penchent vers le vide, car il ne faut pas perdre un pouce de terrain à bâtir.

14 000 chrétiens sont répartis en 3 paroisses.

L'énorme église, fin du XIX° siècle, est construite sur une petite colline.

Chiên était déjà allé dans cette paroisse pour former 25 femmes en avril et septembre 2006. Haï était venu avec lui en fin d'année et présenté rapidement la température. Après ces 2 cours, Loï envisageait un 3° cours, puis peut être un renforcement par Tiêu.

Le père Huu voulait un autre cours d'utilisatrices pour la paroisse voisine de Nghia Ai dont la population était plus nombreuse et un peu plus riche que Dong Chiêm.

Nous avons travaillé trois heures avec 8 dames sur les 25 qui avaient assisté aux premiers cours. Elles avaient bien compris le principe de TQS et l'observation de la glaire, mais la prise de la température était totalement étrangère à leurs habitudes. Deux avaient un thermomètre. Pour une autre c'était trop cher, une autre ne savait ni où l'acheter ni comment s'en servir.

Quatre femmes (Tuyên, Tham, Toan et Huê) ont apporté de 3 à 11 graphiques, sur lequel elles avaient noté seulement la glaire.

<u>Hoàn</u> : prenait la pilule, dit avoir fait son observation mais pensait que ses graphiques étaient mauvais.

<u>Cêy</u> n'avait assisté qu'au cours de Hai sur la température et ne comprenait pas bien.

<u>Tiên</u> avait déjà 6 enfants et portait un stérilet. Elle savait que le curé n'était pas d'accord avec ce nombre d'enfants, elle en avait peur !

<u>Huyên</u> venait pour la 1° fois, sa voisine lui avait parlé de TQS. 13 ans de mariage, pas d'enfant.

Toutes celles qui avaient fait l'observation ont dit leur facilité à observer la glaire.

Cela nous amènera à réfléchir à notre enseignement. Faut-il s'obstiner sur la température pour tout le monde ?

Les graphiques de glaire étaient bien faits, avec rigueur. Elles avaient bien compris à quoi correspondait leur observation. L'enseignement de Chiên était bon.

C'était un groupe très vivant. Elles parlaient facilement de leur expérience, échangent entre elles et avec nous, répondant facilement à nos questions avec une grande simplicité.

J'étais émerveillée par le sérieux de ces femmes qui avaient bien compris l'intérêt de TQS pour leur permettre de retrouver la possibilité de relations sexuelles sans peur de la grossesse, tout en étant en accord avec les recommandations de l'Eglise.

Cette séance nous a confortés :

Dans l'idée qu'il y avait une grande attente d'une méthode efficace et compatible avec l'enseignement de l'Eglise. Il était dramatique de voir ces femmes mal à l'aise, ne pouvant aller communier alors que tout le monde y allait parce qu'elles portaient un stérilet, que personne ne leur avait proposé une méthode compatible avec leur foi et qu'elles ne pouvaient raisonnablement pas avoir un enfant de plus sans mettre en danger leur vie et leur famille.

Dans l'idée qu'il était possible d'enseigner la méthode de façon pratique et efficace chez des femmes sans grande instruction.

Dans l'idée qu'il fallait proposer soit la glaire seule soit TQS pour s'adapter aux conditions de vie de chacune. Pour la première fois, j'ai entendu Tiêu dire que peut être il faudrait enseigner « le Billings » dans certains cas.

Province de Phu Tho

Commune de Dong Xà

23 mai 2007

Il a fallu trois heures et demi de route pour aller à la paroisse de Dông Xà, à 130 km au nord ouest de Ha Nôi, en direction de Tuyên Quang, dans la province de Phu Tho, par une nouvelle route, moitié d'autoroute en construction. La moisson battait son plein.

J'ai été accueillie par le jeune curé, le père Huân, et un monsieur en retraite, responsable de la communauté du village.

Le curé déservait trois paroisses, comptant 8 900 catholiques, avec dix églises. L'église de Dong Xa avait tout d'abord été construite en bois en 1906, rénovée en 1930, puis déplacée en 1994 pour construire une église en dur. C'était une construction simple, bâtie par les villageois qui avaient creusé la montagne pour faire de la place. À côté de la nouvelle église, un bâtiment en construction était destiné aux activités paroissiales. L'ancienne église était maintenant salle de réunions.

Nous y avons travaillé de 10h à 12h30, avant d'y déjeuner ensemble.

Loï avait commencé dans cette paroisse un travail de formation d'utilisatrices avec 29 personnes. 12 étaient venues au cours de renforcement de Tiêu. Six étaient là aujourd'hui. Loï semblait déçu de ces absences, mais la moisson en était la cause. Nous avions encore une fois mal choisi nos dates.

Toutes avaient fait leur observation. Deux avaient des graphiques de glaire et température. Deux observaient seulement la glaire. Deux avaient observé mais n'avaient pas apporté leurs graphiques.

Trois avaient porté un stérilet puis l'avaient enlevé. Elles utilisaient bien TQS. Elles recherchaient vraiment l'efficacité car elles avaient entre 21 et 38 ans, 2 ou 3 enfants, ou des problèmes de santé demandant d'éviter une autre grossesse. Plusieurs parlaient de crainte, de longues périodes de continence.

Les graphiques étaient dans l'ensemble bien faits, avec rigueur. Elles avaient bien compris le principe d'interprétation, leurs réponses étaient bonnes. J'ai admiré le travail précis fait par Loï. Leur difficulté était toujours la prise de température.

Madame Hang, chef de groupe paraissait très sérieuse. Le curé souhaitait vraiment propager TQS dans sa paroisse.

Loï y est retourné pour former d'autres utilisatrices et aider les anciennes à devenir de bonnes monitrices capables d'enseigner aux autres.

Il a été très intéressant de voir le résultat du travail de Loï dans cette paroisse rurale, avec de vraies utilisatrices, de les encourager, d'encourager le curé.

Mais au retour, je me suis demandé si c'était vraiment mon rôle de faire un déplacement de douze heures pour répondre aux questions de 6 utilisatrices !

Province de Ha Nam

Hameau de Thuong Trang

M.

Le 30 novembre 2004, nous avons rendu visite au hameau de Thuong Trang, commune de Liêm Phong, district de Than Liêm, dans la province de Hà Nam.

Tiêu, Jean Bernard, Marie, Loï, frère Phuong, père Duc, rédemptoriste de HCMV.

Thuong Trang est un hameau de campagne, des maisons couvertes de toits de tuiles plates, de petites ruelles où la voiture passe à peine. Deux églises : une ancienne de style vietnamien, transformée en atelier de couture, avec de superbes poutres sculptées ; une récente, datant de 1993, de style néogothique en ciment. Nous avons été reçus dans la famille du père Phuong : une cour avec la maison au fond, la cuisine, les cochons, le réservoir d'eau, les toilettes propres à l'écart.

Hai et Loi avaient donné 2 fois 3 jours de cours à 20 femmes au mois de mars précédent. 16 femmes de 24 à 42 ans, ayant de 1 à 3 enfants étaient présentes. Toutes faisaient leur observation en inscrivant sur des graphiques.

Madame Liêu, chef de groupe, était là avec son mari qui avait suivi le premier cours. Ils s'étaient engagés à utiliser TQS pour eux-mêmes. Ils pensaient que TQS est une bonne méthode pour protéger le bonheur du couple, promouvoir la santé, obéir à la loi de l'Eglise.

Un membre de l'équipe des dirigeants de la communauté catholique était là pour nous accueillir, et nous remercier. Ils étaient heureux de ce cours.

Certaines se disaient à l'aise avec la méthode. D'autres avaient plus de difficultés. Trois venaient aujourd'hui pour la première fois, soit pour voir, soit parce qu'elles avaient commencé leur observation avec l'aide d'une amie.

Toutes disaient avoir besoin de se soutenir et de s'entraider.

Elles demandaient aussi à approfondir leurs connaissances, à préciser certains points.

Plusieurs souhaitaient enlever leur stérilet.

Liêu avait commencé à transmettre.

Nous avons fait un résumé du cycle à partir d'un graphique, pour préciser les règles de l'interprétation.

Ce groupe nous a beaucoup intéressés. Ces femmes étaient vraiment des utilisatrices. Les premières avaient été formées par l'équipe du Père Hiên. La visite à Kim Dinh l'année dernière lui avait montré qu'il était possible de former des paysannes. Nous étions dans le village natal du frère Phuong, diacre en stage à Thai Hà, qui avait préparé le terrain. Cela avait permis certainement d'avoir plus vite qu'à Kim Dinh un groupe de femmes motivées. L'enseignement précis et clair de Loï et Hai avait porté ses fruits.

Cinq de ces femmes sont venues à un cours de trois jours à Hà Nôi.

L'équipe de Thuong Trang est la plus motivée de celles que nous ayons rencontrées.

Elles habitaient dans un hameau, se connaissaient et se rencontraient facilement.

Le terrain avait été préparé par le frère Phuong, originaire du lieu.

Loï était déjà allé y donner des cours de chant pour constituer une chorale.

Leur curé avait compris l'intérêt de TQS et encourageait ces couples.

L'enseignement avait été bien fait, directement à des utilisatrices.

Elles seraient suivies car Phuong et Loï avaient l'occasion d'y retourner.

J'y suis retournée en 2005 avec Tiêu, Marie, Père Hiên, Loï, Jean Bernard,

Loï avait donné à 20 femmes un cours TQS à Thuong Trang et dans 3 autres communes voisines : Ngoc Lu, Dao Truyên, et Hoa Muc.

J'y ai fait une réunion de bilan avec la présence du Père Hiên.

56 femmes étaient réunies lors de notre visite. Sur les 20 femmes de Thuong Trang présentes, 5 avaient déjà suivi les cours de renforcement de Tiêu à Hà Nôi, avec moi en décembre 2004 puis en avril et juin 2005.

Cinq femmes du cours de Loï de 2004 avaient commencé à essayer de transmettre à d'autres couples.

Nous leur avons expliqué en détails la méthode de travail de la monitrice en suivi individuel au jour le jour. Puis un travail d'étude de graphiques avec le groupe des cinq monitrices du village.

TQS au Centre du Viêt Nam

Province de Da Nang

JB.

Le travail de Marie avec les provinces du Centre du Viêt Nam a duré de 1998 à 2007.

Il y a eu deux pôles d'activité :

Les sœurs vietnamiennes de Saint Paul de Chartres, dont le siège était à Da Nang qui œuvraient avec les minorités des hauts plateaux, qu'on appelait autrefois *les sauvages*.

Et le diocèse de Da Nang, comprenant la ville et les environs.

C'était deux groupes totalement différents : Les sœurs avec des populations très peu développées. La ville peuplée d'intellectuels.

1998 : Tiêu

M.

Au mois d'août 1998, Tiêu avait été invité directement par la supérieure du couvent à faire un cours sur TQS à 70 religieuses de l'Ordre de St Paul de Chartres. Les participantes venaient en grande majorité de Da Nang, mais aussi de Kon Tum, Qui Nhon, Gia Lai, Quang Nam, Ban Me Thuôt, Hué, c'est à dire les provinces du Centre du pays et des hauts plateaux. Il leur a donné quatre jours de cours et fait deux conférences « tout public » à la cathédrale.

La Fondation Leïla Fodil avait payé son déplacement et les religieuses l'avaient hébergé.

Il a été émerveillé par l'attention et le sérieux des religieuses.

À partir de leurs notes elles avaient rédigé un livret que chacune avait pu emporter à la fin de la session : 30 pages sur la fertilité et TQS. 17 pages sur les maladies gynécologiques, MST et SIDA. Reproduction de 13 pages des schémas d'anatomie et physiologie du livret TQS. Tiêu leur avait donné par ailleurs des graphiques vierges, des tracts TQS et des livrets TQS, qu'elles ont pu reproduire à leur gré. Elles ont photocopié tous les transparents de son cours.

Elles pouvaient certainement avoir une bonne influence dans les districts où elles travaillaient, car elles étaient souvent les confidentes des femmes qui venaient les voir facilement.

Pendant ces séjours, il avait logé dans une cellule du noviciat, invité à se baigner dans la mer toute proche. Il donnait les cours, mais aussi partageait les repas de la communauté, La nuit, il n'osait pas sortir de sa chambre, car les sœurs, craignant les voleurs, lâchaient dans la cour des gros chiens dont les aboiements féroces étaient terrifiants. La séduction avait été réciproque. Tiêu en parlait en termes émouvants, admirant leur joie, leur bonté, leur charité. Voici comment des religieuses qui ont beaucoup souffert et craignent encore, ont accueilli celui en qui elles voyaient un communiste convaincu et aussi un ami sincère. Nous avons bien vu l'importance des liens d'amitié créés. Dès le passage de la porte du couvent, ou de la maison de retraite, de l'atelier de broderie, une sœur, apprenant sa présence, accourait pour le saluer, avec le plaisir évident de retrouver un ami.

En fin de session une sœur lui fit ce discours :

« *Vous êtes venu de loin, Vous avez donné un cours très spécial, pour des participantes très particulières. C'est la première fois que nous nous rencontrions. Vous avez manifesté beaucoup de sympathie et d'espérance en nous. La plupart d'entre nous sommes au service de régions rurales, avec un niveau intellectuel bas. La vie des femmes est négligée, méprisée.*

La femme après son mariage est la servante de son mari, machine à accoucher, récréation sexuelle du mari. S'il est en colère, il peut la maltraiter.

Parmi nos sœurs, certaines sont du personnel médical, mais aussi d'autres professions. Nous sommes des sacs prêts à contenir tous les problèmes de ceux qui viennent nous consulter, surtout des

femmes qui apportent toutes leurs difficultés intimes de vie conjugale.
Quatre jours ensemble, c'est très peu pour un sujet aussi grand.
Vous avez fait beaucoup d'efforts pour nous donner des informations de base, pratiques et efficaces. Votre bienveillance nous a aidées à mieux comprendre. Votre méthode pédagogique est concrète et pratique, succincte et claire. La présentation est simple et joyeuse. Le temps a passé vite. Vous nous avez présenté les merveilles de la nature, l'organisation harmonieuse des organes génitaux. Mais nous pensons qu'il faudrait parler aussi des maladies sexuellement transmissibles. Si on n'en sait rien, cela peut conduire à de grands problèmes et à la mort. Les hommes doivent prendre soin de leur corps, mieux faire pour la santé et la vie. Nous espérons qu'avec les informations que nous avons reçues, et l'exemple que vous nous avez donné de servir les autres, nous pourrons mieux servir notre peuple et aider les femmes pour une vie meilleure et une dignité respectable, mieux aider les familles à être plus heureuses pour une meilleure société. Nous espérons que vous pourrez revenir encore pour améliorer nos connaissances et recueillir le résultat de notre travail.
Un merci très sincère, docteur Tiêu. »

1999 : Marie et Tiêu

M.

Les religieuses m'ont expliqué ce qu'elles avaient fait.
Sœur Modeste, de Kontum, était infirmière, elle avait 63 ans, elle avait fait trois ans d'école de cadres à Strasbourg et parlait bien le français.
Elle n'avait pas pu suivre la première session de Tiêu, mais une autre sœur lui avait transmis, elle avait appris. Elle a commencé par contacter quelques femmes et discuter avec elles sur la planification familiale afin de les motiver.

Elle avait organisé trois cours en janvier, avril et juillet pour 60 personnes.

Après 9 mois d'entrainement, 40 sur 60 pouvaient appliquer la méthode et faire leur auto-observation.

20 d'entre elles avaient aidé 40 jeunes femmes amies ayant de 1 à 2 enfants. Ces femmes ne voulaient plus d'enfant à cause de la situation économique.

<u>Sœur Modeste</u> habitait dans la région, c'est pourquoi elle pouvait facilement contacter et suivre les participantes de ses cours.

Mais il était difficile de les rassembler, de faire accepter cette méthode nouvelle. Il manquait encore la coopération des maris.

L'effet contraceptif a été bon. Il y a eu cependant quelques grossesses-surprise parce que l'application n'a pas été tout à fait bonne.

<u>Soeur Phuong</u> était aide médecin au poste sanitaire de Hoa Son.

« Après avoir assisté au cours du Dr Tiêu en octobre 1998, j'ai commencé à travailler pour enseigner TQS : deux fois chaque mois je suis allée faire des visites. Après un an, j'ai aidé environ 100 familles.

Étant donné leur niveau très bas d'éducation, il n'y a que 12 couples qui ont pu apprendre et faire leur graphique. Tous ces gens là m'ont rencontrée fréquemment pour poser des questions sur la méthode et la façon de faire les graphiques. Parmi ces 12 couples, deux qui font du commerce, se lèvent à 2h du matin, et ne prennent pas la température.

Parmi ceux qui ont pu apprendre assez rapidement, j'ai sélectionné 3 personnes pour aider 3 autres couples. Elles peuvent me rencontrer au poste sanitaire pour avoir des explications ».

Mais le mari ne coopère pas avec sa femme. Dans les Hauts Plateaux, seuls 2 à 3 % des hommes ne sont pas alcooliques. Il n'y a souvent pas de thermomètre ; elle en a acheté un pour chaque couple et elle a pris beaucoup de temps pour apprendre à lire la température et à tracer le graphique.

En avril et en octobre, elles ont fait une évaluation préliminaire : 85 couples ont des succès. 15 couples ont eu des grossesses non voulues.

2001 : Evelyne et Tiêu

M.

Sœur Marie Sau Phuong 46 ans travaillait à la maternité de Phu Thuong à 13 km dans la montagne. Elle donnait une information théorique aux femmes enceintes. Puis personnellement à quelques couples qui sont revenus pour l'interroger.
Mais oubli de prendre la température, et parfois le mari n'acceptait pas la méthode.
Sœur Anna Hông Vinh 48 ans, était à An Ngai à côté de Phu Thuong. Elle avait préparé 60 couples au mariage, en insistant sur la glaire.
Sœur Marie Tuoi 48 ans
Responsable du monastère de Da Nang pour quelques mois (Elle devait aller à Chartres l'année suivante). À Quang Thuan, province de Phan Ran, elle avait informé 25 couples. Deux couples avaient choisi TQS. Un utilisait seulement la glaire. À Da Nang, elle avait informé des institutrices.
Sœur Marie-Thérèse Vi Rong 46 ans, dans la communauté de Thien Mau, à six km de Da Nang, vers la plage, travaillait avec des jeunes filles en difficulté. Elles venaient pour un cours d'une heure. Elles étaient payées pour cela.
Sœur Claire Phuong Dung 50 ans à An Hoa
Donnait des cours individuels de préparation au mariage.
Sœur Marie Modeste Lê Thi Uy 65 ans, Infirmière à Kon Tum exerçait dans six paroisses.
En consultation elle informait sur TQS, en relation personnelle, méthode simple. Les gens revenaient 2 ou 3 fois.
Elle avait donné des cours de 16 personnes : catéchistes et infirmières. Elle avait deux monitrices avec elle.

Deux couples avaient fait des graphiques.

Un couple marié depuis trois ans sans enfant en a eu un après information.

2002 : Marie et Tiêu

M.

En décembre 2002, j'ai eu une réunion de travail avec les sœurs de St Paul de Chartres.

Marie Vuong, Anne Mao, Marie Phuong, Marie Modeste Vy, Claire Dung, Marie Tin, Marie Tuoi.

Les 8 sœurs présentes à la réunion faisaient toutes un peu d'information sur TQS, surtout dans le cadre de la préparation au mariage. Elles avaient enseigné à quelques couples et toutes faisaient à peu près les mêmes remarques :

La glaire est facile à utiliser.

La prise de la température est considérée comme difficile, on avance surtout le manque de temps pour le faire.

Les jeunes couples après le mariage veulent avoir un enfant. Ensuite ils veulent attendre un peu pour le deuxième. Mais après le deuxième enfant ils veulent une méthode très sûre et n'ont pas confiance en TQS.

Il nous a semblé que c'était les sœurs elles mêmes qui n'avaient pas encore bien compris l'intérêt et la fiabilité de TQS. Sinon pourquoi parlaient-elles encore d'Ogino dans leur livret de préparation au mariage et pas de TQS ? Leur enseignement direct à des utilisatrices nous a semblé pas assez précis et ainsi à l'évidence dangereux.

Nous acceptons de les aider encore cette année avec un peu de matériel pédagogique et de les interroger en fin d'année 2003 pour savoir si elles ont progressé.

2003 : Marie, Tiêu et Jean Bernard

M.

Je suis quand même revenue en septembre 2003 avec Tiêu et Jean Bernard.

Les douze sœurs de la communauté, sous la direction de sœur Bong, manifestaient le calme et la sérénité de celles qui se savent soutenues par le seul invincible : Jésus-Christ ressuscité. Elles subissaient toutes sortes de brimades par le gouvernement qui ne pouvait pas leur pardonner la certitude sereine de leur foi. L'une n'est pas venue car institutrice maternelle elle avait été surprise en train d'apprendre aux enfants à écrire. L'enseignement leur est interdit. L'autre, la nouvelle provinciale, avait été retardée. On nous dit : « *elle est à la plage !*» Il n'était pas possible de dire qu'elle était au noviciat de l'ordre qui comprend plus de 100 jeunes filles, car le recrutement était interdit. Alors, comme ce noviciat est au bord de la mer, on disait aux policiers s'ils demandaient à la rencontrer : « *elle est à la plage* ». Tout le monde comprenait, personne n'était dupe. Le mot noviciat n'était pas prononcé.

La méfiance du gouvernement serait due au malentendu de la période de colonisation pendant laquelle les Français ont utilisé l'Église pour asseoir leur puissance. Mais on peut dire aussi que le gouvernement marxiste-léniniste par définition athée et hostile à toute religion, donne cet argument qui n'est plus valable actuellement, pour justifier sa position hostile. En apprenant à ses agents à exposer cette théorie, il permet de pérenniser une situation de méfiance dont les causes ont disparu. Pour la même raison, nous ne pouvions pas sans danger pour elles et pour nous, loger chez ma sœur (*ma seu*), ainsi que dans la rue on appelle le couvent.

Neuf sœurs déjà formées à TQS dont 7 présentes à la réunion de 2002.

<u>Sœur Modeste Vy</u>, infirmière dans la région de Kontum et responsable groupe TQS avait intégré la planification familiale

naturelle dans toutes ses activités : cours aux sages-femmes, information en préparation au mariage, formation de douze jeunes femmes pour l'aider. Trois faisaient un travail auprès des femmes des villages.

<u>Bich Lan</u>, venue de Kontum était une des dames formées par sœur Modeste : elle travaillait avec les femmes des minorité, elle leur expliquait la glaire seule, en leur recommandant d'éviter les périodes mouillées. Elles ne notaient pas leur observation, mais avaient bien compris. Il y avait moins de grossesses.

<u>Sœur Theresia Thuy</u>, infirmière, avait enseigné la glaire à des femmes de la campagne mais ne savait pas si elles utilisaient.

<u>Sœur Mao</u> travaillait avec les familles catholiques, elle aimerait parler de TQS, mais elle pensait que les jeunes couples ne s'y intéressaient pas car ils voulaient un enfant.

Le phénomène important de ce séjour fut l'arrivée du docteur Hiên, gynécologue obstétricienne à l'hôpital de la ville. Elle est venue passer une journée avec nous. Elle était appelée par l'évêque comme spécialiste pour faire la partie planification familiale des cours de préparation au mariage. En deux heures, elle parlait de la psychologie des jeunes couples, de la physiologie de la fertilité, d'Ogino, Billings, température. Mais l'efficacité était mauvaise. Elle voudrait pouvoir parler du préservatif pour éviter les MST. Elle disait qu'à la campagne beaucoup de femmes, même catholiques, portaient un stérilet. Elle voyait des infections, un taux important de vaginites.

Elle nous dit qu'elle ne pouvait pas sortir facilement. L'an dernier, l'hôpital avait reçu une invitation pour une session de formation à Hà Nôi sur le sujet bien lourd de la famille. Elle avait demandé à y aller. Sa candidature avait été acceptée. Mais au dernier moment, le voyage lui avait été refusé car elle est catholique. Et du même fait, la place avait été perdue, personne n'était parti de Da Nang.

Tiêu accepta de former le docteur Hiên. Nous avons proposé de lui offrir un ou deux voyages à Hà Nôi en train et ses frais d'hébergement et de nourriture à Hà Nôi, mais aucune indemnité, pour aller suivre une session de formation qu'il donnera à des moniteurs de Hà Nôi, Bac Ninh, Bac Giang et Nam Dinh au début de décembre 2003 et profiter en plus d'un enseignement individuel. Elle a accepté avec un grand enthousiasme. Elle ferait dès maintenant sa propre observation. Elle avait une amie obstétricienne de 28 ans, catholique aussi, à qui elle allait proposer de faire cette formation en même temps qu'elle.

Monseigneur Tinh et le père Chiên devraient donner leur accord pour que Hiên suive cette formation et s'engage à continuer à travailler à la propagation de TQS auprès des couples.

Elle pourrait ensuite travailler avec les sœurs infirmières formées à TQS. Elles pourraient bien étudier ensemble le livret TQS et en particulier faire l'interprétation de nombreux graphiques d'observation, pour acquérir une pratique indispensable à tout travail de monitrice TQS puis accompagner des couples. Le diocèse pourrait ainsi devenir autonome avec un médecin formateur et un contingent de monitrices.

Da Nang avait ainsi plusieurs atouts pour qu'un programme TQS puisse bien progresser.

On pouvait rêver que Hiên devienne le référent TQS du centre du pays.

J'ai fait un cours de révision des précisions sur le cycle et répondu aux questions.

Tiêu et moi avons rencontré l'évêque : Mgr Paul Nguyên Binh Tinh et le responsable de la pastorale familiale, le Père Lê Dinh Chiên avec Sœur Theresia et Docteur Hiên.

Le Père Tinh avait été nommé évêque de Da Nang 3 ans auparavant. Il avait alors commencé à monter un service de pastorale familiale. Il est professeur de morale. Il avait écrit un livret où il présentait Ogino, glaire et température, mais ne savait pas bien comment faire un mixage des trois. Il avait fait appel au docteur Hiên pour donner les cours plus techniques. Il était bien persuadé qu'il est nécessaire de présenter la régulation des naissances dans les sessions de préparation au mariage. Nous lui avons expliqué le travail de formation des sœurs et ce qu'elles faisaient déjà sur le terrain depuis plusieurs années.

Puis nous avons visité la plage qui est en bordure du noviciat des sœurs à l'extérieur de la ville. Le vent dans les filao, la plage de sable blanc, la mer bleue, nous ont fait regretter le costume de bain. Nous avons visité la maison de retraite pour personnes âgées, établissement du gouvernement. On y faisait de la culture de champignons, de légumes, de fruits, un vrai jardin de paradis terrestre.
À côté se trouve le jardin du noviciat, *à la plage.* Il y avait 68 novices, étudiantes libres.

Bilan
La Provinciale Sœur Marie Madeleine, Sœur Theresia Thuy et Madame le docteur Hiên ont expliqué que les sœurs étaient très limitées dans leurs activités. Elles sont très dispersées et ne peuvent qu'avoir une petite activité d'information autour d'elles, mais aucun pouvoir d'organisation au niveau d'un diocèse ou même d'une paroisse.
Ce n'était pas leur rôle, mais celui des laïcs de devenir utilisateurs puis moniteurs. Elles pouvaient seulement aider si on le leur demandait.

Chaque diocèse avait alors un responsable de la pastorale familiale et chaque année au mois d'octobre, la conférence épiscopale désignait un responsable pour chaque branche de pastorale, dont la pastorale familiale. Il était donc très important que nous rencontrions les évêques et les responsables de la pastorale familiale de chaque diocèse.

À Da Nang, l'évêque semblait disposé à organiser un enseignement sur les méthodes naturelles. Les sœurs avaient déjà une formation à TQS, elles pouvaient transmettre autour d'elles mais ne pouvaient pas faire une diffusion large.

Seule une discussion entre l'évêque, les curés, les sœurs formées, pouvait permettre de définir un programme.

Nous avons dit que la Fondation Leïla Fodil était à leur disposition s'ils le souhaitaient, pour apporter une aide pédagogique avec la formation approfondie du docteur Hiên sur TQS et un complément de matériel pédagogique.

Nous avons rencontré deux prêtres des montagnes du Centre.

Le père Tin de Pleiku était accompagné du Père Michel Hoàng Duc Oanh, nouvel évêque de Kontum. Il avait demandé la formation de moniteurs pour sa paroisse. Je ne l'avais jamais rencontré. Six personnes avaient participé à la formation de Tiêu à HCMV. Elles commençaient à enseigner. Hoang Lan (notre correspondante à HCMV) les avait rencontrées.

Ce nouvel évêque voulait que Tiêu aille donner une information aux prêtres de son diocèse. Il pensait que c'était tout à fait possible pour Tiêu. « *Pourquoi avez vous peur de venir ?* » lui dit le père Tin.

Tiêu a accepté. Le père Hiên se chargerait de préparer les conditions favorables : que l'évêque demande officiellement et prenne en charge les frais de cette formation.

En revanche, pour Jean Bernard et moi, il était impossible d'aller enseigner TQS dans ces provinces montagneuses. Étrangers et de plus catholiques et porteurs d'un message aux chrétiens, la police nous aurait rejetés.

Pendant ce séjour, après une séance de recyclage TQS, Jean Bernard et moi sommes allés nous détendre au jardin public, non loin du couvent. Nous nous sommes assis à l'ombre. Les passants nous regardaient un peu, mais sans l'intérêt quémandeur des mendiants ou des importuns.

Je le vis venir de loin. C'était un homme assez mal vêtu qui s'approchait mine de rien, et commença la conversation. Il était trop tard pour nous lever et tenter d'éviter le dialogue, dont nous ne savions jamais où il allait nous mener. Et puis, cela nous faisait plaisir d'échanger. Nous avions du temps.

Il se tint debout devant nous. Il nous demanda notre nom. Puis d'où êtes-vous ? D'où venez-vous ? Où allez-vous ? Ces questions font partie de la curiosité habituelle des Vietnamiens à l'égard des étrangers. Etait-ce un policier ?

Comme il avait l'air sympathique, la conversation a continué. Que faites-vous ? Etes-vous des touristes ? Encore une hésitation. Soyons prudents. Non, nous ne sommes pas des touristes. Nous voilà expliquant le programme de TQS.

Alors, stupéfait, notre homme s'accroupit devant nous à la façon du pays, assis sur les talons, les coudes sur les genoux, et les mains en avant. La conversation pourrait durer autant qu'on voudrait. Il était confortablement installé, nous aussi. J'ai apporté le vocabulaire technique et Jean Bernard l'enrobage. Nous lui avons fait un véritable cours de TQS qu'il a semblé comprendre et auquel il s'intéressa vivement. Très étonné. « *C'est de la planification familiale sans stérilet, sans condom, sans pilule, sans régulation menstruelle ? Continuez, je vous prie, je ne comprends pas encore tout. Mais avec qui travaillez-vous ?* » Là nous étions redevenus prudents. La crainte de dévoiler les activités des sœurs nos interlocutrices, peut-être mal vues du gouvernement local, nous retenait. S'il était un espion, un délateur, il était très habile. « *Vous travaillez avec les Catholiques ?* » Un peu à regrets, craignant encore, nous avons répondu : oui. « *Donc vous travaillez avec ma sœur* » ? Sa sœur ? Il prononçait *ma seu*. Et il montra le couvent des sœurs de Saint Paul de Chartres qui ne se trouvent pas loin. Oui. Vous êtes donc catholiques ? Oui. Moi aussi dit-il. Ouf ! Ou bien nous nous enferrions dans le piège.

La discussion avait continué encore quelques minutes, sur les enfants, ce qu'il faisait et que j'ai oublié. Ayant satisfait sa curiosité et après nous avoir souhaité un bon séjour, dans l'espoir de nous revoir l'an prochain, il s'était levé et était parti sans se retourner.

Nous sommes partis dîner chez *ma seu*.

Dans les années suivantes, l'activité de diffusion de TQS a été importante.

Tiêu venait une fois par an. Il donnait des cours à des groupes de 50 à 70 personnes des paroisses de la ville, composés d'hommes et de femmes, et de quelques religieuses toujours avides d'information.

En 2006, il a dû rentrer précipitamment à cause d'une tempête qui s'annonçait. Ces cyclones provoquent des dégâts considérables et font cesser toute l'activité des provinces du centre du pays pendant plusieurs semaines.

Je venais une fois chaque année conforter les équipes qui s'étaient créées et apporter des compléments d'information.

Madame le docteur Hiên, bien formée par Tiêu lors de son séjour à Hà Nôi, faisait des cours de préparation au mariage.

2004 : Marie, Tiêu, Jean Bernard

M.

Le groupe de travail TQS de Da Nang était alors formé par :

L'évêque : Monseigneur Paul Nguyen Binh Tinh

Le Père Son, ancien vicaire de la cathédrale, depuis un mois curé de la Paroisse Thanh Duc, dédiée à Saint Pierre (*con la da* : tu es pierre) responsable coordinateur du programme TQS pour Da Nang.

Sœur Theresia Thuy des sœurs de St Paul de Chartres pour l'organisation.

Madame le docteur Hiên, pour l'enseignement technique

Monsieur Thu, responsable des activités de la jeunesse pour l'organisation avec sœur Theresia.

Hiên avait commencé à former cinq couples, mais elle était manifestement plus intéressée par la physiologie et la science que par la pratique et l'utilisation de TQS.

J'ai fait un cours de préparation au mariage : une cinquantaine de couples et vingt sœurs. La sœur Theresia a dit que Sœur Modeste voulait l'inviter à Kon Tum. Elle disait que c'était maintenant possible d'y aller. Tiêu a dit que non. De touts façon ce ne pourrait être que l'année prochaine.

En réunion de travail pédagogique avec Hiên et sœur Theresia, une discussion s'est établie autour de la traduction de « au dessus de la ligne de base ». Le mot vietnamien *trên* veut dire à la fois « sur » et « au dessus ». Il fallait donc préciser en disant *cao hon* qui veut dire « plus haut que ».

Après le déjeuner Tiêu nous a entraînés doucement vers la boutique d'un bijoutier. Il a regardé, cherché puis nous a appelés pour nous proposer de nous donner un petit bracelet pour Pierre, le dernier fils d'Isabelle, qui était âgé de quelques mois. Cercle en argent, coulissant, avec une petite clochette. C'est un témoin de la bonne santé de l'enfant qui le porte, car l'argent ternit si l'enfant n'est pas en bonne santé. Attention touchante.

Le soir nous devions avoir une réunion avec le groupe des couples dans une salle de classe de la cathédrale. Il y avait affluence, du monde dans toutes les salles, des jeunes, des adultes, des couples, de la musique, de la danse, un bruit infernal. C'était une illusion : pour nous, seulement deux jeunes femmes sans leur conjoint.

Tra Kiêu

Départ à 7h dans la voiture des sœurs avec une sœur et Mme Hiên. Nous allons rendre visite à un curé qui est « intéressé par TQS » et habite une belle région, ancienne capitale des Cham. En cours de route, à force de questionner sur ce curé, j'appris qu'il s'agissait du père Tri, celui que nous avions rencontré aux

Missions Etrangères de Paris il y a 3 ans, comme responsable des prêtres vietnamiens en formation à Paris.

Le père Joseph Chau Ngoc Tri, curé de la paroisse de Trà Kiêu, était responsable diocésain de la catéchèse.

Trà Kiêu est un lieu de pèlerinage car en septembre 1885, la vierge est apparue à tous les chrétiens de la région rassemblés en prière devant l'église pour faire fuir les soldats de l'empereur Thu Duc. Ils ont été protégés par la Vierge qui a dévié tous les projectiles.

Le père Tri était heureux de nous revoir. Nous lui avons exposé notre travail TQS actuel et ce qui est proposé par l'évêque pour le diocèse de Da Nang. Il nous suggéra de rencontrer le cardinal d'HCMV qui était en train de créer un Institut de la Famille. Il pensait intéressant de lui exposer notre travail.

Pour sa paroisse, nous lui avons proposé l'aide de Hiên puis de Tiêu pour former un groupe de couples.

Il ne répondit pas précisément et nous invita à visiter sa paroisse puis à revenir déjeuner avec lui.

Visite du lieu de pèlerinage, sanctuaire tout en haut de la colline d'où le panorama est magnifique. Visite de la communauté des sœurs avec leur crèche et accueil d'enfants handicapés et sourds. Visite de l'église, ancienne, mais rénovée il y a quelques années, surélevée pour avoir des salles de réunions en bas et l'église à l'étage. Des dragons décorés de cassons de porcelaine sortent de l'église sur la rampe de l'escalier à droite et à gauche du perron. Les vitraux sont modernes et très colorés: papier découpé collé sur les vitres, d'après un dessin trouvé en France par le père Hiên sur des illustrations du Rosaire.

Dans un petit sanctuaire voisin consacré à l'adoration du Saint Sacrement, le père Tri animait une prière d'adoration avec un groupe de 100 paroissiens venus pour la fête de l'Immaculée Conception. Ils appartenaient à la Légion de Marie, hommes et femmes, jeunes et vieux. C'est avec eux que nous avons déjeuné au sous-sol de l'église.

Déjeuner animé par des chants et des poèmes.

Nous sommes repartis pas très persuadés que le père Tri fasse un travail TQS dans sa paroisse, mais l'accueil avait été très chaleureux.

Au retour à Da Nang, arrêt par un magasin de taille de pierre au pied de la montagne de marbre que nous avions visitée il y a 3 ans. Il y avait de très jolis poissons, et surtout des bols en pierre, verts ou bruns, veinés, de toute beauté, mais très chers. Nous ne pouvions pas à la fois discuter finances du programme TQS et acheter cela devant les mêmes personnes.

Une réunion de synthèse

Dans une réunion avec le Père Joseph Nguyên Thanh Son, Thanh Duc, Mr Thu, Mme Hiên, Soeur Theresia, Soeur Anne Dung, infirmière, tout s'est emmêlé, la complexité vietnamienne devint incompréhensible :

Le père Son se disait intéressé par TQS, comme la plupart des prêtres qui sont questionnés par des couples. Il était curé d'une nouvelle paroisse, il lui fallait du temps pour connaître le terrain et il demandait d'attendre septembre 2005 pour pouvoir commencer quelque chose avec des couples.

Le père Chiên était responsable de la pastorale familiale pour le diocèse, mais il était difficile de le persuader. Le groupe de la cathédrale devait donc continuer à travailler pour lui-même mais on ne pouvait pas lui demander d'intervenir ailleurs.

Mr Thu dit que son groupe ne comportait que 4 couples et deux femmes célibataires. Il avait du mal à les mobiliser pour venir aux réunions. Il n'avait pas l'autorité. Il avait besoin du support d'un responsable de la paroisse. Il voulait demander l'aide du nouveau vicaire qui serait nommé pour remplacer le père Son. Mais le groupe voulait bien continuer à se former.

Les sœurs ne pouvaient pas s'engager à fond car elles ne savaient jamais quelle mission la sœur supérieure leur confierait. Mais elles pouvaient participer aux activités du groupe, aider les jeunes femmes pour leur observation, les stimuler pour ne pas abandonner et assister régulièrement aux cours.

Au cours de la réunion du groupe des couples, c'était l'échec. Il n'y avait que la moitié du groupe. Les autres étaient des auditeurs libres venus par curiosité : un étudiant Anglais avait invité deux jeunes filles à venir voir. Une dame mariée de 40 ans sans enfant, ayant fait quatre avortements, vint poser ses questions personnelles.

Nous sommes ressortis de cette soirée tout à fait accablés. Nous arrivions très confiants dans cette équipe qui comprenait à la fois l'accord des prêtres et de l'évêque, une enseignante formée par Tiêu et un groupe de couples qui démarrait.

La réalité était toute autre. Les prêtres étaient peut être intéressés, mais pas tellement prêts à entamer un travail concret avec des couples.

L'enseignante venait juste de commencer un mois avant notre arrivée, alors qu'elle était formée depuis un an et elle n'avait fait qu'un enseignement théorique, sans aucune pratique. Elle ne pratiquait pas elle-même.

Les personnes choisies pour constituer le premier groupe n'avaient pas été bien choisies. La plupart avaient un problème personnel de fertilité qui les avait fait venir à ce cours fait par une obstétricienne en pensant pouvoir y régler leur problème personnel.

Pour l'instant, nous n'avions donc rien à faire de plus. Il fallait les laisser se réorganiser, trouver des couples vraiment intéressés par TQS pour la vie de leur couple et une régulation des naissances et non pour un problème médical que TQS ne peut pas régler.

2006 : Marie, Tiêu et Jean Bernard

M.
Et pourtant nous sommes revenus !

En 2006, après la douche de l'année dernière, ce fut l'enthousiasme. Chez le père Chau Ngoc Tri, devenu évêque de Da Nang, que j'avais rencontré il y a plusieurs années aux Missions Etrangères de Paris, puis l'an dernier à Tra Kieu dont il était le curé, j'ai retrouvé avec un bonheur réciproque, le père Vinh, dominicain de la paroisse Ba Chuong à Ho Chi Minh Ville. Il était adjoint du père Dên, responsable diocésain de la pastorale familiale.

Le père Vinh nous avait installés autour d'une énorme table faite d'un tronc d'arbre massif de plus de deux mètres de large sur quatre mètres de long et vingt cm d'épaisseur, que le père Tri avait apportée de Tra Kiêu.

L'objectif était que fin 2008 il y ait un contingent de formateurs pour le diocèse, sanctionnés par un test de compétences en fin de formation.

Les sœurs de St Paul de Chartres étaient elles aussi très actives.

Sœur Teresia disait que les sœurs étaient toujours avides de connaissances, surtout celles qui avaient une charge de catéchisme avec les couples qui se préparaient au mariage. Elles les voyaient souvent individuellement et pouvaient leur parler de TQS.

Sœur Modeste, à Kon Tum, continuait d'enseigner TQS aux couples de montagnards.

Sœur Marie Tuoi qui avait suivi les cours de Tiêu avant son départ pour un séjour de quatre ans à l'Institut catholique de Paris où elle était venue avec le Père Paul de My Tho, et avait suivi les cours de Tiêu, avait fait son observation minutieusement.

A Paris elle avait parlé de TQS à ses amis étudiants qui avaient été très étonnés : « *mais comment toi une religieuse tu connais si bien ces choses là ?* » Elle avait répondu qu'elle connaissait la théorie, qu'elle était une femme comme les autres qu'elle avait fait son observation personnelle, et qu'elle était riche de l'expérience des couples qui se confiaient à elle.

Pour elle, « *le sommet de la création c'est la femme.* »

À Da Nang, elle rencontrait beaucoup de couples, institutrices ou parents d'élèves. Elle parlait facilement de TQS avec eux.

Tranquillement, sans bruit, la méthode se propageait. Ce qui avait été semé patiemment ne l'avait pas été en vain. Tiêu était bien content, moi aussi.

Un logo avait été dessiné. Tiêu et moi avons été fêtés. J'ai reçu trois petites statues de musiciennes en pierre qui se trouvent maintenant dans notre maison d'Angoulême.

Cette équipe avait choisi son objectif et mettait en œuvre ce qu'il fallait pour le réaliser. Ils se chargeaient de l'organisation, nous apportions l'enseignement de Tiêu et le matériel pédagogique correspondant pour les formateurs. Ils étaient devenus indépendants.

2007 : Marie, Tiêu et Jean Bernard

M.

M.Tiêu Jean Bernard et moi, sommes revenus en mai 2007 pour un cours de renforcement de trois jours pour des représentants des paroisses.

Nous avons trouvé une équipe de pastorale familiale très motivée et structurée, sous la direction de l'évêque, le père Chau Ngoc Tri, responsable de la Pastorale Familiale au sein de la conférence épiscopale du Viêt Nam. Le responsable diocésain était le père Dên, assisté du père Vinh, dominicain venu de Saïgon. Mr Tu animait l'équipe des laïcs, avec Mr Hông, Mr Diêp, celui qui a dessiné le logo qui se trouve au début du livre, page 11, et Mr Triêu.

Tous étaient bien conscients de l'importance de la formation à TQS pour le bien des couples et des familles.

Les Sœurs de St Paul de Chartres étaient toujours fidèles à assister à toutes les formations. Elles étaient plusieurs à diffuser TQS auprès des couples rencontrés. En particulier Sœur Modeste dans les Hauts Plateaux.

Un cours a réuni 50 personnes pour une présentation de TQS.

Nous sommes sortis très enthousiastes de cette réunion, nous sentions un grand sérieux dans la préparation et l'organisation, une détermination à réaliser une équipe de formateurs pour aider les couples dans l'utilisation de la méthode, même si ces cours avec 100 personnes nous faisaient un peu peur. Mais il fallait un grand mouvement de sensibilisation pour obtenir quelques utilisateurs puis des formateurs.

Tiêu a donné un cours en décembre 2007 à un groupe de 70 personnes mobilisées par toutes les paroisses de la ville, hommes et femmes, et quelques religieuses toujours avides d'information. Le cours était sur l'utilisation de TQS, observation de la glaire et de la température. Les femmes devaient commencer leur observation après ce cours.

Un autre cours avec 50 personnes. Parmi les participants, 4 couples ont été sélectionnés pour devenir des formateurs.

Après une journée de présentation, il a dû repartir précipitamment à cause de l'annonce d'une grosse tempête. Heureusement la tempête s'est arrêtée en cours de route et n'est pas venue jusqu'à Da Nang.

Mercredi 16 mai : premier cours TQS

Chez les sœurs de St Paul de Chartres.

On nous avait annoncé une soixantaine de personnes. Il n'y en avait que 30, dont 16 religieuses qui étaient là pour un premier cours.

Les hommes et les femmes, soit catéchistes, soit couples choisis par Thu pour devenir des enseignants avaient suivi le cours de Tiêu en décembre 2006. Ils étaient censés faire leurs graphiques.

Mais quelques femmes étaient trop âgées. Une avait vu son premier graphique emporté par la tempête et n'avait pas continué, une avait remarqué que ses règles duraient 6 jours, elle avait eu peur et n'avait plus voulu faire d'observation.

J'ai donc fait un cours entier de présentation de TQS. C'était très scolaire, sans aucune participation des élèves que je n'arrivais pas à mobiliser.

Nous avons rencontré sœur Teresia qui avait été chargée de la responsabilité de TQS avec Mr Tu en 2004. Grande joie de se revoir. Elle nous dit que les sœurs étaient toujours avides de connaissances, surtout celles qui avaient une charge de catéchisme avec les couples qui se préparaient au mariage. Elle les voyait souvent individuellement et pouvait leur parler de TQS.

Sœur Modeste était toujours à Kontum et continuait un travail avec les montagnards. Nous avons proposé de la rencontrer à notre prochain séjour, pour qu'elle nous explique en détails comment elle enseignait aux couples.

Sœur Marie Tuoi nous a rejoints. Ici, elle rencontrait beaucoup de couples, institutrices ou parents d'élèves. Elle parlait facilement de TQS avec eux.

Tout cela était très encourageant, car nous nous rendions compte que tranquillement, sans bruit, la méthode se propageait. Ce qui avait été semé patiemment ne l'avait pas été en vain. Tiêu était bien content, moi aussi.

Mercredi 16 mai à 21 h : deuxième cours TQS

C'était le jour de la fête de l'Ascension, mais les messes avaient lieu comme les jours de semaine à 4h du matin et 4h de l'après midi, nous n'avons pas pu y aller.

Le matin nous avons accompagné Tiêu voir les magasins de statues de pierre. Nous les avons trouvées moins jolies qu'à la montagne de marbre, directement chez les tailleurs. Mais c'était un peu loin, il faisait chaud et nous ne voulions pas nous fatiguer.

L'après midi, après la sieste nous sommes retournés au Musée Cham. Nous l'avions vu il y a trois ans, rapidement. Nous avons pu prendre le temps d'admirer certains bas reliefs en particulier.

Ce deuxième cours a été beaucoup plus interactif que la veille. Les participants se sont montrés beaucoup plus attentifs. Questions et réponses ont modifié le climat. J'ai été ce soir plus à l'aise. Il fallait se connaître.

Samedi 19 mai : troisième soirée de cours TQS

Le troisième cours a été plus pratique, avec présentation au tableau de situations particulières de graphiques réels. Cette interprétation des graphiques au tableau a été difficile au début mais je pense qu'à la fin les participants avaient bien compris.
J'ai présenté le livret TQS.
La pause du dernier soir a été agrémentée d'un verre de lait avec un petit gâteau.
Le père Vinh et toute son équipe de pastorale familiale nous ont offert des fleurs.

Dîner avec l'évêque dans un restaurant de poisson au bord de la mer.

J'avais confiance dans cette équipe qui avait choisi son objectif et mettait en œuvre ce qu'il fallait pour le réaliser. Ils se chargeaient de l'organisation, nous apportions l'enseignement de Tiêu et le matériel pédagogique correspondant pour les formateurs.

C'était fini !

JB.
Après ce voyage enthousiaste, ce fut le silence complet. Plus de courrier, plus de mail, plus de visites de Tiêu.
Marie a tenté de reprendre le dialogue, mais il n'y a pas eu de réponse.
Enfin, un jour, je ne sais pas quand, au cours d'une discussion avec Tiêu, une explication possible est apparue :

Il expliqua ainsi ce silence : le père Hui, rédemptoriste ami du père Bao de Saïgon, avait circulé dans tout le pays avec une dame médecin de Saïgon qui avait diffusé son « cercle Ogino-Billings ». Le père Hui aurait persuadé l'évêque de Da Nang que Ogino était bien suffisant.

Par ailleurs Tiêu a dit que quand nous avions rencontré le père Hui à Hà Nôi l'année dernière, il nous avait parlé de sa lutte contre l'avortement comprenant des manifestations devant les hôpitaux, dans la mouvance de *Prolife*. Jean Bernard l'avait mis en garde contre cette forme de violence. Le père Hui aurait été choqué de cette remarque de Jean Bernard, alors que le père Hiên l'avait très bien comprise.

Province de Thua Thiên Hué

M.

En 1996, Evelyne Chabrol avait rencontré les sœurs de Hué et de Da Nang et avait prévu des réunions ultérieures.

En mai 1999, Tiêu et Evelyne Chabrol

En mai 1999, Evelyne Chabrol et Tiêu ont réuni 7 de ces 15 personnes, de Hué et de Da Nang. Il y avait des sœurs de Saint Paul de Chartres, des sœurs de l'immaculée conception, des Amantes de la croix au Dispensaire Charitable Kim Long :
Sœur Bui Thi Bong, médecin
Sœur Huynh Thi Ly, infirmière
Mr Phan Van Gâm, médecin traditionnel (laïc)
Sœur Nguyên Thi Kim Lan, infirmière
Sœur Huynh Thi Diêp, infirmière
Mr Nguyên Dinh Toan, médecin (laïc)
Sœur Phung Thi Thuc, infirmière
Ce groupe comprenait aussi des laïcs, médecins et infirmières. Ils enseignaient seuls. Ils allaient dans plusieurs paroisses une fois par mois, réunissant 10 couples seulement pour un enseignement plus personnalisé, proposant que les personnes qui le pouvaient fassent tout de suite leur propre graphique et passent rapidement à la pratique.
Ils ont donné à Tiêu et Evelyne un compte rendu de leurs activités de 1999 à 2001 : le voici.
Quel motif a poussé le groupe ?
Étant membres de l'Église catholique, nous avons pensé que la méthode de TQS a aidé les chrétiens dans la modération des grossesses, comme le catéchisme l'a enseigné.

Nous avons étudié laborieusement pour transmettre aux autres et nous cherchons des occasions pour accompagner.

Qu'a étudié le groupe ?

4 séances de travail avec le docteur Pham Xuân Tiêu :

Trois jours en juillet 1999 : chez les Frères du Sacré Cœur

Trois jours en février 2000 : au Dispensaire Kim Long.

Trois jours en Juin 2000 : au Dispensaire Kim Long

Trois jours en février 2001 : au Dispensaire Kim Long

Le contenu des études était résumé dans le « carnet du guide de la méthode TQS pour la maîtrise de la reproduction » que Tiêu avait rédigé.

Qu'a fait le groupe ?

Depuis le 2 janvier 2001 nous avons des réunions ensemble pour avoir des relations, des échanges. Nous avons organisé un cours pour sensibiliser.

Notre projet :

Dans l'année 2001 :

Cinq séances de sensibilisation :

Au dispensaire Kim Long pour des institutrices.

À la paroisse Kim Long pour des couples en préparation au mariage

À la paroisse de Tan My.

À la paroisse de Hà Uc.

À la paroisse de Loan Ly.

Sensibiliser le problème pour présenter TQS avec la connaissance des organes sexuels du mari et de la femme et la reproduction.

Développer la classe élémentaire pour présenter le contenu de TQS.

Chercher des couples pour les accompagner au temps de la reproduction.

Eduquer les formateurs pour propager TQS. Nous devons demander au docteur Pham Xuan Tiêu de nous aider.

Chaque moniteur devrait accompagner deux couples pour pratiquer le graphique.

Nous avons besoin de moyens pour réaliser notre projet :
Imprimer les cours, acheter des thermomètres et :
Payer les transports du conférencier (professeur) Payer les dépenses des conférenciers. Délassement des étudiants. Papier et stylos. Cadeaux, présents, souvenirs (en récompense). Boulier pour les femmes à la campagne
Nous constatons que nous avons la bonne volonté, la capacité.
Nous avons besoin de prière et de mobilisation pour mieux réaliser le projet avec persévérance pour le bonheur des autres.
Nous avons besoin des aides de Leïla Fodil.
En communion.

Sœur Bui Thi Bong, Sœur Phung Thi Thuc

Un autre groupe comprenait treize jeunes femmes institutrices, accompagnées du docteur Gâm, médecin traditionnel et du docteur Toan, interne en cardiologie, qui sont venues interroger Tiêu et Evelyne. Ils étaient tous décidés à enseigner TQS et à faire quelques suivis individuels.

Un cours prévu à 20 km de la ville a été annulé pour cause d'inondations pendant la nuit.

En Juillet 1999 : Tiêu

M.

En juillet 1999, Tiêu est venu donner des cours à 62 religieuses de Hué.

Entre juillet 99 et février 2001, il a donné 11 journées de formation à un groupe de 15 sœurs.

En Décembre 2002 : Marie, Tiêu, Jean Bernard

M.

En décembre 2002, Tiêu Jean Bernard et moi avons rencontré le docteur Gâm, et sœur Marie Joséphine Ly.

Après la formation, Gâm avait aidé sœur Bong, à sa demande. Puis il avait choisi de travailler de façon plus indépendante, sans attendre ses décisions et il avait pris contact avec des curés. À leur demande, avec un groupe de 3 ou 4 moniteurs, il avait fait 3 cours d'information pour des jeunes familles, dans 3 paroisses des environs de Hué.

Il avait enseigné à ses filles. Il avait rédigé un manuel pour le distribuer aux participants intéressés. Mais ce manuel n'était pas un manuel TQS.

Il pensait que plusieurs couples avaient paru intéressés, mais qu'ils hésitaient, craignant un échec. D'autres semblaient aimer cette méthode et la trouvaient compréhensible et plus sûre.

Mais il ne semblait pas qu'il y ait vraiment d'utilisatrices.

D'après le docteur Gâm, TQS avait des avantages et il présenta aussi les difficultés :

Les avantages :

C'était une méthode conforme avec les convictions des chrétiens.

Les curés des paroisses cherchaient une méthode pour remplacer les techniques contraceptives. Les formateurs étaient donc les bienvenus dans les paroisses.

Quelques participants des cours se montraient enthousiastes et voudraient appliquer. Mais les formateurs étaient trop peu nombreux (6) et n'étaient pas sur place.

Les difficultés ou inconvénients :

Les femmes ne pouvaient pas observer à la fois la glaire et la température. Elles étaient trop occupées pour pouvoir prendre le temps de la température. L'observation de la glaire était difficile pour celles qui travaillaient toujours dans l'eau.

Il était allé donner des cours d'information mais il n'avait pas de temps pour retourner les aider. Il avait reçu des demandes mais il ne savait pas comment faire pour organiser la suite.

Les membres de ce groupe étaient encore timides dans leur enseignement, n'avaient pas assez confiance en eux pour bien transmettre. Ils n'étaient pas encore persuadés de l'intérêt de la température.

Leur groupe n'avait aucune autorité, seulement de la bonne volonté.

Sœur Joséphine Ly collaborait avec Gâm pour les leçons. Elle avait aidé deux couples infertiles qui avaient ainsi pu avoir un enfant. Elle leur avait seulement expliqué la fertilité en période humide.

Elle demandait des documents pédagogiques pour les participants et un budget pour leurs frais de déplacement pour aller à la campagne en *xe ôm* (moto avec chauffeur) ou bus.

Gâm voulait diffuser TQS dans son groupe de scouts qui comportait des jeunes couples.

Ils voulaient continuer la sensibilisation pendant un an et vers la fin de 2003 trouver des volontaires pour l'utilisation de TQS.

Ainsi, à Hué, il y avait au moins trois groupes de formateurs qui travaillaient séparément.

Il y avait le groupe des laïcs avec le docteur Gâm médecin traditionnel et le docteur Toan cardiologue, sœur Ly et une autre sœur de Saint Paul de Chartres que je viens de citer.

Le groupe des sœurs du centre de Marie Immaculée au dispensaire de Kim Long, sous la coupe de sœur Bong qui avait demandé la formation, dans lequel on trouvait aussi sœur Marie Bénédictine qui présidait les réunions. Les docteurs Gâm et Toan, soeur Ly et Mme Thuy.

Ils connaissaient bien le principe de TQS et pouvaient faire des cours d'information.

Du groupe formé par Tiêu, il ne restait plus que cinq personnes actives : Gâm, Toan, Sœur Ly, Sœur Lan et Sœur Diên.

Sœur Thuc qui était la responsable était partie en formation à HCMV. Gâm en était le chef de groupe.

Le groupe des institutrices. Ce groupe avait essayé TQS. Madame Dô Thi Lê Thuy était contente car cela lui avait permis de bien observer son corps et de comprendre. Elle avait fait 3 graphiques, dont un seul complet. Elle avait trouvé difficile de prendre la température, oublis fréquents. Elle avait observé sa glaire puis avait abandonné pour reprendre Ogino car elle avait des cycles très réguliers et son observation correspondait aux calculs !

Jusqu'à maintenant, le groupe des sœurs avait fait des cours dans la ville : institutrices d'école maternelle, jeunes femmes : quelques unes avaient commencé leur observation.
Le groupe des laïcs avait fait 3 cours dans 3 paroisses à la campagne : environ 180 personnes touchées. Ils voulaient pouvoir y retourner pour aider les couples à pratiquer.

Les objectifs de tous ces groupes n'étaient pas clairs. Ils demandaient toujours des formations, mais il n'y avait que très peu d'utilisateurs.
Et puis, la demande d'aide financière pour du matériel pédagogique, des frais de transport, des indemnités pour les formateurs revenait avec trop d'insistance.
Nous leur avons expliqué que notre aide serait limitée dans le temps pour les aider dans le démarrage de la diffusion, et limitée dans son montant pour qu'ils puissent par la suite continuer le programme avec leurs propres ressources.

Un téléphone de Tiêu avec Gâm après notre retour a montré qu'il ne semblait pas pressé de trouver des utilisatrices. Il voulait continuer pendant un an à faire de la sensibilisation. Il voulait qu'une somme lui soit donnée sans passer par la sœur Diên qui, pensait-il, risquait de ne jamais débloquer l'argent pour son groupe. Tiêu lui a proposé de venir pour renforcer leurs connaissances. Il a dit non, pas maintenant.
Nous ne pouvions pas changer. La somme attribuée était bien

destinée à faciliter le travail des moniteurs pour former des utilisatrices de TQS. Il n'était pas question de continuer à financer de la seule sensibilisation.

Nous sommes quand même revenus en septembre 2003 :

Le Père Joachim Hoang curé de Duong Son à 11 km de Hué était responsable de la pastorale familiale :
Nous avons rencontré les sœurs de Marie Immaculée du Dispensaire Kim Long à Hué : Sœur Consolata Bui Thi Bong Sœur Diên, Dr Gâm, Mme Hoa, Melle Sa.
Ils ne faisaient encore que de la sensibilisation, en particulier dans la préparation au mariage.
En 2003 ils avaient touché 300 personnes en 3 sessions pour 5 paroisses : Vinh Hoa, An Bon, Ha Uc, Phong Tay et Ha Thanh.
Les deux dames présentes assistaient le docteur Gam et sœur Diêm pour les cours, mais ne les faisaient pas elles mêmes. Elles ne faisaient pas leur propre observation : Mme Hoa continuait Ogino (elle avait 47 ans). Melle Sa, célibataire, ne faisait rien.
Il n'y avait donc toujours pas de vraies utilisatrices, sauf peut être deux couples aidés par le docteur Toan qui était absent.

Ils n'étaient pas les seuls responsables de l'apparente difficulté de diffusion et d'application de TQS.
Les curés n'encourageaient pas l'enseignement, par crainte que les couples utilisent TQS pour avoir des relations sexuelles avant le mariage. Tiêu a répondu que « *le danger, ce n'est pas TQS, mais les techniques. La vraie charité ne consiste pas à donner de l'argent aux pauvres pour élever leurs enfants, mais à leur donner les connaissances qui leur permettent d'être responsables de leur fécondité et ainsi d'avoir moins d'enfants.* »
Au niveau du diocèse, il y avait bien maintenant un responsable de la pastorale familiale, mais pas de coordinateur du

groupe TQS : ni sœur Diên ni le docteur Gâm ne pouvaient le faire. Ce n'était pas à eux d'organiser l'enseignement de TQS au niveau du diocèse.

Ils disaient que parler de la vie sexuelle était difficile. J'ai répondu que le tabou a déjà été balayé par les médias où la sexualité est banalisée et réduite à son aspect ludique. Nous avons à présenter un autre langage, celui de l'amour. Comme dit sœur Diên, les organes génitaux sont un don de Dieu, ils peuvent nous émerveiller. Et face à la propagande massive des techniques de contraception, nous avons à présenter les méthodes naturelles de façon positive, efficace et attirante.

Nous les avons sentis tristes de ne pas avoir pu faire plus que de l'information.

Nous leur avons proposé quelques pistes :

Adapter TQS qui peut se diversifier selon les personnes :

TQS complet avec glaire, température et graphique est le plus efficace, surtout pour les cycles irréguliers et la période de préménopause. Mais est-ce applicable par tous ? Il ne faut pas décourager par trop de difficultés.

Billings, avec seulement la glaire est plus facile à enseigner plus rapidement. Cela peut être efficace pour beaucoup de femmes.

Mettre des affiches dans les centres de santé où viennent souvent des mères de familles avec de nombreux enfants qui attirent.

Avec le père Joachim Hoang, responsable de la pastorale familiale.

Sœur Bong, sœur Diên, Marie, Tiêu, JB.

Sœur Bong présenta les personnes déjà formées par Tiêu pour l'enseignement de TQS : des sœurs, quelques laïcs et le travail commencé en préparation au mariage.

Tiêu expliqua l'intérêt de TQS par rapport à Ogino, la nécessité d'enseigner la méthode aux couples, et de les aider à l'appliquer.

Pour cela, les moniteurs avaient besoin de l'autorisation et du soutien des curés des paroisses.

Les mesures punitives du Gouvernement envers les couples qui dépassaient le nombre de deux enfants avaient disparu. Jusqu'à la semaine précédente, au 3° enfant, la famille devait payer une amende de 300 kg de paddy et souvent les paroisses devaient les aider à payer. Mais c'était changé, les couples pouvaient choisir le nombre de ses enfants. Apparemment, ces directives n'étaient pas encore arrivées jusqu'ici.

Le père Hoang se demandait si les couples de paysans avaient réellement envie d'avoir moins d'enfants. En effet, tous les travaux de la culture du riz étaient réalisés de façon manuelle : labour avec des attelages de buffles – repiquage – désherbage – traitements par pulvérisation avec un appareil porté sur le dos – moisson à la faucille. Les nombreux enfants étaient donc les bienvenus.

Une réflexion pourrait avoir lieu avec les curés, les sœurs et les laïcs déjà formés, pour décider d'une organisation.

Nous avons transmis au père Hoang les expériences de Hà Nôi, Kim Son, Can Tho, HCMV. Le père Hoang pourrait prendre contact avec le père Hiên à Hà Nôi, le père Hiêt à HCMV.

La Fondation Leïla Fodil pouvait encore apporter une aide pédagogique si elle est demandée, mais pas longtemps, pour arriver à une autonomie du diocèse.

Depuis cette date, les relations ont cessé.

La présence d'un prêtre responsable de la pastorale familiale nous avait semblé une bonne chose, permettant de dynamiser TQS. Ce prêtre ne nous a pas paru formé à parler librement de la planification familiale. L'existence de plusieurs groupes sans coordination diocésaine ne permettrait probablement pas un bon fonctionnement.

Toujours est-il que malgré tout, des centaines de personnes avaient été informées et que probablement un certain nombre d'entre elles ont utilisé TQS sans référer à un groupe.

Les groupes ont-ils continué à diffuser TQS ? Une autre méthode est-elle venue, apportée par une autre ONG et plus d'argent ?

TQS au Sud du Viêt Nam

JB.

J'ai regroupé les comptes-rendus des visites et des formations données par Marie Tiêu et Hoang Lan dans la ville de Hô Chi Minh, et les provinces avoisinantes par lieux de visite. C'est pourquoi les dates se trouvent un peu mélangées.

Ho Chi Minh Ville

M.

Le développement de TQS à HCMV[17] a commencé dans l'enthousiasme et un grand sérieux.

Mais le fonctionnement de l'enseignement de TQS dans cette ville et les provinces voisines a été tout à fait différent de celui du Nord. En effet, comme dans le Nord, l'action s'est concentrée sur les milieux catholiques. Mais, malgré tous mes efforts, et ceux de Hoang Lan, je n'ai pas pu obtenir un lieu de coordination, un référent qui puisse coordonner les diverses équipes qui se sont constituées et qui ont travaillé indépendamment. Je n'ai pas pu obtenir de rencontrer l'évêque, je ne sais pas pourquoi. À l'heure où j'écris, je ne sais pas ce qu'il est advenu de notre enseignement et si une diffusion est organisée.

Tiêu a constitué un groupe en 1999

Le père Phung, qui avait assisté à un de nos cours à Hà Nôi, avait demandé à Tiêu d'apporter une information TQS à HCMV. Tiêu y est venu plusieurs fois dans l'année 1999 et il nous y a entraînés.

Il a constitué un groupe :

Sœur Nguyên Thi Nhut, des sœurs de Saint Paul de Chartres de Da Nang qui s'occupait à Saïgon de prostituées et aura la responsabilité du programme TQS et du centre de conseils de Da Nang.

Sœur Marillac Tam, des sœurs de la charité de St Vincent de Paul

---

[17] Ho Chi Minh Ville est une énorme agglomération de 14 millions d'habitants en 2019, qui comprend l'ancienne Saïgon, foyer initial de la colonisation.

Sœur Maria Hong Que, infirmière à la consultation de la maternité de Tu Du, cette grande maternité où il se faisait à l'époque plus de 30.000 naissances par an.

Le Père Phung a donné son avis

Dès le mois de novembre 1999, le père Phung donnait son avis :

Il est très difficile d'évaluer le résultat des cours donnés, car la plupart des participantes sont des religieuses. Il faut attendre d'avoir bien organisé le travail dans chaque secteur. Elles pourront enseigner aux couples.

Une difficulté pour les sœurs : après leur présentation, quelques personnes disent : « c'est seulement de la théorie, elles n'ont pas d'expérience. » Pourtant, 50 femmes ont été aidées par les sœurs. Quelques unes de ces femmes ont parlé à d'autres femmes de l'Union des femmes, des femmes de la ville ou des voisines. Quelques unes ont écrit pour des journaux ou des revues.

En réalité, les participantes sont maintenant au stade de digérer la théorie. Il y a des questions concrètes, mais pas encore de réponse, donc on manque encore de confiance en soi. On voudrait un résumé tout à fait précis mais succinct de la méthode, facile à utiliser.

On a lu l'article écrit par le docteur Tiêu dans la revue des femmes pour chercher à comprendre les détails.

Il y a aussi un obstacle : le gouvernement est très sévère dans la planification familiale. Selon le contrat d'emploi, si une ouvrière a un 3° enfant, elle peut « être mise sur le pavé ». C'est là une pression psychologique très forte pour les femmes. C'est pourquoi ces femmes ont encore quelque suspicion envers TQS et hésitent à l'utiliser.

Tiêu a poursuivi en 2000

Tiêu est allé trois fois à HCMV en 2000. Il était très heureux et très fier des résultats obtenus. Il y avait alors deux groupes de formateurs :
L'un à Thu Duc avec Mr Doat, responsable d'activités culturelles pour les fonctionnaires de la ville et dirigeant les activités d'un club de travailleurs. Il avait suivi son enseignement, il organisait un groupe chez lui.
L'autre avec le père Bao qui avait pris la succession du Père Phung pour animer ce programme, aidé par Madame le Docteur Tuoi, belle-sœur de Tiêu.

Doat avait reproduit le matériel pédagogique, en faisant de nouvelles affiches, un puzzle, une grande règle en plastique, avec l'aide des étudiants formés à TQS.
Il avait commencé à organiser des cours dans des paroisses et au Club Culturel des travailleurs d'HCMV. Au Club Culturel, les participants payaient 70.000 VN Dong pour assister à un cours de 2 mois, 2 soirs par semaine, soit 32 h de cours.
Ses cours étaient très actifs : jeu du cycle, chaque étudiant portait un morceau du puzzle et ils se déplaçaient pour mettre le cycle dans le bon ordre.
Les cours avaient lieu sous sa direction ou celle de Tuoi, et d'autres moniteurs. Ils préparaient les cours ensemble, discutaient ensuite et regroupaient les problèmes pour les soumettre à Tiêu quand il venait.
Il avait écrit une lettre adressée à tous les curés de la ville pour les informer de TQS, leur indiquer les moniteurs formés et les cours de formation prévus.
Il avait en projet un cours pour les étudiants en médecine de 1° année.
En projet aussi un film video de présentation de TQS.

2001 : Evelyne Chabrol

En mai 2001, Evelyne Chabrol a passé un séjour très actif à HCMV. Tiêu ne pouvait pas l'accompagner. Doat lui a présenté Mademoiselle Nguyên Thi Hoang Lan qui a été sa traductrice pendant son séjour.

Mademoiselle Nguyên Thi Hoang Lan

Lan était une « vierge consacrée ». Elle avait fait un séjour de formation en France à Lourdes avec Odile de Chaisemartin, ma cousine. Ses parents qui avaient du bien étaient partis aux Etats Unis. Elle était restée au Viêt Nam pour tenter de faire valoir les droits de la famille sur ces biens. C'était une attitude courante : un des membres de la famille qui avait fui était chargé de rester pour cela.

Elle avait fait construire une maison sur un terrain qui lui appartenait. C'était une jolie demeure, fonctionnelle. Elle parlait parfaitement le français. Elle a appris rapidement TQS et s'est passionnée pour sa diffusion. Elle est devenue l'interlocutrice privilégiée de Marie et d'Evelyne.

Elle a déployé des efforts immenses pour intégrer TQS dans la pastorale familiale du diocèse. Mais elle n'a pas été suivie par les autorités religieuses. Et puis, cettte formation nécessitait une oganisation qu'elle n'a pas pu faire. C'est pourquoi nous avons semé beaucoup, en beaucoup d'endroits, en une action qui peut apparaître un peu désordonnée.

Evelyne a beaucoup rencontré et semé

Pendant ce séjour, Evelyne a rencontré de nombreuses personnes, a participé à des cours d'éducation à la vie familiale et au mariage que Doat ou un de ses collaborateurs donnait.

Elle est intervenue dans de nombreuses réunions et rencontré des prêtres et des laïcs intéressés par TQS, dans la ville et la province de HCM et dans des provinces voisines : Dong Nai, Tay Ninh, Can Tho.

Au Club culturel des fonctionnaires de la ville de HCMV : 20 à 30 personnes.

À la Paroisse Tan Lap dans le 2° quartier de HCMV, Thu Duc. 80 personnes.

À la Paroisse Cho Quan dans le 5° district de HCMV à 100 personnes, dans le cadre d'un cycle de cours de théologie pour des religieuses : 13 congrégations réunies, 65 religieuses et postulantes.

À la Paroisse de Vinh Hoa (du Père éternel) dans le 11° district (à 8 km du centre de la ville), avec le Père curé : Tran Van Nghi, venu au sud en 1954, pour des catéchistes moniteurs TQS déjà formés. 26 participants jeunes : 14 hommes, 12 femmes.

Le Père est intervenu sur la révolte du monde catholique contre le pape qui interdit les méthodes de contraception. Il n'était pas convaincu par les méthodes naturelles, restait fixé sur Ogino et pensait difficile de suivre TQS.

Evelyne a répondu : la continence augmente-t-elle ou diminue-t-elle le plaisir ? Peut-on s'observer avec des cycles irréguliers ? Différence entre Ogino et TQS.

Le Père Pierre Nguyen Van Hiên de la paroisse St Martin, responsable des jeunes et de la formation des catéchistes proposait d'organiser une rencontre avec des équipes d'étudiants, catéchistes, jeunes couples, directement avec Marie, sans passer par Doat.

Le Père Ernest Nguyen Van Huong du Grand Séminaire.

Dubitatif dans un premier temps, après explication il semblait comprendre l'intérêt de TQS. Un cours ne pouvait être fait par quelqu'un d'extérieur au séminaire. Le père Huong le ferait lui même.

Le Père Bao et le Père Phung (rédemptoristes), avec Madame le Docteur Tuoi (qui avait enseigné le père Bao), Mme Dao et son mari, dans la paroisse ND de Bon Secours dans le 3° quartier.

Le Père Bao avait des difficultés avec les responsables de la pastorale familiale dont la moitié n'était pas convaincue par TQS.

Madame Dao faisait de l'information dans les Hauts Plateaux où elle allait pour animer des groupes de prière charismatiques. Elle a dit toucher 300 à 500 personnes.

Elle n'avait plus besoin de médecin pour enseigner depuis qu'elle connaissait son cycle. Elle était rassurée et épanouie.

Un autre groupe commencé après une intervention de Tiêu et suivi ensuite par madame Tuoi avec 17 élèves, religieuses, couples et célibataires.

Sœur Marillac de la Congrégation St Vincent de Paul dans le 3° quartier. Tiêu y avait fait un cours complet. Des sœurs formées étaient parties sur les Hauts Plateaux (Kon Tum) et enseignaient plutôt la méthode Billings car la température était trop difficile.

Dans la Paroisse de Bui Phat, 3° quartier. Le curé a fait très bon accueil à la formation TQS, ce qui n'était pas le cas de toutes les paroisses.

Dans la paroisse de Hien Linh, Quartier de Binh Thanh, avec le Père responsable, Mr Doat, Mr Hiêu, Mr Tu.

Il y avait déjà eu 2 sessions de préparation au mariage avec 26 et 27 personnes.

Le 1er cours de la 3° Session devait être fait par Mr Hiêu, élève de Mr Bao. Un seul couple s'est présenté. Evelyne a travaillé trois quarts d'heure avec ce couple, en présence des responsables qui ont découvert ce travail individuel et ont pensé que c'était très efficace et que c'était comme cela qu'il fallait faire.

À la Cathédrale Notre Dame, dans le 1er district

20 personnes : étudiants, religieuses, assistants sociaux, aides dans les classes d'affection.

Les discussions n'ont eu aucun lien avec TQS.

Dans les provinces de Dong Nai et Tay Ninh (voir page 208)

Une réunion avec les moniteurs

La réunion débat d'Evelyne et Hoang Lan avec 20 moniteurs d'HCMV et les responsables TQS : Mr Doat, Mr Huyên et Mr Dai, Madame Dao à Mai Thôn, pendant une journée a été si intéressante pour comprendre comment les vietnamiens du Sud envisageaient TQS que je reproduis la plupart de leurs commentaires.

<u>Sœur Philomène et Sœur Elisabeth</u> habitaient à Can Tho (200 km au S-O d'HCMV). Elles faisaient de l'information aux femmes Cambodgiennes ; suivaient deux couples d'adultes et de l'éducation sexuelle de jeunes orphelins de 8-17 ans.

<u>Mme Dao</u> utilisait pour elle. Elle avait fait dans sa paroisse des informations générales. Avait aidé 2 personnes. Dans les hauts plateaux elle allait dans les familles. Elle voulait faire une formation « intellectuelle » de moniteurs dans cette région.

<u>San</u>, sage femme en retraite. Célibataire. Avait suivi 3 sessions de formation. Avait aidé un couple pour favoriser la grossesse. Ils pensaient que la glaire était sale et évitaient cette période. Mais l'enfant est mort.

<u>Sœur Hiên Duong</u>, fille de la Charité. Travaillait avec des familles très pauvres. Avait aidé un couple, marié depuis 6 ans sans enfant, par l'observation de la glaire. Ce couple avait obtenu une grossesse au 3° cycle et était devenu moniteur.

<u>Madame Tu</u> avait suivi 2 sessions de Tiêu sur 3, elle n'arrivait pas à faire appliquer la méthode. L'observation de la glaire n'était pas possible !

<u>Monsieur Kué</u> enseignait Billings, maintenant TQS. Il ne pouvait pas faire de suivi. Mais sa fille qui avait suivi les cours TQS pouvait le faire.

<u>Madame le Docteur Tuoi</u> : Avant elle faisait des IVG. Maintenant TQS. Elle avait aidé Mme Dao. Pensait que le 1er mois d'observation, il fallait suivre les femmes tous les jours.

<u>Sœur Tin Phung de ND</u> des Missions à Phung Lam à 130 km sur la route de Dalat. C'était long de former une femme, mais une femme formée allait former les femmes de son village.

<u>Mme Thi Khang</u> aidait les sœurs de ND des Missions. Elle avait été formée en individuel par Sœur Duong. Elle formait des jeunes. Des couples étaient venus lui demander une formation. Elle expliquait bien les 3 périodes du cycle.

<u>Dung</u> donnait des cours de préparation au mariage avec TQS depuis 1999. Elle avait fait 3 ou 4 mois de suivi des couples après le mariage. Dans un groupe de couples dans un village, les maris ne voulaient pas participer. Les médecins mettaient aux accouchées systématiquement un stérilet à la sortie de la maternité sans leur dire.

<u>Sœur Bong</u> avait reçu la formation mais n'avait pas encore aidé. Comment se refuser à son mari dans la période fertile ?

<u>Monsieur Huyen</u> était passé de la préparation au baptême à la préparation au mariage. Il n'osait pas parler de contraception. Depuis la formation TQS il pouvait le faire. TQS était efficace. Difficulté et importance de la formation morale. Avec TQS on pouvait parler court, clair, la théorie était inutile. Problème des maris : il était important d'avoir des hommes qui parlent aux hommes. Importance de l'amour.

<u>Sœur Marie André Thi Nghé</u> : conseillère conjugale, avait eu deux ans de formation en Angleterre. Elle aimerait suivre pour elle un cours TQS.

<u>Sœur Philomène,</u> fille de la Charité. Travaillait à 70 km de Hà Nôi, à Phu Ly, province de Hà Nam dans la paroisse de Tre Non. Elle devait s'organiser avec Tiêu pour formation des catéchistes.

<u>Madame Thi Khang</u> à Phuong Lam, 130 km sur la route vers Dalat. Dans des villages très pauvres. Elle utilisait le collier ou le thermomètre selon les femmes.

<u>Sœur Clara</u> de ND des Missions. Venait pour la première fois. Aimait nous entendre. Aimerait aider les couples avec TQS.

<u>Sœur Marie de la Croix</u> : Son curé avait peur que si les jeunes connaissaient cette méthode ils s'en servent en dehors du mariage. Elle avait aidé 4 couples.

Le père Phung a dit :
« Notre faiblesse est de donner la théorie sans aider les gens à pratiquer. »
Mr Doat a conclu :
Evelyne nous recommande le suivi individuel. Il y a 2 ans je n'en voyais pas l'importance, mais aujourd'hui oui. Pour cela, il nous faut la participation des sœurs.
Dans la ville il faut mieux nous organiser. Pas seulement nous trois.
Il y a des difficultés dans l'Eglise, où tout le monde n'est pas d'accord.
Aujourd'hui nous devons avancer dans la confiance. Si nous ne pouvons pas faire beaucoup, nous faisons avec un couple et ce couple fera autour de lui.
C'est long pour la formation, c'est court pour un couple concrètement.
Pour l'instant, le Sud est dépendant du Nord et de l'enseignement précieux de Tiêu. Nous avons encore besoin de ses compétences.
La France pense que nous devons devenir autonomes, c'est notre problème. À nous de nous organiser et d'imaginer les moyens pour pouvoir continuer le travail. Même s'il n'y a plus d'aide nous continuerons.
Beaucoup de reconnaissance envers la Fondation Leïla Fodil qui nous a apporté ce travail. Tiêu est très ardent. Marie est venue en 99. Evelyne est venue cette fois-ci, elle nous donne la force pour continuer.

2003 : Marie Tiêu, Hoang Lan, Jean Bernard

M.

Notre séjour devait être destiné à superviser les groupes déjà existants. Mais Lan n'avait pas bien organisé et elle nous a fait visiter des nouveaux lieux.

La paroisse de Hang Xanh

Père Curé : Da Minh Vu Ngoc Thu

Lan y avait donné deux fois un cours de présentation de TQS à 50 couples.

Le curé lui avait envoyé 2 couples pour utilisation. Mais elle s'est aperçue que les femmes prenaient la pilule sans le dire et trouvaient l'observation de la glaire difficile.

Le curé acceptait que Lan vienne assister aux cours de préparation au mariage du docteur.

Il acceptait l'ouverture d'un centre de conseil.

L'équipe en serait : Hoang Lan, le médecin, une sœur infirmière

Les couples pouvaient payer les livrets mais les consultations seraient gratuites. La paroisse pouvait faire un petit cadeau à la monitrice

La paroisse de Nhân Hoa

15° quartier, district Tan Dinh

Curé : Père Toan, Prêtre de St Sulpice, âgé, aux cheveux blancs.

C'était une paroisse d'un quartier pauvre, grande zone industrielle et encore quelques rizières entre les usines. Beaucoup de familles rurales étaient venues du Nord pour chercher du travail. Des couples jeunes se formaient sans préparation. Beaucoup d'avortements, même chez des très jeunes filles.

La préparation au mariage se faisait chaque année en 2 sessions de 5 mois pour 100 couples chacune.

Le Dr Giang, formé par 2 sessions de Tiêu, venait donner des cours.

En juillet 2003, Hoang Lan avait donné un cours d'information TQS.

En août 2003 elle avait commencé une formation de 10 couples utilisateurs, tous fiancés, à raison de 2 réunions par semaine, le soir pendant un mois. Le curé était favorable à la diffusion de TQS.

Quelques femmes avaient commencé leurs graphiques.

3 couples voulaient se former pour devenir moniteurs.

Ils ont réalisé devant nous un jeu de rôles. Un couple jouait le moniteur, ils recevaient un couple pour un premier rendez-vous. Ils agissaient avec beaucoup de sérieux et de naturel.

Hoang Lan a continué à voir ces couples une fois par mois pour vérifier leurs observations et l'interprétation. Elle poursuivait en même temps la formation des monitrices.

Autres rencontres

<u>Les pères Franciscains de Da Kao</u>
Le père supérieur avait donné son autorisation pour que Hoang Lan puisse ouvrir un bureau de conseil dans sa paroisse.
<u>Les Pères Rédemptoristes</u>
Kim Dong HCMV
Réunion avec : Père Phung, celui qui avait initié l'action TQS à HCMV ; Mme Dao et Mr Thu, Sœur Tran Thi Mai de Phu Quôc, Mr Uong Van Duc et Mme Nguyen Thi Trung (couple ayant suivi le cours TQS en 1999)
Parmi les anciens participants des cours de Tiêu beaucoup avaient disparu. Les sœurs de St Vincent de Paul étaient dispersées. Seuls Doat et Mme Dao continuaient réellement à travailler. Duc et Trung aimeraient compléter leur formation car ils étaient appelés à

donner des cours de préparation au mariage dans leur paroisse de Xon Moi, Go Vap.

Chez les rédemptoristes, c'était les pères qui donnaient les cours de préparation au mariage. Pour faire un petit groupe de formation en TQS ils manquaient de personnes.

Hoang Lan avait proposé d'ouvrir un centre TQS une fois par semaine pour accueillir les couples qui voulaient apprendre la méthode et devenir un centre de formation pour les moniteurs dispersés.

Le père Phung avait donné son accord.

2004 : Tiêu, Marie et Jean-Bernard, Hoang Lan.
9 au 15 décembre 2004

Rencontre des responsables du Sud

Après une journée de rencontre avec l'équipe de Mr Doat chez le père Tu, ami du père Hiên qui avait convoqué toute sa paroisse pour nous écouter.

C'était dimanche soir, nous avons dîné chez Hoang Lan dans sa jolie maison. Ses parents, actuellement aux Etats-Unis, devaient revenir s'installer chez elle en 2006.

Les conceptions de Tiêu et de Lan étaient très différentes.
Tiêu craignait un travail superficiel, car Lan entrait dans les paroisses avec les cours de préparation au mariage pour une présentation de TQS, puis accompagnait très progressivement quelques couples qui commençaient tout de suite leur observation et voulaient commencer très vite à transmettre à d'autres. Il a été difficile de savoir combien de personnes ont été ainsi aidées.

Hoang Lan avec Doat et son ami Huyên ont échangé leurs expériences et de pouvoir peut-être travailler ensemble.

Doat avait participé à la première formation faite par Tiêu en 1999 et en avait suivi le cycle complet, avec 4 autres couples.

Huyên et lui avaient commencé aussitôt à intégrer TQS dans les cours de préparation au mariage qu'ils faisaient dans diverses paroisses. Leurs interlocuteurs étaient mariés, catéchistes, avaient une vie familiale heureuse. Certains étaient enseignants dans des écoles. Ceux qui avaient des problèmes de couple avaient abandonné car ils ne pouvaient ni utiliser ni enseigner la méthode. Mais ces cours de préparation au mariage, donnés à un grand nombre de couples, ne donnaient pas grande suite. Tout d'abord les curés n'étaient pas persuadés de la nécessité de cet enseignement et ne donnaient que 2 heures de cours pour TQS. Les programmes étaient faits par des gens qui ne savaient pas. D'autre part, la plupart des jeunes qui venaient en préparation au mariage, surtout dans le quartier de Doat, à Thu Duc, étaient originaires d'autres régions, venus à HCMV pour chercher du travail, et souvent ils partaient ailleurs et on ne les revoyait plus. Enfin les jeunes couples avaient envie d'avoir un enfant et ne s'intéressaient pas à l'observation pour la planfication familiale.

Doat avait élargi l'enseignement dans la paroisse de Ky Tam avec 18 heures de cours car il avait pu rédiger lui-même le programme. Quelquefois des jeunes revenaient le voir après, chaque jour sa femme ou lui répondaient à des questions par téléphone. Mais on ne les voyait pas. C'étaient surtout des questions sur des problèmes de relation dans le couple, ou bien des conseils pour avoir un enfant.

Le résultat de tous ces cours était donc insignifiant.

Cela viendra peut-être plus tard. Il faut persévérer.

Doat donnait aussi des cours au Centre culturel des jeunes travailleurs de la ville. Préparation au mariage et à la vie pour des jeunes et des couples mariés. Sessions de 3 fois 2 mois de cours pendant 2h1/2 chaque dimanche, 2 mois de cours TQS (20 heures) puis 2 mois de cours sur l'amour. Puis 2 mois de cours sur la vie conjugale avec TQS. Il abordait l'aspect scientifique et aussi l'aspect psychologique, social et moral pour le bonheur de la famille. Il présentait aussi les techniques de contraception, les avantages et les inconvénients pour un choix éclairé.

Il pensait que les connaissances approfondies sur la sexualité et la fertilité étaient indispensables pour tous, catholiques ou non.

Il donnait aussi 70 heures de cours TQS (10 samedis pendant 2 mois) dans le cadre de 2 ans de formation théologique à l'Institut Don Bosco, JB de La Salle.

Ces cours concernaient 100 catéchistes de toutes paroisses d'HCMV. Ils étaient destinés à la préparation au mariage. Chacun payait 60 000 dongs pour les 10 samedis. Il revoyait les anciens qui avaient des questions intéressantes. Certains de ces catéchistes ne pouvaient rien faire dans leur paroisse car leur curé n'était pas d'accord.

Huyên donnait lui aussi des cours de préparation au mariage. Après les cours officiels, il n'avait aucun retour. Mais il donnait des cours particuliers aux couples envoyés par le curé : environ 50 couples par an recevaient des cours plus soigneux. Leurs questions tournaient surtout autour de la façon d'avoir un enfant, de la grossesse, des soins du fœtus. Il faisait également de l'information sur la sexualité dans un foyer d'accueil de mamans célibataires adolescentes.

Hoang Lan exposa elle aussi son parcours.

En 2001, c'est Doat qui l'avait présentée à Evelyne pour assurer la traduction. Elle ne connaissait rien à TQS, elle avait appris en lisant le livret et en traduisant les cours d'Evelyne.

En 2002 elle s'est formée en suivant tous les cours de Doat et de Tiêu pour le groupe des médecins et le groupe des provinces de Thai Ninh, Dong Nai, Tay Nguyen.

En 2003 elle a répondu à la demande de la Fondation Leïla Fodil de prendre en charge la coordination du programme pour HCMV.

Elle a suivi les groupes de Thai Ninh, Dong Nai et répondu à la demande de l'évêque de Can Tho de former un groupe de religieuses.

En 2004 elle a commencé à suivre des groupes de couples dans des paroisses de HCMV : Binh Thai, Nhan Hoa, Ba Chuông, Phanxico Dakao.

Elle commençait par une séance d'information sur TQS au cours de préparation au mariage avec appel aux couples intéressés. Puis elle les réunissait pour les accompagner dans l'apprentissage de leur observation. Très vite elle les formait aussi à redire devant le groupe ce qu'ils avaient appris pour pouvoir par la suite devenir moniteurs. Le partage d'expérience entre ces couples était très enrichissant. Certains pouvaient témoigner dans les cours de préparation au mariage.

Nous avons ainsi écouté deux approches très différentes dans le travail TQS : l'une très intellectuelle et portant surtout sur les problèmes de la sexualité, sans application pratique de TQS, l'autre centrée sur l'application pratique.

Hoang Lan était prête à assurer le suivi des couples que Doat lui enverrait.

Elle pourrait proposer les cours de Doat aux couples qu'elle suivait et qui voudraient approfondir leurs connaissances.

À propos de la difficulté de la prise de la température, Tiêu s'est dit inquiet du danger d'une simplification. Il était important d'enseigner la méthode complète, d'avertir des dangers d'une utilisation simplifiée, d'aider les couples avec patience et minutie. Les femmes seraient alors fières de leurs connaissances et de leur pratique. Mais ensuite, c'est la liberté du couple de choisir son mode de vie. S'il choisit de n'utiliser que la glaire, il est libre, mais il faut alors bien lui préciser les règles de la glaire seule. C'est l'intérêt du suivi individuel qui permet de s'adapter à chaque personne.

Le suivi des couples est indispensable pour assurer une bonne efficacité de TQS. Il faudrait préciser la technique de suivi pour qu'elle ne dure pas trop longtemps. Le couple doit devenir autonome le plus rapidement possible. Parmi les premiers utilisateurs, il faut repérer ceux qui pourront devenir moniteurs.

Des rencontres :

Chez les sœurs de l'Enfant Jésus. Quartier Binh Thanh.

Sœur Thuyêt avait travaillé longtemps dans le service de réhabilitation nutritionnelle de Madame le docteur Duong Quynh Hoa avec Lan.
Lan y a enseigné TQS au groupe des sœurs avec quelques jeunes filles, et deux couples de professeurs. C'était un groupe qui avait l'habitude de réfléchir et de travailler ensemble à la formation humaine. Les sœurs faisaient bien leurs graphiques. Elles étaient d'accord pour continuer leur formation pour acquérir une réelle compétence. Elles pouvaient faire de l'information sur TQS. Elles pourraient commencer à suivre un ou deux couples pour les former pour qu'ensuite ils puissent prendre le relais.
Ce groupe était un bon point d'appui pour Lan, avec des femmes solides et sérieuses, prêtes à susciter l'intérêt pour TQS et à accompagner quelques couples pour commencer.

À la paroisse de Ba Chuông (les 3 Cloches)

Frère Thang, dominicain, était à Dong Nai avec le père Hiêt et il avait suivi le groupe des couples TQS. Il avait invité Hoang Lan à présenter TQS dans un cours de préparation au mariage. 4 ou 5 jeunes filles avaient souhaité apprendre plus précisément et Hoang Lan avait commencé avec elles le mois dernier. L'une d'elles était assistante sociale en PMI et devait présenter les techniques contraceptives. À travers le cours de Hoang Lan elle avait découvert leur mode d'action et aussi l'existence et l'efficacité de TQS. Deux autres voulaient apprendre pour elles-mêmes et se demandaient comment y intéresser leur futur conjoint. Frère Thang pensait pouvoir faire lui-même la présentation de TQS dans le cours de préparation au mariage. Son souci était de bien montrer la différence entre TQS et les techniques contraceptives, et pourquoi l'Eglise les interdisait. C'était une nouvelle paroisse avec un responsable bien acquis à TQS. Hoang Lan y avait bien sa place pour entraîner des couples utilisateurs ayant choisi TQS. Quelques uns pourraient se former comme moniteurs.

J'ai rencontré le Père Dinh responsable diocésain de la pastorale familiale. Nous avons dîné ensemble dans un restaurant tenu par une amie de Hoang Lan, Xuân Dung. (Escargots, nems, crabes frits, payé par le diocèse).
Le père Dinh a dit lui aussi que la plupart des curés de paroisses n'étaient pas prêts à s'intéresser à la planification familiale. Et pourtant il y avait urgence à proposer aux couples une solution plutôt que de se contenter d'interdire. Les livres Billings existaient. Il comprenait l'intérêt supplémentaire de TQS avec une plus grande sécurité et un apprentissage qui améliore les connaissances. Il devait en parler au Cardinal.

JB.
En fait, Marie n'a pas pu rencontrer ce Cardinal. Elle n'a pas su pourquoi. Cette absence de rencontre avec l'autorité supérieure de l'Eglise du Sud est probablement une des causes de l'échec apparent de son action d'enseignement de TQS à HCMV.
Le Père Dinh a parlé aussi de l'Institut de formation pour la famille, qui était en cours de construction, et dans lequel il faudrait introduire des cours TQS.
Mais il n'y a pas eu de suite.

M.

Cours chez les Franciscains, Phanxicô Dakao.

Hoang Lan, Marie, Tiêu
Il y avait des participants de Binh Thai, Phanxicô Dakao, Phu Trung et Nhan Hoa, le groupe des sœurs de l'Enfant Jésus.
Lan y avait commencé des cours de préparation au mariage. Un dentiste s'y est présenté pour approfondir et l'aider.

Rencontre du groupe des couples et des travailleurs manuels.

Tous ont dit leur enthousiasme d'apprendre pour eux et ensuite de transmettre à d'autres. Ils étaient simples et sans embarras.
Leurs questions étaient pratiques : lever la nuit, glaire avant les règles.
Ce groupe fonctionnait avec Lan depuis 6 mois.
Hoang et Hang, 40 ans et 37 ans souhaitaient un enfant l'année prochaine. Ils tissaient des sacs de riz. Elle faisait ses graphiques depuis 4 mois.
Tuân et Hang, 36 et 28 ans. 1 fille de 3 ans. Marchand de café et couturière. 2 graphiques.
Tu et Ngoc Anh, 35 et 33 ans. Chef du groupe TQS. 2 enfants de 9 et 4 ans. Avaient appliqué TQS dès qu'ils avaient appris. Avaient trouvé la sérénité : *mon mari me respecte plus, il n'y a plus d'inquiétude.*
Mr Dung 30 ans, fiancé à Melle Hiên 23 ans. Dentiste et assistante. Il avait de bonnes connaissances théoriques mais pas encore de pratique. Elle n'avait pas commencé son observation. Attendait le mariage. Il aimerait aider Lan à diffuser. Il commençait avec le groupe de Binh Thai.

<u>Mme Nuong</u> 49 ans, professeur de lycée. Elle aimait apprendre pour pouvoir faire des cours de préparation au mariage et aider la vie des couples. 2 enfants de 18 et 12 ans.

<u>Mme Trin</u> 36 ans, 2 enfants. Avait fait 2 graphiques. C'est bon pour la vie conjugale. Elle aimerait pouvoir aider les travailleuses autour d'elle.

<u>Sœur Bac,</u> 28 ans, avait appris dès 2000 avec Mr Doat. Avait commencé son observation personnelle en juillet 2004. Grâce à ses connaissances et son expérience, elle pouvait transmettre pour suivre les conseils de l'Eglise pour la vie des couples.

<u>Sœur Huong,</u> plus âgée, découvrait qu'elle pouvait aider les familles à travers cet enseignement. C'était facile à expliquer simplement.

Ce groupe de couples de laïcs et de religieuses débutait tout juste l'observation depuis quelques mois. On ne pouvait donc pas préjuger de l'avenir. Mais ils semblaient très enthousiastes, très persuadés de l'intérêt de TQS pour le bonheur de leur vie de couple et de chrétiens, désireux de bien faire et de témoigner auprès des autres de cette nouvelle dimension de leur vie conjugale.

Les sœurs étaient prêtes pour faire de l'information et commencer à accompagner des couples. Lan continuera certainement à les rencontrer régulièrement.

En 2005 : Lan a accompagné les couples de Binh Thai une fois par mois, pour les aider à bien faire et interpréter leur observation et aussi à se préparer pour pouvoir par la suite apprendre à des couples autour d'eux dans leur paroisse.

2007 : Marie, Tiêu, Hoang Lan et Jean Bernard

M.

Pendant mon séjour, j'ai rencontré quatre personnes que je connaissais déjà :

- Le docteur Giang, médecin formé par Tiêu, qui continuait à faire des cours de préparation au mariage dans 4 paroisses avec un peu de TQS mais sans suivi.

- Deux couples utilisateurs de TQS depuis 1 et 3 ans, qui voulaient devenir moniteurs.

- Le père Bao, rédemptoriste, responsable de la pastorale familiale. Je l'ai senti mal à l'aise, ne souhaitant pas modifier son programme de préparation au mariage assuré par des vieux médecins qui ne connaissaient pas TQS et ne voulaient pas en parler, en se contentant d'Ogino. L'évêque était d'accord avec eux. C'était là le blocage principal de la diffusion de la méthode dans le diocèse.

Malgré notre demande, Lan n'a pas eu de rendez-vous à l'évêché. Contrairement à ce qui s'était passé à Hà Nôi, je n'ai donc pas rencontré l'évêque.

Devant la grande difficulté, voire l'impossibilité qu'elle avait à travailler avec les paroisses, Lan a cherché d'autres pistes de travail. Nous avons rencontré :

- La congrégation du Saint Rosaire

<u>Sœur Marie Alphonse Mai Tui Phuong,</u> vice supérieure de la congrégation du Saint Rosaire. Elle souhaitait recevoir elle-même la formation à TQS qu'elle transmettrait à ses sœurs de Bao Loc, (5h de car d'HCMV sur la route de Da Lat) pour atteindre les couples de cette région qui sont trop pauvres et ont trop d'enfants. J'ai accepté que la Fondation Leïla Fodil prenne en charge cette formation particulière par Lan.

Avec ces Sœurs du Rosaire, Lan a commencé l'information d'un groupe d'institutrices de leur école maternelle.

Je n'ai pas su la suite.

- Le Foyer de Charité de Thu Duc.

<u>Yacinthe Trân Nhu Hoai Vân,</u> était responsable du foyer.

J'y ai fait un cours de 2h d'information sur TQS à une trentaine de personnes dont 12 de la communauté.

À l'issue du cours, 4 femmes se sont inscrites pour suivre une formation pratique sur la méthode.

Les 10 maîtresses de l'école maternelle souhaitaient pour elles mêmes une formation plus complète sur la connaissance du cycle et la pratique de TQS pour pouvoir transmettre aux mamans de leur école maternelle et aider des couples envoyés par le curé de la paroisse. Deux d'entre elles donnaient des cours de préparation au mariage à partir des cours qu'elles avaient reçu de Doat, et du livret qu'il avait rédigé sur l'observation du cycle féminin. Ce livret reprenait les dessins de physiologie de notre livret TQS, mais il était surtout théorique et peu pratique.

Lan pourrait leur donner 3 jours de formation Si elles voulaient plus, elles devraient prendre en charge les frais.

Dans les provinces du Sud

Formations pour
Tay Ninh, Dong Nai, Lam Dong
Binh Phuoc, Gia Lai

M.

En 2002, Tiêu a fait 3 sessions de formation de 3 jours en février, mai et août, pour 4 provinces du sud du Viet Nam :

La première session a été faite en sa présence à HCMV par Doat (3 jours) et Mme Tuoi (3 jours), mais cela n'a pas été très bon : Doat a pris toute une journée pour la doctrine de l'Eglise sur la vie de couple, les participants n'étaient pas venus pour cela. Tuoi devait enseigner TQS, elle ne l'a pas fait avec suffisamment de précision et a passé beaucoup de temps sur les techniques de contraception. Ce n'était pas le sujet.

À la deuxième session, Tiêu a été obligé de reprendre toutes les bases de TQS. Il a donné des exercices avec 10 questions à répondre en groupe.

Après la troisième session, Tiêu pensa que les participants étaient capables d'enseigner directement à des couples, en suivi individuel, pour utiliser la méthode. Il a été convenu que chacun devait aider aussitôt de 1 à 3 couples.

Du matériel pédagogique : lot d'affiches, livrets, tracts ont été donnés dans 3 provinces, mais pas à Binh Phuoc dont les participants n'ont pas été réguliers. Leur lot a été laissé à Hoang Lan en réserve.

À Tay Ninh :

Evelyne Chabrol avait visité cette province en 2001. Dans la paroisse de Cao Xà, Monsieur Phan, frère d'un médecin de Saïgon, avait assisté à 2 heures de cours de Tiêu. Il était demandeur pour sa paroisse.

Mr Doat y avait déjà fait deux cours TQS pour 20 couples. C'était la 3° rencontre avec 7 couples. Toutes les femmes utilisaient Ogino avec de très longues périodes d'abstinence et de nombreuses grossesses incomprises.

À partir de ce qu'elles vivaient et des explications sur le cycle, ce fut une révélation pour elles.

Dans la paroisse de Tan Viet, une rencontre organisée par le Dr Phan était prévue avec des médecins chrétiens et quelques couples. Les médecins ne sont pas venus. Evelyne a présenté TQS par rapport à Ogino.

Une information avait déjà été faite dans la commune de Cao Xà. Un homme et 3 femmes ont suivi les 3 sessions. Au moins une faisait son observation régulièrement, la femme du docteur Tra, frère du Dr Phan. Hoang Lan pensait que le docteur Tra pourrait coordonner l'activité du groupe des monitrices.

À Dong Nai :

Evelyne Chabrol est venue en 2001 à Hô Nai, dans le centre de Dominicains responsables de 18 paroisses.

Un cours TQS avait été commencé par Mr Dai avec 60 personnes, catéchistes représentants de toutes les paroisses.

C'était la 5° rencontre. La moitié des présents s'occupait de préparation au mariage.

Ils trouvaient que les moniteurs devraient en connaître plus.

Elle a visité la paroisse de Tiên Linh à Thu Duc, où habite Mr Dai.

Le père Hiêt, dominicain, avait suivi toute la formation TQS faite à HCMV les années précédentes. Il avait fait lui-même des cours pour les couples. Tiêu admirait beaucoup son enthousiasme et son activité. Il pensait que quatre couples bien formés et suivant TQS étaient capables d'accompagner des couples utilisateurs. Deux moniteurs : Mademoiselle Kim Anh, monitrice, qui suivait cinq couples et Monsieur Hop. Kim Anh souhaitait aller enseigner TQS dans les montagnes à Dak Lak.

Hoang Lan leur a fait trois visites. Ils ont commencé tout de suite l'observation de la glaire et de la température. Les explications sont venues au fur et à mesure des questions des couples.

Chacun venait avec ses graphiques et on discutait.

Ils formaient un groupe d'amis avec la monitrice.

À Gia Lai :

Trois sessions ont été faites pour des montagnards de Plei Ku, province des hauts plateaux du centre

Avant la 3° session, chez les franciscains du père Minh à HCMV, Tiêu a donné 3 jours de cours supplémentaire de mise à niveau pour le groupe.

À Binh Phuoc :

Le groupe était constitué uniquement de religieuses de ND des Missions de Binh Phuoc et d'Amantes de la Croix de Saïgon qui ont changé à chaque session.

Il ne s'était pas dégagé de responsable.

À la fin de ces formations, Tiêu a demandé à chaque moniteur d'accompagner 1 à 3 couples.

Il a proposé qu'ils se réunissent dans leur région pour échanger et travailler ensemble des questions du cours et les graphiques des utilisatrices.

Il pensait que Hoang Lan devait encore bien travailler pour approfondir son expérience.

Il a écrit une lettre en fin d'année aux groupes des provinces pour leur rappeler les propositions et les encourager. S'ils veulent une visite, il faut travailler.

Hoang Lan devait accompagner elle même des couples utilisateurs qui faisaient leurs graphiques.

Elle était chargée de coordonner les activités de divers groupes :

Les franciscains du père Minh à Da Cao,
La paroisse de Tan Dinh (3° quartier).
Les 2 sœurs Amantes de la Croix du groupe de Binh Phuoc,
La sœur Ngoc de ND des Missions,
Le groupe des médecins : Dr Giang et le petit frère du dr Phan
Le groupe de Mr Doat avec Mr Dai et Mr Huyên.
Les provinces de Tay Ninh, Dong Nai, Binh Phuoc et Tay Nguyen.
Elle les visiterait deux fois par an avec Tiêu.

Province de Dong Nai à Biên Hoa :

En octobre 2000, le père Nguyen The Hiêt de la ville de Biên Hoa, dans la province de Dong Nai, au Nord de HCMV, demandait à Tiêu et à la Fondation Leïla Fodil des cours de planification familiale naturelle.
Il écrivait :

« Je suis chargé de donner les conseils du service conjugal et familial de l'église de St Martin à Ho Nai, Dong Nai, ville de Biên Hoa. Notre église de St Martin se situe dans une région très peuplée. La plupart sont des catholiques appartenant à la région de Ho Nai et de Hoa Thanh. Ces deux régions ont une population catholique de 4.000 personnes pour chaque paroisse, avec 30 paroisses.

À cause de besoins très importants pour limiter les naissances selon les méthodes naturelles, nous avons organisé les cours préliminaires pour aider les catholiques à comprendre cette méthode.

Maintenant nous avons envie d'organiser les cours d'amélioration des connaissances pour ceux qui feront comme un noyau pour devenir des formateurs visant à la régulation de la fertilité par les méthodes naturelles.

Je vous demande de passer notre demande à la Fondation Leïla Fodil pour nous aider à répondre à nos besoins, surtout les besoins pratiques des familles vivant dans notre région.

Nous espérons avoir l'accord des dirigeants de la Fondation Leïla Fodil et nous vous remercions sincèrement.

Recevez nos vœux et nos souhaits de bonne santé et de succès dans votre travail. »

Tiêu a fait une information pour tout un groupe de curés de la ville de Biên Hoa.

Province de Can Tho

M.

Hoang Lan avait fait deux sessions de formation

À la demande de Mgr Etienne Tri Buu Thiên, et avec l'appui de l'archevêque d'HCMV, Hoang Lan est allée deux fois à Can Tho.

En mars 2003 : cours à 120 sœurs, pendant 3 jours.

En août 2003 : 3 jours de travail plus précis avec 5 sœurs infirmières qui se destinaient à devenir monitrices et avaient pris en charge aussitôt l'accompagnement de 4 couples.

Nous les avons visités ensemble en septembre 2003 :

Tiêu, Jean-Bernard et Marie, Hoang Lan

170 km de route dans un taxi collectif. Arrêt pour déjeuner dans un restaurant à My Tho au bord de la rivière. Le déjeuner était offert au chauffeur des touristes qui s'arrêtent. Très beau nouveau pont suspendu avec câbles bleus à My Thuân. Bac à l'arrivée à Can Tho. Au total, 5 heures de voyage.

Accueil chez les sœurs de la Providence par Mgr Thiên. Nous avions correspondu en 1996 quand il était à Rome pour une thèse de théologie sur la pastorale familiale. Il était bien persuadé de l'intérêt de TQS pour les couples. Son évêque en titre aussi. Il a soutenu volontiers notre travail de formation.

Il voudrait organiser une information sur TQS pour tous les prêtres de son diocèse.

Tiêu expliqua que le gouvernement venait de changer sa politique et ne limitait plus le nombre des enfants car le Viet Nam était maintenant arrivé au stade où il ne renouvelait plus sa population.

Mgr Thiên confirma que maintenant en ville, la plupart des familles, même catholiques ne voulaient plus beaucoup d'enfants.

Ce jour là, 40 sœurs étaient présentes.

Marie a fait une révision des connaissances et de la surveillance du couple.

Malheureusement nous sommes partis sans revoir Monseigneur Thiên et nous ne savons pas la suite.

Cette visite et les discussions avec les sœurs nous ont permis d'entrevoir la méthode d'action du Gouvenement envers les catholiques.

Bloqués à l'hôtel !

Les soeurs nous avaient invités pour la messe chez elles à 05h30 le dimanche matin.

Le samedi soir, nous avons prévenu l'hôtel que nous voulions partir à 05h

Pas de probème, il y aura quelqu'un demain matin à 5h.

Le dimanche matin, personne, la porte de l'hôtel était fermée à clef. Nous avons appelé, fait tinter la sonnette du vélo au pied de l'escalier, fait aboyer le petit chien, ouvert les volets roulants de l'intérieur qui ont fait un grand bruit. Personne n'a bougé. Dans la cour, toutes les grilles étaient fermées au cadenas. Nous étions enfermés. Nous nous sommes assis et nous avons attendu.

Un jeune homme arriva en moto, alla chercher le gardien qui dormait tranquillement dans une chambre non occupée par des clients et qui se confondit en excuses. Il était déjà 6 h moins le quart. Nous finissons par arriver à la messe après l'homélie. La soeur se demandait ce qui nous était arrivé.

Après la messe, petit déjeuner chez les soeurs, puis promenade en bateau sur la rivière, avec 2 soeurs, Hoang Lan et Tiêu.

Pendant le trajet en barque, soeur St Joseph me raconta :
En février 1983, alors qu'elle donnait des cours de français à de jeunes soeurs, 100 soldats ont investi le couvent. Ils ont arrêté vingt jeunes qui n'étaient pas inscrites sur le livret de famille du couvent. Chaque individu doit en effet être inscrit sur un livret de famille. Les jeunes filles qui entrent au couvent sont rayées du livret de leur famille pour être inscrites sur celui du couvent qui est alors leur nouvelle famille.
Pour celles qui partent pour des études en France, la difficulté est d'obtenir un passeport vietnamien. Elles demandent un passeport pour tourisme. Ensuite, le consulat accorde facilement un visa pour 2 ou 3 ans d'études.
Ces vingt jeunes filles ont passé 21 jours en prison. La supérieure a été elle aussi arrêtée et emprisonnée 40 jours.
Pendant tout ce temps les soldats sont restés à occuper le couvent, fouillant partout, emportant toutes les machines de bureau, beaucoup de livres, emportant l'or caché derrière des cadres qu'ils ont fini par trouver. Rien ne leur a été rendu, sauf l'or 6 ans plus tard.
Cette pratique n'a pas été réservée aux sœurs de Can Tho. Ainsi a été fait dans la plupart des couvents du pays.
Toute personne vietnamienne accompagnant un étranger est suspectée d'être un espion à la solde du Gouvernement. Sœur Saint Joseph m'interrogea sur le rôle de Tiêu. Qui est-il vraiment, est-il un peu un oeil du gouvernement ?
Je répondis non mais que certainement Tiêu rendait compte de toutes nos activités. Cela nous donnait une grande facilité car nous ne nous écartions jamais de notre rôle d'enseignant de TQS, mais cela aussi nous donnait une grande responsabilité. Si nous nous en écartions, nous mettions toute la méthode par terre.

Même Jean Bernard a été soupçonné d'être un espion à la solde du gouvernement !
Qui est ce monsieur qui assite à tous nos cours, restant au fond de la salle, buvant notre thé et travaillant sur un ordinateur ?

En mai 2007 je suis allée rencontrer l'évêque

Ce n'était plus Monseigneur Thiên rencontré en 2003.
J'ai proposé Monseigneur Paul Bui Van Doc et son secrétaire le Père Paul Nguyen Thanh Sang l'aide de la Fondation Leïla Fodil pour une première formation de 3 jours, faite par Lan, pour un groupe destiné à devenir des formateurs pour la pratique de TQS dans son diocèse. S'il voulait plus que ces 3 jours de formation, il devrait les prendre en charge lui-même.
Il n'y a pas eu de suite.

Avril 2008 à Thai Hà

Mon dernier séjour au Viêt Nam

M.

En fin de séjour cette année-là, une grande réunion eut lieu dans les locaux de la paroisse de Thai Hà.
Ce fut une sorte de bilan. C'est aussi la dernière réunion que j'ai eue avec mes amis vietnamiens, car je ne suis plus revenue au Viêt Nam.

Après la visite au centre de santé de Kim Dinh dans la province de Ninh Binh dont il est parlé dans le chapitre consacré à ce centre, le père Phuong nous accueillit. Le père Hiên quittait sa fonction de coordinateur pour la pastorale familiale. Il le remplaçait.

En 2007, Loï, Haï, Chien et Bich, aidés par Tiêu, ont étendu l'enseignement de la méthode à la commune de Chiêu Ung, province Phu Tho, la commune de Bac Son, province Ha Tay et formé 12 catéchistes des paroisses de Hà Nôi pour la formation des formateurs. Tieu leur avait donné les cours de renforcement ainsi qu'à cinq groupes de Hà Nôi : Dong Xa, Phu Tho, Dong Chiem, Ha Tay, Thuong Trang, Ha Nam
21 cours de préparation au mariage dans 12 paroisses.
La radio du Viêt Nam était venue assister à un cours de TQS à Thai Hà. Des élèves de préparation au mariage ont été interviewés sur TQS. Plusieurs journaux en ont aussi parlé. TQS était maintenant connu dans plusieurs provinces, chez les catholiques et aussi chez des non catholiques.

Pendant une semaine à Hà Nôi, j'ai pu faire avec Tiêu Loï et Bich deux cours de renforcement l'un de 3 jours avec 17 participants, l'autre de 2 jours avec 13 participants.

Chaque groupe comprenait des utilisatrices de villages de province et des catéchistes de Hà Nôi et des provinces voisines, jeunes gens et jeunes filles, hommes et femmes mariés, catéchistes et séminaristes, utilisateurs de TQS, certains pour aider une sœur à avoir un enfant, et enseignant personnellement et dans des cours de préparation au mariage.

Le regroupement à Hà Nôi pendant mon séjour a évité de trop longs déplacements vers les communes, pour un travail très court sur place. Il a permis aux femmes la rencontre avec d'autres, des échanges fructueux et un enseignement plus approfondi. L'échange a été très fructueux. Les formateurs ont été intéressés par l'expérience des utilisatrices.

Comme d'habitude, nous avons fait un rappel de la physiologie de la femme et de l'homme et de l'enseignement de TQS.

Les questions sur le fonctionnement des cycles atypiques, sur les techniques de planification familiale, ont occupé le reste du temps. Ce furent des échanges francs, simples, clairs, amicaux.

Une longue pause avec dégustation de gâteaux. Les femmes avaient cuisiné au 2° étage des petits œufs de riz à la canne à sucre et au sésame, et des œufs avec de la farine de haricots verts dans de la compote, gâteaux traditionnels de la fête du 3 mars lunaire où l'on mange froid et surtout la nuit. Ces œufs sont façonnés à la main puis bouillis dans une grande marmite. Ils remontent à la surface quand ils sont cuits. La pause a renforcé la facilité des échanges.

Plusieurs jeux de rôles ont clarifié les discours.
6 équipes de deux ont très bien joué.
La majorité se référait au livret.
Une a fait appel à son expérience personnelle
Interrogée sur l'intérêt de TQS, une autre a parlé de l'intérêt de connaître la période fertile et de conserver une bonne santé. Une expliqua que le cycle a trois parties et quels événements il faut observer.

À une question sur le cycle, la « femme interrogeant » répondit : il faut observer si on est sèche ou humide et noter sur le graphique. Cela montrait bien que l'observation de la glaire était l'observation la plus facile.

Comment expliquer pourquoi l'Eglise est contre les techniques de contraception et pour TQS ?
Le stérilet empêche la nidation et donc provoque un avortement précoce. La pilule crée un corps jaune artificiel qui bloque tout le cycle. Ne respecte pas la femme telle qu'elle a été créée et la rend toujours infertile.
En revanche, les méthodes naturelles sont acceptées par l'Eglise car elles respectent les périodes de fertilité et d'infertilité de la femme.
Déjeuner encore une fois chez Loï et Bich avec Jean Bernard qui nous a rejoints à 11 h à son retour de Hoa Binh.

Thu, fille du docteur Tiên avait fait pour elle 111 graphiques. Avant elle avait un stérilet. Elle était maintenant bien expérimentée, elle éprouvait bien la sensation de glaire et cela lui suffisait. Elle arrêtait de prendre sa température au 3° jour haut.

Il fallut aussi expliquer les déviances de la planification familiale naturelle. Loï montra un double cercle inventé par un médecin d'HCMV, travaillant avec le père Bao et le père Hui, pour la préparation au mariage. Il s'intitulait « méthode Ogino-Knauss-Billings ». Curieuse combinaison. Les couples auxquels il avait été proposé avaient trouvé son utilisation très compliquée. En tout cas, Loï l'a refusé pour Hà Nôi.
Un médecin de Saïgon enseignait Ogino et disait que les relations sexuelles pendant les règles étaient dangereuses pour la santé.
Tiêu expliqua aussi pourquoi la glaire est une substance propre.
Attention, le moniteur TQS n'est pas médecin.

Au cours de la réunion de conclusion, (Tiêu, Marie et Jean Bernard, le père Phuong, Loï), des projets pour l'avenir ont été évoqués.

Extension de l'enseignement TQS à des provinces plus éloignées.

À Hà Nôi ils voulaient organiser des cours TQS pour les nombreuses femmes qui quittaient leur province pour venir travailler seules à Hà Nôi.

À Ninh Binh, dans la paroisse de Tung Dao, à côté de Kim Dinh, là où nous avions visité le curé la semaine dernière, Loï pourrait faire un premier cours en sollicitant l'aide du docteur Vi qui pourrait s'occuper de son district, à condition qu'il soit accompagné au début par Loï pour être bien accepté par tous, car n'étant pas catholique, il était suspecté d'être un observateur du Parti communiste.

Le père Phuong évoqua le gros problème des grossesses d'étudiantes non mariées, des avortements qui se faisaient au centre de la Croix Rouge tout proche de Thai Hà. Il voulait pouvoir créer une maison d'accueil pour les mères célibataires qu'il envoyait actuellement à Saïgon.

Après ses cours, Tiêu recevait de nombreux coups de téléphone de demande de conseils. Le père Phuong faisait aussi beaucoup d'écoute téléphonique, environ 1.000 minutes par mois. Il en savait le compte car la poste qui gagne beaucoup sur ces communications, lui reversait, comme à tous les centres d'écoute et de conseils téléphoniques un pourcentage de 100 dongs par minute.

Ces journées ont été remplies de travail intense où tous ont bien participé, dans la bonne humeur, on a beaucoup ri.

Phô Duc Me (Rue Notre Dame) à Thai Hà

En avril 2008

M.

Les chrétiens du Viêt Nam sont tous désireux de récupérer les terrains et les locaux réquisitionnés par l'Etat.

Les Rédemptoristes avaient déjà récupéré un terrain qui servait de garage pour les motos et où avait été construite une petite chapelle dédiée à Saint Girardo.

Comme cela se passait pour le terrain situé en centre ville à côté de l'évêché, ils voulaient récupérer un terrain de 11.000 m2 situé derrière l'hôpital. Sur ce terrain, une construction avait été démolie, c'était donc un terrain vague, entouré d'un petit mur surmonté d'un grillage.

L'objectif, si les religieux récupéraient le terrain, était d'y construire une maison d'accueil pour les travailleurs immigrés de la campagne. Il y avait en particulier entre 500 et 1.000 femmes qui quittaient leur village et leur famille pour venir trouver du travail à Hà Nôi. Ils voudraient pouvoir leur proposer un hébergement décent.

Le gouvernement avait émis l'idée d'y construire une station d'épuration. Devant les protestations de toute la population du quartier, car c'était un projet malsain et aussi parce qu'il avait été projeté intentionnellement juste derrière l'église, ce projet avait été abandonné et un autre avait été adopté : construire une usine.

Les religieux ont à nouveau protesté si fort que les autorités ont ajouté une ceinture de fil de fer barbelé sur le trottoir tout autour du terrain.

Les chrétiens ont coupé les barbelés, les ont cachés sous des planches et ils ont organisé une permanence de prière sur ce trottoir.

Ils nous ont emmenés visiter ce qu'ils avaient fait.

Sur le grillage de clôture, tous les 5 mètres ils avaient placé un cadre représentant Notre Dame du Perpétuel Secours, et tout au long, des bouquets de fleurs fraîches et une multitude de petites croix de bois (600 dit la police). Il y avait aussi un autel avec une statue de la Vierge, des bougies allumées, des bâtonnets d'encens, et des fidèles qui priaient.

Une copie du titre de propriété agrandie, avec le plan, datant de 1944, en français, était accrochée au grillage.

Des femmes assuraient une permanence 24 heures sur 24 devant le grillage. Deux tentes avaient été installées, une pour la journée avec la possibilité de faire la cuisine, une autre pour la nuit, juste devant la porte du terrain, où elles dormaient.

À certaines heures, en particulier après les messes dans l'église de Thai Hà, plusieurs centaines de personnes venaient les rejoindre pour réciter le chapelet. Environ 10.000 personnes passaient ainsi chaque semaine.

Nous y avons rencontré le chauffeur qui nous avait accompagnés à Thanh Hoa et à Kim Dinh. Nous avions vu alors qu'il portait une petite croix au revers de sa chemise. Je l'ai vu plusieurs matins prendre son petit déjeuner sur le trottoir à coté de Thai Hà.

Tout cela se passait dans le calme. Les chrétiens occupaient les trottoirs et laissaient libre le passage dans la rue. La police était présente, elle veillait sans bruit, en civil.

Un homme jeune a interrogé Jean Bernard sur son âge. Mais le père Phuong lui a demandé de ne pas parler avec lui.

Le 11 avril 2008, le père Phuong et un autre père, revêtus de la soutane noire et le grand chapelet pendant à la ceinture, sont partis à la convocation du Comité Populaire de la ville de Hà Nôi, avec six chrétiens de la paroisse, pour recevoir la réponse à la lettre de demande de récupération du terrain. La réunion a duré de 8h à 13h, sans résultat positif.

La chaîne de prière a donc continué. Les chrétiens venaient de toutes les paroisses alentour pour les soutenir. De 10.000, ils pourraient passer à 100.000 si les choses n'avançaient pas.

« Ils n'ont plus peur » dit le père Phuong. Les femmes avaient avec elles un petit sac d'habits au cas où elles seraient arrêtées.

Elles n'ont même pas peur de mourir.

En 2017, la querelle n'était pas apaisée.

Après 2008

JB.

Le 11 septembre 2008, Marie était frappée d'un accident vasculaire cérébral lui laissant comme séquelles une paralysie du côté gauche.

Après une rééducation longue, grâce à son exceptionnel courage et aux soins attentifs des rééducatrices, elle a pu marcher avec une canne. Elle conservait toutes ses facultés intellectuelles.

Mais les déplacements sont devenus très difficiles.

La venue au Viêt Nam était impossible. Tiêu a bien cherché à lui trouver un hôtel accessible en fauteuil roulant avec un ascenseur, proche de la paroisse de Thai Hà. Il n'en a pas trouvé. De plus, la mauvaise qualité des trottoirs de la ville de Hà Nôi empêchait tout déplacement en fauteuil dans la ville. Il n'était pas question de circuler sur la chaussée.

Alors, nous avons décidé de ne plus venir.

Marie a pu aller à deux réunions de planification familiale naturelle. À Paris en 2013 avec Tiêu qu'elle avait pu inviter et à Milan en 2015. Elle y a rencontré le Père Hiên et Jacky et Dany Sauvage, invités par la Fondation leïla Fodil qui ont pris sa suite.

Elle a pu aller deux fois à Ségou au Mali. C'est un pays plus pauvre que le Viêt Nam, mais il était possible de se loger dans la maison d'Abdoulaye Keita correspondant de la Fondation Leïla Fodil, qui est de plain pied.

L'équipe de Thai Hà s'est trouvée indépendante. Elle a conservé son ardeur et a pu poursuivre les activités d'enseignement de TQS dans les provinces du Nord du pays.

La Fondation Leïla Fodil envoyait chaque année la subvention nécessaire.

Dans les textes qui suivent, vous trouverez les rapports que Loï a faits chaque année. Vous y lirez, comme moi, son ardeur et sa foi.

Rapports annuels des activités de TQS envoyés par Duong Van Loï

À partir de 2009, Loï a envoyé chaque année un rapport d'activités. On y voit à la fois le suivi des personnes déjà formées et l'extension des formations dans les communes de Hà Nôi et les provinces du Nord.

Rapport TQS 2009

Loï écrivait

Chère Marie et Mr Joly,
Au nom de tous les enseignants et participants des TQS du Vietnam, nous voudrions vous envoyer, à l'occasion du nouvel an 2010, nos salutations respectueuses et notre gratitude profonde. Nous prions chaque jour que Dieu, avec sa félicité parfaite et sa grâce divine, verse éternellement la bénédiction et la richesse sur toute votre famille et sur la Fondation Leïla Fodil !

Les cours de renforcement

<u>Janvier :</u>
Deux jours pour les anciens et nouveaux enseignants de Hà Nôi
<u>Février :</u>
Trois jours pour le 2e cours de renforcement pour les participants de Nam Lo -Thai Binh et Bai Xuyen - Ha Tay)
<u>Juin :</u>
Trois jours pour les enseignants de Dong Xa - Phu Tho, Dong Chiem - Ha tay, Nam Lo - Thai Binh.
<u>Octobre :</u>
Deux jours pour les anciens et nouveaux enseignants de Hà Nôi

Novembre :
3 jours pour les enseignants de Phu Tho, Thai Binh, Ha Nam, Ha Tay
Janvier :
2 jours de bilan en fin d'année pour tous les participants de Hà Nôi et de provinces.

Les cours primaires pour utilisatrices :

Février :
3 jours pour la deuxième session des participants de La Phu, Phu Xuyen, Hà Nôi.
Mars :
4 jours pour la première session à la paroisse de Tu Chau - Phu Xuyen - Hà Nôi
Avril :
4 jours pour la première session à la paroisse de Huu Le - Tho Xuan - Thanh Hoa.
Juin :
4 jours, première session à la paroisse Mai Thuong, Hiep Hoa - Bac Giang.
Juillet :
4 jours, première session a la paroisse de Ngoc Lien, commune Chau Minh, Hiep Hoa - Bac Giang.
Aout :
3 jours pour la deuxième session à la paroisse de Lang Van, Gia Vien - Ninh Binh
Septembre et Octobre :
6 soirées pour la première session du cours de TQS des travailleurs hors de Hà Nôi à Hà Nôi.
Novembre :
3 jours pour la deuxième session à la paroisse de Tu Chau, Phu Xuyen - Hà Nôi.
Décembre :

4 jours pour la première session à la paroisse de Chi Thien, commune Nghia Thanh, Nghia Hung - Nam Dinh.

Les cours de préparation au mariage :

Ces cours sont entretenus régulièrement aux paroisses : Thai Ha, Ham Long, Hang Bot, Nha Tho Lon, Ke Set, Phung Khoang, Cua Bac.
Aux paroisses de l'ancienne province de Ha Tay comme : Thach Bich, Ha Dong, So Ha, Phuc Lam, Luu Xa, Dong Chiem.
À Ha Nam : Thuong Trang, Ha Trang
À Phu Tho : Dong Xa, Chieu Ung
À Bac Giang : Dai Lam
Toutes ces paroisses ont des enseignants de TQS formés par notre programme à Hà Nôi.

Liste des enseignants :

Duong van Loï, Nguyên van Hai, Duong Kim Oanh, Tran van Chiên, Nguyên van Thuc, Vu van Dai, Tran van Loï, Nguyên Thi Lieu, Nguyên thanh Thuy, Nguyên van Nhi, Do Thi Hang, Nguyên Thi Nam, Bach Thi Tham, Lam Thi Huong, Nguyên khac Doi, Tran Manh Ha, Nguyên Ngoc Bich

Récapitulatif fait par Marie :

Renforcement enseignants : 15 jours
Cours utilisateurs : 20 jours pour 1er cours, 9 jours pour 2° cours
Préparation au mariage : 18 paroisses
Enseignants : 17 à Hà Noi

Rapport TQS 2010

Hà Nôi :

66 séances de Cours primaires dans 5 nouvelles paroisses touchant 9 nouvelles communes

Un nouveau groupe de travailleurs émigrants et d'étudiants venant de provinces.

Cours de renforcement pour les enseignants déjà formés : 7 cours de 4 séances chacun.

Poursuite des cours de préparation au mariage : 31 cours dans 16 paroisses à Hà Nôi, Phu Tho, Bac Giang.

Soutien de 7 monitrices suivant 35 couples utilisateurs à Hà Nam, Nghe An, Ninh Binh.

Rapport TQS 2011

Chers Marie et JB Joly,
Nous voudrions tout d'abord vous envoyer nos meilleurs vœux à vous deux et même à votre famille. Voici nos rapports sur les activités TQS pendant 6 premiers mois de cette année, 2011 :
Janvier :
Réunion des enseignants à Hà Nôi pour faire le bilan des activités de l'année 2010 : 2 jours.
Mars :
1er cours des TQS à la paroisse de Bao Long, commune My Ha, district My Loc, province Nam Dinh : 3 jours
1er cours des TQS à la chrétienté de Nhu Thuc, paroisse Bao Long : 3 jours.
Avril :
1er cours des TQS à la paroisse Yen Thinh, commune Thai Binh, district Yen Son, province Tuyen Quang : 5 jours
1er cours des TQS à la paroisse Hai Lap, Chef-lieu de Sam Son, Thanh Hoa : 5 jours
Mai :
Cours de renforcement pour les enseignants de Hà Nôi : 2 jours
2e cours de renforcement pour les enseignants de la paroisse Di Nau : 2 jours.

Duong-Van-Loï

Récapitulatif fait par Marie :

Cours primaires : total 16 jours
3 jours à Bao Long Nam Dinh
3 jours à Nhu Thuc (BaoLong) Nam Dinh

5 jours à Yen Thinh (Yen Son) Tuyên Quang
5 jours à Hai Lap (Sam Son) Thanh Hoa
Cours de renforcement : total 6 jours
2 jours enseignants à Hà Nôi
2 jours enseignants à Di Nau
2 jours enseignants de Hà Nôi ; bilan activités de l'année

Rapport TQS 2012

I. Les nouveaux cours primaires :

30 jours pour 9 cours
Paroisse de Sam Son - Thanh Hoa : 2e fois, 4 jours
Paroisse Tan Loc, cite municipale Cua Lo - Nghe An : 2 fois - 6 jours.
Paroisse Thinh Quang, commune Thai Binh, district Yen Son - Tuyen Quang : 2 fois 7 jours
Paroisse Thanh Lap, district Phu Xuyen - Hà Nôi : 1 fois 4 jours
Paroisse Hà Nôi, district Thuong Tin - Hà Nôi : 1 fois 3 jours
Cours pour les étudiants de Vinh à Hà Nôi : 1 fois 3 jours
Cours pour les étudiants Thai Ha à Hà Nôi : 1 fois 3 jours.

II. Les cours de renforcement :

18 jours pour 6 cours
Les enseignants de Hà Nôi : 2 fois 6 jours
Les enseignants de Di Nau, diocèse Hung Hoa : 1 fois 3 jours
Les enseignants de Ha Tay, paroisse Tu Chau, La Phu, Dong Chiem, Bac Son : 1 fois 3 jours
Les enseignants de la paroisse Yen Thinh, commune Thai Binh - Tuyen Quang : 1 fois 3 jours
Les enseignants de la paroisse Hai Lap et Sam Son - Thanh Hoa : 1 fois 3 jours

III. Les cours de préparation au mariage :

20 cours dans 14 paroisses de Hà Nôi
6 cours en province

Rapport TQS 2013

Les nouveaux cours primaires :

Paroisse Thanh Lap, District Phu Xuyên Province Hà Nôi : 2° session de 3 jours
Étudiants de Vinh, Province Nghe An, 2° session de 3 jours à Hà Nôi
Étudiants Hai Ha, 2° session à Hà Nôi : 3 jours
Paroisse Ha Hoi, Thuong Tin, Province Hà Nôi 2° session : 3 jours
Paroisse Ha Trang, Disrict Thanh Liem, Province Ha Nam, 1° session de 3 jours
Paroisse Phu Luong Province Ha Nam, 1° session de 3 jours
1° session de 3 jours pour les étudiants des provinces diverses à Hà Nôi.

Les cours de renforcement

Réunion de récapitulation des TQS de l'an 2012 des enseignants de Hà Nôi : 2 jours
Réunion de récapitulation des TQS de l'an 2012 avec les enseignants de Dong Chiêm, Bac Son, La Phu, Tu Chau : 2 jours
Réunion de récapitulation des TQS de l'an 2012 à Province Ha Nam, Phu Tho, Bac Giang, Thai Binh : 2 jours
Cours de renforcement des enseignements de Hà Nôi : 2 jours
Cours de renforcement des enseignants de Province Tuyên Quang, Ha Nam, Phu Tho, Thanh hoa : 3 jours
Cours de renforcement des enseignants de Tu Chau, La Phu, Province Bac Giang : 2 j
Récapitulation des TQS de l'an 2013 avec les enseignants de Hà Nôi : 2 jours (Janvier 2014)

Récapitulation des TQS 2013 avec les enseignants provinciaux : 2 jours (Janvier, 2014)

Les cours de préparation au mariage :

Loï a donné 10 cours dans des paroisses de Hà Nôi :
Tiêu a donné 2 cours à la paroisse de la Grande Cathédrale
Lo et les catéchistes ont donné 25 cours dans des paroisses de la province de Hà Nôi.

Rapport TQS 2014

Nouveaux cours :

Février :
1° Cours primaires pour les étudiants travaillant à Hà Nôi : 3 jours
Mars :
1er Cours primaires pour utilisateurs à Cam Son, chef-lieu Ke Non, district Thanh Liem, province Ha Nam : 3 jours.
Cours primaire pour les sœurs de l'ordre "Amantes de la Croix" au même endroit 3 jours.
Avril :
Premier cours primaire pour utilisateurs à la paroisse Thiet Nham, commune Minh Duc, district Viet Yen, province Bac Giang : 4 jours.
Mai : 2° cours primaire pour les étudiants travaillant à Hà Nôi : 3 jours.
Juillet : 2° cours préliminaire pour utilisateurs à la paroisse Cam Son, commune Ke Non, district Thanh Liem, province Ha Nam : 2 jours.
2° cours primaire pour les sœurs de l'ordre "Amantes de la Croix" au même endoit: 3 jours.
Décembre : 1° cours primaire pour utilisateurs à la paroisse Xuy Xa, district My Duc, Hà Nôi : 4 jours
1° cours primaire de la paroisse Chuyen My, commune ChuonThuong, district Phu Xuyen, Hà Nôi

Cours de renforcement :

Janvier : Réunion des enseignants de Hà Nôi pour le bilan de

l'année 2013 à Hà Nôi :
1 journée.
<u>Février</u> : Cours de renforcement pour les enseignants de Hà Nôi : 1 jour.
Cours de renforcement pour enseignants et utilisateurs de La Phu, Tu Chau, Bac Son, Thuong Trang : 2 jours.
<u>Mars</u> : Interview des couples-utilisateurs à Hà Nôi : 1 journée.
<u>Avril</u> : cours pour les groupes à Tuyen Quang, Bac Giang, Thai Binh : 3 jours
<u>Juin</u> : cours pour les enseignant du Nord : 2 jours
<u>Aout</u> : Cours pour les étudiants travaillant à Hà Nôi
<u>Octobre</u> : Cours pours les utilisateurs émigrants à Hà Nôi : 2 jours.

Rapport TQS en 2015

Nouveaux cours primaires :

<u>Janvier :</u>
Cours pour les étudiants à Hà Nôi : 3 jours
Cours pour les émigrants à Hà Nôi : 3 jours
<u>Mars :</u>
Cours des utilisateurs de la paroisse An Quy, district Vinh Bao province Hai Phong : 5 jours
Cours du soir à la paroisse An Quy, districtVinh Bao, province Hai Phong : 5 soirs
<u>Avril :</u>
Cours pour les utilisateurs de la paroisse Cham Ha, district Phu Xuyen, province Hà Nôi 5 jours
Deuxième cours primaires des étudiants à Hà Nôi : 2 jours
Deuxième cours des émigrants à Hà Nôi : 2 jours
Deux autres nouveaux cours pour les émigrants sont prévus aux mois novembre et décembre

Cours de renforcement

<u>Février :</u>
Réunion de récapitulation des enseignants de Hà Nôi : 1 jour
Réunion de récapitulation des enseignants hors de Hà Nôi : 2 jours
<u>Avril :</u>
Cours de renforcement des enseignants de Hà Nôi et hors de Hà Nôi : 2 jours
Cours de renforcement pour les étudiants à Hà Nôi : 2 jours
Cours de renforcement pour les émigrants : 2 jours
<u>Septembre :</u>

Renforcement pour les étudiants et émigrants : 2 jours
Octobre :
Bilan avec les enseignants de province : 1 jour

Cours de préparation au mariage :

Tous sont maintenus régulièrement comme en 2014.

Rapport TQS 2016.

Nouveaux cours :

Cours des utilisateurs à Tuyên Quang, deux séances de 3 jours, 30 participants.
Cours des utilisateurs sélectionnés des cours de préparation au mariage à la paroisse Thai Ha, 3 séances de 2 jours, 12 participants.
Cours des utilisateurs à la paroisse de Tu Chau, district Thanh Oai : 2 séances de 3 jours pour 29 participants.
Cours des utilisateurs à la paroisse de Chuyên My, district Phu Xuyen : 2 séances de 2 jours, pour 20 participants.
Cours primaires à Son Miêng, district Thanh Oai : 2 séances de 3 jours pour 35 participants.

Cours de renforcement :

Cours de renforcement des enseignants de Hà Nôi, 3 fois 2 jours.
Réunions pour faire la récapitulation et le renforcement des enseignants des provinces Tuyên Quang, Ha Nam, Bac Giang, Phu Tho, Thai Binh : 3 séances de 2 jours.
Cours de renforcement des utilisateurs sélectionnés des cours de préparation au mariage à Thai Ha : 2 séances de 2 jours.
Présentation des méthodes TQS aux immigrants de Hà Nôi : 3 séances de 4 soirées.

Rapport TQS 2017

En 2017, l'effort s'est porté sur la formation des enseignants et la formation des accompagnants et superviseurs locaux qui puissent aider directement nos utilisateurs de TQS. Dans les paroisses des provinces de Hà Nôi, Ha Nam, Tuyên Quang, ancien Ha Tay, Bac Giang nous avons des accompagnants des utilisateurs TQS qui travaillent selon ce que nous avons appris de Mme et Mr Jacky Sauvage. Nous allons suivre le résultat de ce travail et le développer pour l'année 2018.

I. La réalisation des activités de TQS :

Janvier/2017 :
Cours de renforcement pour les enseignants de Hà Nôi pendant 2 journées.

Février/2017 :
Cours de renforcement pour les enseignants des provinces pendant 2 journées.

Mars et Avril/2017 :
2 cours pour les utilisateurs TQS de Hà Nôi comprenant des étudiants et intellectuels qui travaillent ou font leurs études à Hà Nôi. Chaque cours a compris 32 personnes.

Mai/2017 :
Cours de TQS pour 25 participants émigrants de Hà Nôi 7 soirées.

2° réunion avec les enseignants de Hà Nôi (1 journée) pour faire le bilan des activités.

Supervision à Phung Khoang (1 journée) et Phuc Lam (1 journée).

Juin/2017 :

2° réunion avec les enseignants provinciaux pendant 2 jours. Visite des utilisateurs à Tuyên Quang (2 jours) et Ha Nam (1 Jour)

Juillet/2017 :

Visite au groupe des utilisateurs à Bac Giang (1 journée)

2° cours des TQS pour les étudiants et intellectuels à Hà Nôi pendant 2 journées comprenant 26 participants.

Aout/2017 :

2° cours TQS pour 22 participants émigrants de Hà Nôi (2 journées).

Septembre/2017 :

1° cours de TQS pour 30 catéchistes des paroisses de Hà Nôi pendant 3 journées.

Octobre/2017

Accueil et organisation du travail avec Jacky et Dany Sauvage 14 au 26 octobre.

Novembre/2017 :

Visite aux utilisateurs TQS à Phu Tho : 1 journée.

Décembre/2017 :

2e cours pour 30 catéchistes des paroisses de Hà Nôi (2 jours)

II. Prévision pour les TQS 2018.

1. Continuer la formation des nouveaux cours aux provinces et à Hà Nôi.
2. Supervision et renforcement des connaissances, techniques des utilisateurs de TQS.
3. Organisation de trois rencontres des enseignants et motivateurs pour faire le bilan de leurs activités.
4. Organisation de trois meetings de 2 journées des utilisateurs TQS à Hà Nôi pour tirer des expériences sur la façon

d'accompagner les motivateurs et pour améliorer la capacité des utilisateurs des TQS.

Nous remercions sincèrement les aides très précieuses de la Fondation Leila Fodil et Mme et Mr Jacky Sauvage au programme de TQS chez nous. Particulièrement nous gardons la mémoire de Mme Marie Joly, l'actrice principale qui a importé et développé cette méthode de planification familiale naturelle, une bonne issue pour les catholiques au Vietnam.

Coordinateur
Duong van Loi

Rapport TQS 2018

Ce rapport est le dernier reçu.

Il est intéressant par les témoignages rapportés par Duong Van Loï.

Dans la province de Tuyên Quang, avec le groupe de 12 couples de catholiques de Madame Nguyen Thi Thanh :

« Quand nous sommes arrivés, nous avons entendu le rire joyeux des dames dans la maison située au flanc de la colline ; elles nous attendaient depuis le matin. 4 couples étaient présents. Les autres travaillaient à l'usine. Nous leur avons posé quelques questions, examiné les graphiques et répondu à leurs questions.

La méthode TQS leur a apporté la tranquillité d'esprit, le bonheur et la sécurité. Depuis qu'ils l'appliquent, aucun n'a eu un enfant non souhaité. Pourtant les femmes qui travaillent dans les usines ont des horaires de travail qui changent souvent. Il est difficile de prendre la température. Madame Thanh a ajouté: « Cette année, j'ai 38 ans, j'ai deux fils qui sont assez grands. Je donne le cours de catéchisme de la paroisse Thinh Yen et donne aussi le cours de TQS pour la préparation au mariage. Nous avons appliqué TQS depuis 6 ans. Mon mari est tout à fait d'accord avec moi et m'aide beaucoup. Je rencontre les couples chaque semaine après la messe ou à leur domicile pour les aider à bien utiliser TQS.

Quand nous leur avons dit au revoir nous sentions une joie chaleureuse chez des femmes de cette région montagneuse ».

Dans la province de Ha Nam, nous avons rendu visite au groupe de Madame Pham Thi Báu dans la paroisse de Thuong Trang. Marie Joly avait vu ce groupe à plusieurs reprises. Madame Báu aide 10 couples dans sa paroisse et dans celle de Ha Trang. 3 couples étaient présents, les autres couples étaient au travail.

Madame Mai Thi Xuan, 29 ans, a partagé avec nous: « Auparavant nous utilisions la contraception avec le stérilet. Mais depuis 3 ans nous sommes très contents de cette méthode et nous vivons dans le bonheur ».
Madame. Nguyen Thi Hanh, 27 ans, a dit: « la méthode TQS convient aux catholiques. Je suis très contente d'apprendre cette méthode, cependant il est un peu difficile pour nous de prendre la température car je travaille selon des horaires différents ».
Madame. Bau a aussi ajouté : « Avec l'aide de Marie Joly et maintenant avec moi, les couples n'ont pas d'enfants non souhaités ».

Dans la province de Bắc Giang, Madame Nguyễn Thị Cảnh est entrain d'aider 3 couples dans sa paroisse depuis 3 ans.

Dans la province de Phú Thọ, Madame Nguyễn Thị Hằng aide 5 couples catholiques.

Les autres enseignants : M. Trần Văn Chiến, M. Trần Văn Lợi, M. Đặng Khắc Đôi, Mme. Nguyễn Kim Oanh et Mme. Nguyễn Thị Tuyết continuent de donner les cours de Préparation au mariage et en même temps aident quelques couples de leur paroisse. Le problème qui se pose aux femmes en ulitisant la méthode est de prendre souvent la température et d'en faire le graphique. Mais personne n'a rapporté un échec de la planification familiale naturelle.

À Hà Nôi, Duong Van Lợï donne quelques exemples d'utilisateurs :
- Le couple Nguyễn Thị Mai Linh, 40 ans qui a un enfant de 16 ans a utilisé les TQS depuis 16 ans. Depuis 5 ans, le mari, Vũ Quang Trung aide 2 autres couples non catholiques de son bureau à suivre TQS. Il donne aussi des cours TQS lors des formations de planification familiale à Hải Dương. Il a partagé avec nous : « Je

connais TQS depuis 16 ans et avec ma femme nous appliquons cette méthode jusqu'à maintenant. C'est une méthode parfaite qui convient non seulement aux catholiques mais aussi à tout le monde. Il faut la rendre populaire et je serai content d'aider ce projet ».

- Le couple de Madame Nguyễn Thị Nhị a un enfant de 5 ans, il utilise TQS depuis 5 ans. Madame Nhi aide une collègue pour appliquer TQS. Elle est professeur de français à Hà Nôi et nous a aidés comme interprète lors des rencontres TQS avec Monsieur et Madame Sauvage. Elle dit : « Je m'intéresse beaucoup à cette méthode qui est une méthode très humaine et très efficace. Je vais essayer de partager avec d'autres couples à côté de moi »

- Madame Phạm Thị Yến, 28 ans, a un enfant de 11 mois. Elle enseigne TQS à un couple non catholique.

- Madame Phạm Thị Nhung, 25 ans et son mari Chu Đại Phong se sont mariés depuis un an. Ils sont entrain d'utiliser TQS. Ils ont formé un groupe d'utilisateurs de TQS non-catholiques dans leur entreprise.

En conclusion, à travers ces rencontres, les couples catholiques utilisateurs de TQS sont très satisfaits, car cette méthode est conforme avec leur foi, et il n'y a pas d'effet secondaire. 7 couples non catholiques apprécient TQS, qu'ils estiment meilleurs que les autres méthodes de planification familiale et car il n'a pas d'effet secondaire. Il est regrettable que notre communauté ne fasse pas encore assez attention à cette méthode. Il est souhaitable que des cours soient organisés largement dans la société et les écoles pour améliorer la connaissance des adolescents et des jeunes qui vont se marier et pour éviter le taux actuel très élevé d'avortements. Il est prévu que dans l'année 2019, le programme de TQS organisera des cours de TQS vers la fin de chaque semaine pour les jeunes non catholiques et formera des groupes d'utilisateurs de TQS à Hà Nôi.

Duong Van Loï

Visites de Jacky et Dany Sauvage

2016 et 2017

JB.

Marie avait rencontré en 2013 à Paris, au congrès de l'IEEF, Jackie et Dany Sauvage, couple vivant à l'Ile Maurice et chargés de la coordination des activités MAO pour l'Afrique.

C'était une bonne occasion pour trouver des personnes capables d'assurer le suivi de son action au Viêt Nam.

Dany et Jackie ont accepté avec enthousiasme et ont fait deux déplacements au Viêt Nam en 2016 et 2017. Ils sont venus au congrès de Milan. .

Ils ont pu affiner le travail de Marie.

Hà Nôi, du 1 au 18 octobre 2016

Voici ce qu'ils ont écrit :

« Durant notre séjour nous avons été accueillis dans la Congrégation des Rédemptoristes de la paroisse de Thai Hà, lieu de grande mission et de formation, et avons été témoins de ce désir de Dieu inscrit dans les cœurs, dans une communauté paroissiale très active et très priante. Il nous semblait que chaque jour il y avait une fête étant donné la grande affluence de fidèles!

Nous avons été touchés par l'accueil de l'équipe responsable composée de Loï, Dr Tiêu et Père Joseph Trinh Ngoc Hiên vos amis de longue date et avions dans le cœur durant tout notre séjour le grand travail fait par Marie et Bernard.

Notre première rencontre a été avec les enseignants de TQS, catéchistes venant de 9 paroisses de Hà Nôi, les grands sages qui transmettent une formation aux financés durant les cours de préparation au mariage. Les fiancés sont ainsi accompagnés sur plusieurs mois ce qui leur permet d'avoir une formation solide avant leur mariage.

Nous avons eu la joie de rencontrer une équipe d'étudiants en TQS et avons vu leur soif de connaissances et intérêt aux méthodes naturelles de régulation des naissances.
Un de nos amis étudiant suit des cours de catéchèse et va bientôt être baptisé avant de se marier. Il est expert en informatique et leur équipe souhaite créer bientôt une communauté d'échange pour les jeunes autour du TQS.

TQS est aussi très demandé en province. Nous sommes arrivés à Tuyên Quang où nous avons été accueillis par le Père de la paroisse autour de la traditionnelle tasse de thé vert.
Quelle ne fut pas notre surprise de voir arriver une vingtaine de jeunes dames à motocyclette pour la rencontre. Elles étaient très intéressées par la formation participative de Monsieur Loï, formateur de haut niveau à Hà Nôi. Il demanda à certaines d'entre elle de présenter leur graphique pour aider à l'apprentissage du groupe. Deux ou trois parmi les dames sont identifiées pour devenir de futures éducatrices.

Durant les jours suivants nous avons travaillé avec une équipe de couples utilisateurs venant aussi des provinces avoisinantes. Des couples très heureux avec le TQS et qui souhaitent aussi devenir des éducateurs.

Les responsables nous ont demandé de parler principalement du message de l'Eglise concernant le TQS, nous avons encore une fois vu à quel point ce message est libérateur et porteur de vie. Merci à St Jean Paul II.

La moisson est abondante et nous avons touché du doigt la force de la population : 80 millions d'habitants ayant pour moyenne d'âge 28 ans. Quelle richesse ! »

Dany et Jacky Sauvage

Hà Nôi, octobre 2017

JB.

Grâce au séjour de l'année précédente, Dany et Jackie Sauvage ont pu mieux connaître leurs interlocuteurs de Thai Hà et observer leur attention.

Le rappel de la « théologie du corps » de Saint Jean Paul II a renforcé l'équipe de Thai Hà et lui a permis de parler ouvertement aux couples de ce côté de TQS.

Pendant leur deuxième séjour en 2017, les Sauvage sont entrés à fond dans l'organisation d'un programme TQS : formations, suivis, archivages.

Ils ont écrit :

« À notre arrivée nous avons eu la triste nouvelle d'apprendre que le Père Hiên avait dû se rendre subitement au chevet de sa mère malade. Loï et les Pères de la paroisse de Thai Ha nous ont accueillis chaleureusement malgré la difficulté de communication.

Durant notre séjour nous avons été encore une fois surpris par la gentillesse des Vietnamiens, il nous semblait être intégrés dans la vie de ce quartier où nous logions. Nous traversions quatre à cinq fois la place centrale constituée d'un jardin où à différentes heures les familles viennent se détendre à la danse, au *Tai chi,* au badminton. Le jardin est entouré de charmants petits cafés et restaurants qui s'animent selon les heures.

Nos traducteurs, le docteur Tiêu et Mme Nhi ne tenaient pas seulement le rôle d'interprète, mais témoignaient de leur conviction et intérêt pour TQS.

Compte rendu des différentes rencontres :

Un atelier de 3 jours avec des catéchistes
Un atelier de 2 jours avec les moniteurs de Turquam (?) et Ha Nam
Une rencontre avec les étudiants
Un atelier de 2 jours avec un groupe de catéchistes et d'enseignants qui sont en approfondissement de TQS par Loï
Une rencontre avec Loï sur l'accompagnement des couples et l'encadrement des éducateurs
L'évaluation de notre visite avec Loï et Tiêu

Puis nous avons rencontré trois moniteurs de province. Les autres n'avaient pas pu venir à cause des inondations. Ils apportaient les graphiques des 28 couples qu'ils accompagnent avec une équipe de 5 éducateurs.

Ces études étaient très animées. Cela nous amusait de voir que par moment nos traducteurs entraient complétement dans l'exercice et nous oubliaient !

Nous avons eu plaisir de voir ces moniteurs passionnés par ce qu'ils font.

La priorité a été durant nos sessions d'approfondir le suivi et l'encadrement des couples.

Leur souhait correspondait bien au conseil que Marie nous avait donné dans un message deux mois avant notre départ. Elle nous disait d'aider au niveau de la pratique du comment enseigner TQS, comment former les utilisateurs, les moniteurs, comment renforcer le fonctionnement et les questions d'organisation.

Nous avons ensuite travaillé avec un groupe composé principalement d'enseignants dont certains sont professeurs d'université. Loï a commencé à les introduire à TQS. Au début nous avions senti qu'ils avaient une réticence par rapport à TQS. Ils se posaient beaucoup de questions concernant la fiabilité et ce mode de vie dans un contexte moderne. Ils étaient aussi très soucieux concernant l'éducation sexuelle des jeunes et trouvaient qu'il existait une grande lacune dans ce domaine au niveau parental et scolaire. Nous avons compris que là aussi TQS pourrait servir en aidant les couples utilisateurs dans un premier temps à briser les tabous, ce qui se fait naturellement avec TQS. Nous avons réfléchi avec eux aux fondements de TQS, aux avantages de TQS, à sa fiabilité ainsi qu'au sens et à la signification de la sexualité ainsi qu'au sens de la relation sexuelle.

Comment exercer la paternité et maternité responsable avec TQS. Ils ont été très intéressés de comprendre comment TQS est intégré dans tout un concept du respect de la personne humaine, de l'amour et de la sexualité.

Nous avons rencontré un groupe d'étudiants en TQS (des jeunes couples) et avons répondu à leurs questions et aussi sur l'intérêt à vivre TQS après avoir eu son premier enfant pour planifier sa famille. Nous avons compris que pour beaucoup TQS était surtout un moyen d'avoir un premier enfant tout de suite après le mariage et non pas pour la régulation des naissances après la première grossesse.

Nous n'avons malheureusement pas pu nous rendre en province pour rencontrer un groupe de moniteurs à cause des inondations et glissements de terrain.

Cela nous a permis de travailler toute une journée avec Loï et de répondre à ses questions concernant l'organisation d'un programme de TQS. Nous avons partagé sur différents points :

Nous lui avons décrit le mode de fonctionnement de TQS à Maurice. Nous avons aussi réfléchi sur la façon d'encadrer les monitrices et des moyens simples pour le faire avec les rencontres mensuelles des monitrices, les études des cycles et l'accompagnement de la monitrice dans les visites sur le terrain.

Nos recommandations

Développer de nouvelles façons pour faire connaître TQS autrement qu'à travers les cours aux fiancés :
- Mettre en place des permanences tenues par un moniteur où les couples pourraient prendre des informations sur TQS. Cela rendrait visible l'existence de ce service.
- Rencontrer les couples au sein des différents mouvements de couples existants.
- Inviter les jeunes couples après leur premier enfant à des sessions de partage et de remise à niveau de TQS.
- Former des petites équipes de monitrices (pas très éloignées les unes des autres) qui pourraient se soutenir et s'entraider. Cela va renforcer ce qui existe déjà sur le terrain et aidera l'organisation à avancer.
- Loï pourrait développer un plan d'action pour le soutien de ces équipes (il faudrait qu'il soit aidé car il est déjà très pris). Commencer à voir qui pourrait le soutenir dans cette action.
 Il serait souhaitable que Loï fasse une formation à l'accompagnement aux monitrices.
- Établir des procédures écrites pour l'accompagnement et la formation des couples utilisateurs:
- Sujets de formation aux utilisateurs, fréquence des rencontres de formation de l'utilisateur, critères pour que les couples utilisateurs deviennent autonomes, fiche d'enregistrement à remplir, comment noter les explications dans les copies de graphiques. (Chaque monitrice copiera le graphique du couple utilisateur jusqu'à l'autonomie)
- Ces procédures seraient partagées aux monitrices et pourront évoluer selon les besoins.
- Avoir un classeur pour les dossiers et de traduire différentes fiches pour les statistiques.

Loï remercie pour notre aide. Il dit avoir été très touché par les enseignements dispensés :
Il nous a dit : Un arbre a été planté, il nous reste à l'arroser et à le faire grandir. »

Conclusion

Marie[18]

Mes convictions après 20 ans de travail au Viêt Nam

La diffusion de TQS par l'intermédiaire des servies de santé est certainement difficile. L'enseignement apporté par la Fondation Leïla Fodil a été partout accueilli avec plaisir et avec la conviction que c'était une méthode appropriée, aussi efficace que les méthodes techniques. Mais les agents de santé exerçant en planification familiale nous ont dit leur difficulté de présenter alternativement des techniques bloquant la fécondité ou interrompant la grossesse et TQS, méthode de douceur et d'amour.
Il y a chez les catholiques du Viêt Nam (8% de la population) une grande attente d'une méthode de planification familiale efficace et compatible avec l'enseignement de l'Eglise. Il est dramatique de voir ces femmes mal à l'aise, ne pouvant aller communier alors que tout le monde y va, parce qu'elles portent un stérilet, que personne ne leur a proposé une méthode compatible avec leur foi et qu'elles ne peuvent raisonnablement pas avoir un enfant de plus sans mettre en danger leur vie et leur famille.

Un programme TQS ne peut bien fonctionner que s'il y a une « tête » persuadée de son intérêt et ayant autorité pour le mener à bien. Pour nous, au Nord, c'est le père Hiên à Hà Nôi, curé de la paroisse de Thai Hà et responsable diocésain de la pastorale familiale. Nous n'avons pas trouvé le même point d'ancrage au Centre et au Sud.

---

[18] Communication de Marie au Congrès IEEF Paris 2013

Il est indispensable de travailler avec l'accord des autorités politiques et des autorités religieuses du pays. Au Viêt Nam, rien n'aurait pu se faire sans cet accord. Tiêu a toujours soigneusement veillé à maintenir le contact avec les autorités politiques et sanitaires.
Près de 10 ans ont été nécessaires pour persuader les autorités civiles et religieuses du bien fondé de ma démarche, avant de commencer réellement des formations d'utilisatrices et de monitrices. La recherche des bons interlocuteurs a été lente, puisqu'au départ il n'y avait pas de demande locale mais une proposition de ma part.

Il est possible d'enseigner la méthode de façon pratique et efficace chez des femmes sans grande instruction. Les paysannes de Kim Dinh nous l'ont montré. Cela favorise leur promotion.

Le soutien financier reste nécessaire puisque ce programme ne peut trouver aucun financement local, les paroisses n'ayant par définition pas de ressources propres.

Ce programme a pu fonctionner grâce à l'enthousiasme et à l'ouverture d'esprit du docteur Pham Xuân Tiêu, gynécologue obstétricien renommé, qui a accepté de recevoir les connaissances d'une simple monitrice M.A.O. Puis il a accepté de modifier sa façon de présenter les méthodes de planification familiale et enfin, d'aller travailler avec des catholiques, dans un pays où ils sont étroitement surveillés.

Actuellement, le mouvement TQS est en pleine activité au Nord. Nous n'avons plus d'information sur ce qui se passe au Centre, mais nous sommes certains que les religieuses de Da Nang continuent leur action auprès des populations des montagnes. TQS tel que nous l'avons enseigné est au point mort au Sud. Cela ne veut pas dire que la planification soit rejetée ou ignorée.

L'intervention d'autres organismes étrangers a peut-être fait préférer Billings, il est vrai plus simple. L'ignorance de certains médecins a fait poursuivre la pratique de la méthode Ogino dont le caractère aléatoire rend l'efficacité douteuse.

JB.

Quoi qu'il en soit, Marie et Tiêu ont apporté aux femmes et aux couples Vietnamiens, avec leur douceur, leur patience et leurs connaissances du fonctionnement de la sexualité féminine, les moyens soit d'obtenir une grossesse, soit de l'éviter, en toute sécurité et en respectant les règles proposées par leur foi.

Les congrès internationaux
de
Planification familiale naturelle (IEEF)

Ils ont lieu tous les deux ans.
Marie a participé au Congrès de 2000 qui se tenait à Milan. La Fondation Leïla Fodil avait invité Tiêu à venir y témoigner.

Le congrès international de PFN
à Paris en 2013

JB.

Au congrès de 2013 à Paris, Marie a fait un exposé de son action que je reproduis ici.
Il est le résumé de ses activités au Viêt Nam pour enseigner la planificaton familiale naturelle.

M.

Le long parcours de l'enseignement des M.A.O. au Viêt Nam

Je suis monitrice M.A.O. du CLER à Paris depuis 1985. J'ai souhaité acquérir cette compétence en pensant qu'elle pourrait être utile dans les pays en développement où mon mari, Jean Bernard, pédiatre, commençait une coopération en néonatologie.

En 1986, je l'ai accompagné au Viêt Nam et depuis cette date, nous y sommes allés ensemble tous les ans jusqu'en 2008 où une hémorragie cérébrale me laissant hémiplégique, nous avons dû renoncer à voyager aussi loin.

Je parle d'un long parcours, car il a commencé par une phase d'observation de plusieurs années avant que nous soyons autorisés à organiser un enseignement de la Planification Familiale Naturelle, et plusieurs années encore avant que nous rencontrions le public réellement intéressé par l'utilisation de la méthode et non pas seulement par pure curiosité intellectuelle.

1987

L'histoire commence à Hà Nôi, par ma rencontre avec le docteur Pham Xuân Tiêu, gynécologue obstétricien éminent, connu dans tout le pays, directeur exécutif de la VINAFPA[19], association chargée de mettre en œuvre les directives du gouvernement pour la planification familiale

Tiêu est aussitôt intéressé par ce que je lui expose sur les M.A.O., méthode inconnue au Viêt Nam

Je parle aussi de mon activité à madame le Professeur Duong Thi Cuong, présidente de la VINAFPA et directrice de l'Institut de Protection de la Mère et du Nouveau Né de Hà Nôi, chef de file de tous les services de gynéco-obstétrique du Viêt Nam. C'est une personnalité incontournable pour toutes les activités dans ce domaine.

La Fondation Leïla Fodil[20] accepte de soutenir ce programme M.A.O., me permettant de retourner chaque année au Viêt Nam.

---

[19] Association Vietnamienne de Planification Familiale
[20] Fondation Leïla Fodil 25 rue Pierre Adolphe Chadouteau 16000 ANGOULEME France www.fondationleilafodil.org

1ère phase : observation

Pendant les premières années, accompagnant Jean Bernard dans ses cours sur les soins aux nouveau-nés, j'ai pu recueillir le témoignage de médecins et de sages femmes à propos de la planification familiale au Viêt Nam. Je sens bien que le docteur Tiêu, malgré son poste de directeur de la VINAFPA, n'est pas à l'aise avec ces méthodes qu'il trouve néfastes pour la santé des femmes : infections nombreuses dues au manque d'hygiène, stérilités secondaires. De plus, aucune éducation n'est donnée aux femmes lors de ces gestes. L'information sur la contraception se fait sous forme de propagande ou de séances récréatives qui n'apportent pas d'information éducative.
Tiêu pense que les M.A.O., pourraient avantageusement remplacer la méthode Ogino utilisée encore par un grand nombre de couples.
De leur côté les vietnamiens vont observer ce que je sais faire en écoutant mes présentations.

1990-1993
Lors de visites d'hôpitaux avec le groupe de néonatologie, Madame Cuong me demande de faire des conférences d'information sur les M.A.O. dans divers services de santé et hôpitaux publics de Hà Nôi et des provinces voisines, en particulier à Thai Binh lors de la séance d'inauguration de la VINAFPA dans cette province.
Je me trouve alors devant un auditoire de médecins et sages femmes et suis étonnée par leur extrême attention.
Madame Cuong charge alors le docteur Tiêu d'être mon interprète et de m'accompagner dans cet enseignement. C'est la clé qui va nous ouvrir toutes les portes.

2° phase : premiers cours M.A.O.

1991 :

Tiêu organise un premier cours pour un groupe de sages femmes de Hà Nôi. Elles y trouvent un intérêt intellectuel pour des connaissances nouvelles.

1992 :

Un cours pour les motivatrices de la VINAFPA. Les motivatrices sont les femmes chargées de convaincre les autres d'utiliser une méthode de contraception pour réduire la taille de leur famille. Je me concentre sur la pédagogie. Elles écoutent avec une grande attention mes explications sur le cycle. Mais quand je leur dis qu'elles peuvent l'expliquer ainsi aux femmes qu'elles rencontrent, elles me répondent clairement ne pas pouvoir le faire, pensant que ce rôle est réservé au personnel de santé.

1994

Tiêu organise un groupe de travail très varié de 15 femmes, dont quelques catholiques, réunies dans un local du Comité Populaire de la ville de Hà Nôi.
Je cherche alors à rencontrer le Cardinal Pham Dinh Tung, évêque de Hà Nôi et Tiêu accepte d'y venir avec moi. Mgr Tung nous reçoit immédiatement et se montre très intéressé. Il nous dirigera vers la paroisse de Thai Hà à Hà Nôi, tout en nous demandant de ne pas nous adresser uniquement aux catholiques.

1995

Le groupe de Hà Nôi continue.
Le travail s'étend aux provinces de Nam Dinh et Ninh Binh, avec des groupes du personnel de la P.M.I. Mais celles-ci, formées à poser des stérilets ou prescrire des pilules ne se voient pas y adjoindre une méthode naturelle. Elles ont bien compris la différence entre les deux approches et les trouvent incompatibles.

Les directrices de la P.M.I. sont très préoccupées par les familles catholiques, nombreuses dans certains districts, qui ont encore beaucoup d'enfants, sont opposées à la contraception et n'utilisent que la méthode Ogino.

Le directeur régional de la santé de Ninh Binh nous demande d'aller travailler directement avec les catholiques. Ceux ci refusent d'écouter les discours sur la contraception, « peut-être qu'ils vous écouteront ». Il avait bien compris la différence entre M.A.O. et contraception.

3ème phase : travail avec les catholiques

Dès le départ, j'espérais bien un jour aller travailler avec les catholiques, mais je ne pouvais pas le faire de mon propre chef dans ce pays communiste où les catholiques sont très surveillés. La demande venant du directeur de la santé de la Province m'a ouvert la voie.

1996

Début de la formation d'un groupe d'utilisatrices dans le village de Kim Dinh à majorité catholique du district de Kim Son (province de Ninh Binh) où il y a une la belle cathédrale de Phât Diêm
C'est là, avec un groupe d'une dizaine de paysannes, que nous avons mis au point les détails de notre méthode pédagogique et le matériel correspondant

1997

Tieu vient faire un stage en France et peut rencontrer plusieurs membres du CLER. Ces rencontres et un travail personnel entre nous permettent de finaliser la méthode et le matériel pédagogique à utiliser au Viet Nam.
Les M.A.O. deviennent T.Q.S. (Tu Quan Sat)
Le groupe de KimDinh a toujours été très chaleureux. Chaque année, ces femmes nous accueillaient avec joie, quittant la rizière pour venir travailler avec nous sur leurs graphiques. Elles

les font avec une grande minutie. Plusieurs d'entre elles ont transmis à d'autres, et en 10 ans, sur 72 femmes formées, il n'y a eu aucune grossesse surprise.

4° phase : un socle solide : la paroisse Thai Hà à Hà Nôi

1997

Le cardinal Tung nous dirige vers la paroisse de Thai Hà paroisse très dynamique, tenue par des pères Rédemptoristes vietnamiens puisqu'il n'y a plus aucun clergé français. Le Père Joseph Trinh Ngôc Hiên, curé de la paroisse parle très bien le français. Il comprend tout de suite l'intérêt de T.Q.S. Il est responsable de la Pastorale Familiale qui se met en place pour le diocèse de Hà Nôi et saura convaincre ses confrères. Il nous demande de former une équipe de formateurs parmi les catéchistes. C'est l'étape que nous attendions pour préparer une autonomie.

Nous devons alors nous adapter à un auditoire tout différent : des femmes un peu âgées, quelques laïques consacrées ou religieuses, des hommes de plus de 50 ans

Un seul couple plus jeune, Loï et sa femme Bich seront intéressés pour eux-mêmes.

Certains de ces catéchistes ont une attitude de professeurs, très sûrs d'eux, mais timides pour parler de la sexualité, sujet qu'ils n'imaginaient pas pouvoir aborder. Mais petit à petit, ils acceptent d'apprendre et de recevoir des conseils pédagogiques.

La paroisse de Thai Hà à Hà Nôi devient le cœur de la formation en Planification Familiale Naturelle pour le Nord. Et petit à petit cette équipe de formateurs devient autonome dans son activité avec l'ouverture d'un centre de conseils et la formation de nouveaux formateurs TQS.

Il y a maintenant 17 formateurs qui rayonnent dans toutes les paroisses de la capitale.

2000

Le cardinal Pham Dinh Tung à Hà Nôi donne aux catéchistes formés l'autorisation d'enseigner les T.Q S. dans les cours de préparation au mariage.

Chaque année, dans les 16 paroisses de Hà Nôi, 20 cours sont donnés touchant environ 400 couples par an. Tous reçoivent l'information, mais on ne peut pas savoir combien continuent à utiliser T.Q.S. par la suite.

La grande difficulté de cette formation de formateurs a été de les faire travailler sur l'interprétation des graphiques et de les encourager à accompagner les couples dans un suivi régulier, en les aidant à lire leur graphique.

Certains formateurs sont appelés dans des paroisses extérieures à la ville et aussi dans des provinces plus éloignées. En 2012, 3 provinces nouvelles, et 2 cours pour des étudiants de province venus étudier à Hà Nôi, et qui ne sont pas tous catholiques. Au total pour 2012, 30 jours de cours pour 9 nouvelles équipes.

Tiêu organise aussi des cours de renforcement (nous dirions formation continue) pour les formateurs et les monitrices :18 jours de cours en 2012 pour 6 groupes de monitrices.

Diffusion plus large

Lors d'un cours à Thai Hà, nous avons vu venir un père Rédemptoriste d'Ho Chi Minh Ville (Saïgon) qui nous a demandé de venir au Sud.

En 1999 nous avons donc commencé quelques formations à Ho Chi Minh Ville : tout d'abord des religieuses, puis quelques couples dans des paroisses. Malgré des rencontres intéressantes, nous n'avons jamais trouvé le même enthousiasme qu'au Nord, et pas de chef de file capable de soutenir le mouvement.

Nous avons essayé aussi au Centre du pays, Hué et Da Nang, mais là aussi, pas de suite.

C'est donc au Nord que se concentrent les efforts, avec l'enthousiasme de Tiêu et du catéchiste Loï qui y consacrent une grande part de leur activité. La Fondation Leïla Fodil les aide avec une indemnité mensuelle et envoie à Loï des frais de fonctionnement, pour payer les déplacements des formateurs et le matériel pédagogique.

Ils sont maintenant tout à fait autonomes, avec un soutien financier, et nous en sommes très heureux. Bien que je n'y sois pas allée depuis 2008, le programme continue et l'information se diffuse toujours de plus en plus.

Mes convictions après 20 ans de travail au Viêt Nam

Il y a chez les catholiques du Viêt Nam (8% de la population) une grande attente d'une méthode efficace et compatible avec l'enseignement de l'Eglise. Il est dramatique de voir ces femmes mal à l'aise, ne pouvant aller communier alors que tout le monde y va, parce qu'elles portent un stérilet, que personne ne leur a proposé une méthode compatible avec leur foi et qu'elles ne peuvent raisonnablement pas avoir un enfant de plus sans mettre en danger leur vie et leur famille.

Un programme TQS ne peut bien fonctionner que s'il y a une « tête » persuadée de son intérêt et ayant autorité pour le mener à bien. Pour nous, c'est au Nord, le père Hiên curé de la paroisse Thai Hà à Hà Nôi et responsable diocésain de la pastorale familiale. Nous n'avons pas trouvé le même point d'ancrage au Centre et au Sud.

Le mouvement TQS est au point mort dans le Sud, en bonne voie dans le Centre, irréversible au Nord.

Tiêu assure la formation des formateurs et le suivi continu du programme.

Tiêu a toujours veillé à maintenir le contact avec les autorités politiques et sanitaires et rien n'aurait pu se faire sans cet accord.

J'insiste aussi sur le temps nécessaire pour trouver les bons interlocuteurs puisqu'au départ il n'y avait pas de demande locale puisque la méthode n'était pas connue, mais une proposition de ma part.
Il est possible d'enseigner la méthode de façon pratique et efficace chez des femmes sans grande instruction. Les paysannes de Kim Dinh nous l'ont montré. Cela favorise leur promotion.
Le soutien financier reste nécessaire puisque ce programme ne peut trouver aucun financement local, les paroisses n'ayant par définition pas de ressources propres.

Ce programme a pu fonctionner grâce à l'enthousiasme et à l'ouverture d'esprit de Tiêu, qui a accepté de recevoir les connaissances d'une simple monitrice M.A.O. Puis il a accepté de modifier sa façon de présenter les méthodes de planification familiale. Enfin, d'aller travailler avec des catholiques, dans un pays où ils sont étroitement surveillés.

Le Congrès international de PFN À Milan en Juin 2015

JB.

Marie est allée au congrès de l'IEEF à Milan en 2015.
Malgré son handicap, elle a pu participer à de nombreuses réunions et faire part de son expérience.
La Fondation Leïla Fodil avait invité le père Joseph Trinh Ngôc Hiên et le couple de Dany et Kacky Sauvage, habitants de l'Ile Maurice.
Marie souhaitait que le Père Hiên fasse part de son expérience et rencontre Dany et Jacky Sauvage qui avaient accepté de poursuivre la supervision du projet de Marie.

Il y avait plusieurs centaines de participants. J'ai été impressionné par le nombre de nations représentées, aussi éloignées que le Kazakstan et la Sibérie, l'Australie ainsi que par leur ardeur à enseigner la PFN.

Le Père Hiên a exposé TQS au Viêt Nam.
Voici le texte de son exposé.

EXPERIENCE DE TERRAIN D'ENSEIGNEMENT DE LA PLANIFICATION FAMILIALE NATURELLE AU VIÊT NAM

Père Joseph Trinh Ngôc Hiên
Curé de la paroisse de Thai Hà à Hà Nôi

Communication au Congrès International de Planification
Familiale Naturelle
Milan 11-14 Juin 2015
Alimenter la vie – Nourrir l'Amour – Soutenir la Famille

Comme vous savez, la Planifiaction familiale naturelle (PFN) a été introduite au Viêt Nam dans les années mille neuf cents quatre-vingt-dix par Marie et Jean-Bernard Joly. Après, pendant plusieurs années, avec l'aide de la Fondation Leila Fodil, nous avons organisé des classes pour former des enseignants de cette méthode. Avec ces enseignants, nous avons propagé largement la PFN au Vietnam. Jusqu'à présent, nous avons entrepris les activités suivantes.

I. Les travaux en cours

1.Ouverture de classes de formation

Depuis 1994 jusqu'à maintenant, nous avons organisé différentes classes à Hà Nội, à Huế et à Saïgon, c'est à dire, dans les trois grandes villes du Viêt Nam et nous avons formé plus de deux cents personnes. Celles-ci continuent de diffuser la PFN dans leurs milieux socio-professionnels.

Au Nord du Vietnam, en particulier, les activités pour former des dirigeants et diffuser la PFN ont lieu le plus efficacement et le plus activement à la paroisse de Thái Hà de l'archidiocèse de Hà Nôi. C'est grâce au dévouement des Pères rédemptoristes dans la communauté rédemptoriste de Hà Nôi ainsi qu'au service ardent de Monsieur Duong Van Loï qui enseigne la

PFN, qui guide les gens et c'est lui qui applique aussi la PFN pour sa famille.

2.Formation directe des personnes à l'âge de la procréation

Nous enseignons directement la PFN aux gens à l'âge de la procréation dans les milieux suivants:

2.1. Dans les classes de catéchisme pour les préparants au mariage.

Nous enseignons la PFN dans les classes de catéchisme pour les gens qui se préparent au mariage. Les 14 heures de cours sur la PFN sont des séances particulières et obligatoires à tous les étudiants qui doivent passer un examen à la fin d'études. Nous appliquons l'enseignement de la PFN dans les classes de catéchisme non seulement à la paroisse de Thái Hà à Hà Nôi, mais aussi dans les autres villes et sept provinces : Hà Tây, Hà Nam, Phú Thọ, Ninh Bình, Bắc Giang, Tuyên Quang, Gialai.
En particulier à la paroisse de Thái Hà à Hà Nôi dont je suis le curé, chaque année il y a de 300 à 400 étudiants dans ces classes de catéchisme. C'est Monsieur Duong Van Loï qui assume l'enseignement de la PFN dans ces classes.

2.2. Dans les paroisses.

Nous aidons 19 paroisses à former des enseigants de la PFN. Ceux-ci enseignent à leur tour la PFN dans les classes de catéchisme et de préparation au mariage. De plus, quand nous avons l'occasion de rencontrer des curés, nous leur procurons des documents et les encourageons à aider leurs paroissiens à comprendre et à appliquer la PFN dans leurs familles.

2.3. Dans les missions paroissiennes.

Depuis quelques années, dans chaque mission paroissienne assumée par la Communauté rédemptoriste de Hà Nôi, nous présentons la PFN aux paroissiens. Depuis 3 ans (2013-2015), notre Communauté rédemptoriste a tenu 23 missions paroissiennes dans 23 paroisses. Chaque mission paroissienne dure une semaine.

Alors, maintenant présenter la PFN et aider les paroissiens à l'appliquer sont les activités importantes dans chaque mission paroissienne de notre Communauté.

2.4. Documents comme outils d'enseignement

Pour que l'enseignement de la PFN soit vraiment efficace, nous avons rédigé un carnet de guide, des brochures, une collection de photos et une leçon avec des powerpoints qui permettent de mieux comprendre.

II. Estimations et souhaits

Nous vous présentons maintenant nos estimations et nos souhaits à partir de nos exprériences dans l'enseignement et la promotion de la PFN au Viêt Nam, particulièrement dans l'Église locale au Nord du Viêt Nam:

1. Pour que les utilisateurs de la PFN soient fidèles, actifs à la PFN et pour que la PFN soit vraiment efficace, il faudrait qu'ils soient bien encouragés, bien surveillés, bien soutenus. Pour réaliser tout cela, il faut:

* Bien former une équipe de spécialistes qualifiés et bien dévoués.

* Améliorer la méthode et les outils de l'enseignement de la PFN

□□□Nous rencontrons bien de difficultés qui viennent de la société ainsi que de l'Église.

Les difficultés provenant de la société : l'avortement est légalement autorisé par les autorités politiques, c'est pourquoi les habitants ne s'intéressent pas aux moyens d'éviter la conception. Dès qu'ils ont besoin de la planification familiale, ils ne connaissent que les moyens artificiels dont l'État les tient au courant. L'État ne diffuse jamais la PFN. Même c'est l'État qui encourage les gens d'avorter et d'arrêter provisoirement ou pour toujours la procréation. De plus, à part dans les paroisses, l'État ne nous permet pas de répandre la PFN dans les autres milieux tels que dans les écoles, les hôpitaux ou dans les habitations.

Les difficultés de la part de l'Église locale : beaucoup de curés considèrent l'enseignement, le guide de la planification familiale comme le devoir de la société civile et pour eux, ce n'est pas la tâche des paroisses ou du clergé. Ils ne nous donnent pas toujours ainsi qu'à nos collaborateurs la possibilité de propager la PFN dans leurs paroisses.

Pour les habitants : Infuencés par notre culture, les Vietnamiens considèrent les relations sexuelles comme des questions délicates, c'est pourquoi on ne l'enseigne pas ouvertement et bien sûr on n'en parle presque pas dans les milieux religieux comme dans les églises. C'est pour cette raison que beaucoup de gens se sentent gênés quand ils participent aux séances de l'enseignement de la PFN. Cela les empêche d'utiliser la PFN pour eux-mêmes.

Les moyens d'application: la manière d'appliquer la PFN est plus compliquée que les moyens artificiels que la société encourage parce que la PFN exige de la part des utilisateurs beaucoup de patience. C'est pourquoi beaucoup de couples préfèrent utiliser les moyens artificiels plutôt que choisir et appliquer la PFN.

3. Nous souhaitons que

☐ L'Église du Vietnam fasse attention à l'enseignement de la PFN et qu'elle apporte une aide concrète aux familles dans leur planification familiale.

☐ Nous souhaitons que la PFN soit plus largement diffusée au Viêt Nam et qu'il y ait de plus en plus d'utilisateurs.

☐ Nous souhaitons que la Fondation Leila Fodil continue de nous aider financièrement pour que nous puissions multiplier nos activités de la PFN à tous égards dans tout le Viêt Nam.

☐ Nous souhaitons pouvoir réaliser un film d'enseignement pour promouvoir la qualité de l'enseignement et de la promotion de la PFN.

Mesdames et Messieurs, nous venons de vous présenter notre partage bref à propos de l'enseignement et de la promotion de la PFN au Vietnam. Merci de votre attention. Nous tenons à

remercier Institute of Family Life Education (EIFLE) de nous avoir donné l'occasion de venir ici pour vous partager notre travail au Viêt Nam.
Encore une fois, je remercie la Fondation Leila Fodil qui depuis longtemps nous accompagne et nous soutient généreusement. Merci à toutes et à tous !

Pendant la messe de clôture du congrès, alors que Marie et moi restions en haut de l'amphithéatre du fait du fauteuil roulant, nous avons vu le Père Hiên monter les gradins vêtu de ses habits de célébration, tenant haut un ciboire, pour porter la Communion à Marie. Ce fut un moment de grande émotion. C'était le Christ lui-même qui venait à elle.

Historique

**De l'enseignement
De la Planification Familiale Naturelle au Viêt Nam (TQS)**

**Intervenants français : Fondation Leïla Fodil :
Marie Joly, Valérie Pigeau, Evelyne Chabrol**

**Intervenants vietnamiens : Docteur Pham Xuân Tiêu,
Melle Hoang Lan, Père Joseph Trinh Ngôc Hiên,
Mr Duong Van Loï**

<u>1987 - 1990</u>
MJ[21]-Tiêu   Diverses conférences d'information sur la Planification Familiale Naturelle
Provinces de Hà Nôi, Thai Binh, Nam Dinh.

<u>Avril 1991</u>
MJ-Tiêu   Session de 3 jours sur la P.F.N. à Hà Nôi pour un groupe de sages femmes de l'Institut de la Mère et du Nouveau-né.

<u>Avril 1992</u>
MJ-Tiêu   Session de 3 jours sur la pédagogie de la planification familiale pour 8 motivatrices de la VINAFPA[22] de Hà Nôi

---

[21] Les monitrices M.A.O. envoyées par la Fondation Leïla Fodil ont toutes reçu la formation du C.L.E.R. en France :
MJ = Marie Joly - EC= Evelyne Chabrol - VP = Valérie Pigeau - Tiêu=Docteur Pham Xuân Tiêu - Dung= docteur Duong Lan Dung - HL= Hoang Lan - JBJ=Jean Bernard Joly

[22] VINAFPA : Association vietnamienne de planification familiale

Le docteur Tiêu prend en charge ce programme

Avril 1994
MJ-Tiêu   Information P.F.N. à Vinh et districts de la province de province de Nghe An
Première rencontre avec le Cardinal Pham Dinh Tung, évêque de Hà Nôi

Novembre 1994
MJ-Tiêu   Première session M.A.O. à Hà Nôi : VINAFPA : ouvrières, étudiantes, mères de famille.

Avril 1995
MJ-Tiêu   2° session à Hà Nôi. Première visite à Nam Dinh et Ninh Binh

Déc. 1995
MJ -EC - Tiêu :

3° session à Hà Nôi. Premières sessions aux Provinces de Nam Dinh et Ninh Binh

Mars 1996
Tiêu   Hà Nôi : 1° session de la paroisse de Ham Long

Mai 1996
MJ-VP-Tiêu :

2° sessions à Nam Dinh, Ninh Binh et paroisse de Ham Long, province de Hà Nôi
Signature d'un programme de 3 ans avec la VINAFPA des 3 provinces

Oct. 1996
MJ-Tiêu   3° session Nam Dinh.
1° session dans les districts de Kim Son et Xuan Thuy, province de Ninh Binh

Déc 1996
EC-Tiêu   3° session à Ham Long. 1° session de coordination

Mars 1997
Tiêu   Stage du Docteur Tiêu en France

Mai 1997

MJ-VP -Tiêu. Hà Nôi :

 1° session quartier Hai Ba Trung à Hà Nôi. Réunion paroisse de Ham Long

 Province de Nam Hà : réunion Nam Dinh

 2° session district de Xuan Thuy

 Ninh Binh : 1° session à Ninh Binh ; 2° session a u district de Kim Son

 Édition d'un livret pour les utilisateurs TQS

Juin 1997

EC Conférence à Périgueux sur les M.A.O. au Viêt Nam : 70 personnes

Août 1997

Tiêu Province de Nam Dinh : 1° session à Nam Dinh.

 Conférence aux clubs de jeunes de la VINAFPA des provinces du Nord.

Sept. 1997

Tiêu Hà Nôi : Conférence à l'Union des femmes

Oct. 1997

MJ-Tiêu Hà Nôi : 1° jour avec l'Union des Femmes

 Réunion paroisse de Ham Long

 Province de Ninh Binh : 2° session à Ninh Binh

 3° session au district deKim Son

 Réunion à Nam Dinh

 Information Association des Sages femmes de l'IPMNN : 60 personnes

Nov. 1997

MJ-Tiêu - Dung : Hà Nôi :

 1° session paroisse de Thai Hà.

 3/11/97 Article parlant de TQS dans le district de Kim Son, dans le journal Dài Doan Kêt (journal national du Front de la Patrie)

Déc. 1997

EC-Tiêu Province de Nam Dinh : 2° session Nam Dinh

 3° session au disrict de Giao Thuy

Hà Nôi : fin 1° session Union des Femmes
Edition d'un tract de présentation TQS

Fév. 1998

Tiêu

Hà Nôi : Conférence C.G.F.E.D. (Centre de recherche sur le Genre, la Famille et l'environnement dans le développement. ONG vietnamienne)
Film vidéo TV tourné à cette occasion, projeté au programme TV2.
2° session paroisse de Thai Hà
2° session Union des Femmes

Juin 1998

Tiêu

Conférence au Comité National de la population
Province de Ninh Binh : 2 jours à Ninh Binh
3 jours nouveau groupe : couples commune de Kim Dinh.
10 réunions organisées sur place par la coordinatrice au cours de l'année.
Hà Nôi : suite formation paroisse de Thai Hà et Union des Femmes

Août 1998

Tiêu

Procince de Da Nang : 4 jours formation à 60 religieuses et 2 conférences tout public

Sept 1998

Tiêu

Hà Nôi : début cours du soir préparation au mariage paroisse Thai Hà
Pr.Nam Dinh : 2 jours information VINAFPA de Nam Truc

Oct. 1998

MJ-Tiêu

Hà Nôi : suite formation par. Thai Hà et Union des Femmes
Province de Nam Dinh : 2 jours groupe de Nam Dinh
Province de Ninh Binh : 2 jours groupe de Ninh Binh

Nov.1998

MJ-Tiêu

Signature d'un accord bilatéral entre la Fondation Leïla

Fodil et le CGFED.

Déc 1998
Tiêu   Suite cours Hà Nôi, paroisse de Thai Hà
Fév 1999
Tiêu   Informations et début de formations à Ho Chi Minh Ville

Avril 1999
EC-Tiêu   Suite formations à Hà Nôi, Nam Dinh, Ninh Binh
Juillet 1999
Tiêu   Cours religieuses de Hué
              Édition livrets pédagogiques pour moniteurs et utilisateurs
              Édition affiches plastifiées pour formateurs

11/11/1999
Tiêu   Communication à un Séminaire du CGFED sur la PFN
Nov 1999
MJ-Tiêu   Bilan à Hà Nôi, provinces de Nam Dinh, Ninh Binh, Da Nang et HCMV.
              Hà Nôi paroisse de Thai Hà : 20 jours de formation : 80 personnes
              Préparation au mariage dans 4 paroisses.
              Ouverture centre de conseil à paroisse de Thai Hà.
              Union des femmes : 21 jours de formation pour 58 femmes
              Ninh Binh : formation de 26 femmes + 12 couples commune de Kim Dinh
              Province de Nam Dinh : Cours à district de Xuan Ngoc
:   12 couples
              Da Nang : formation 70 religieuses. Informations femmes de provinces de Kontum, Hoa Son.
              Hué : Formation 62 religieuses. Une équipe de formateurs en préparation.
              HCMV : Cours à 65 personnes. Informations diverses.

	Constitution de 2 groupes : district de Thu Duc avec Mr Doat ; St. V. de Paul.
Oct 2000	Édition d'un dossier pédagogique pour les formateurs.
MJ-Tiêu	Hà Nôi : rencontre avec Mgr Paul Le Dac Trong, évêque auxiliaire de Hà Nôi, avec le Père Hiên et tous les catéchistes de Thai Hà pour une demande de reconnaissance officielle de leur travail en PFN, leur donnant l'autorisation d'enseigner TQS.

HCMV et Hà Nôi : Rédaction d'une lettre pour l'information des curés des paroisses.

Bilan 2000 :

59 journées de formation par Tiêu

Personnes touchées :

Préparation au mariage : 770

Suivi de cours : 430

Informations individuelles : 30

Suivi régulier utilisatrices : 40

Moniteurs formés : 23

Formateurs : 2

Mai 2001

EC	HCMV : Supervision des formations données par les formateurs d'HCMV et Da Nang : Réunion avec 7 soeurs monitrices.
	Hué : Réunion avec 6 moniteurs formés.

Juin 2001

Tiêu	Sessions à HCMV

Nov 2001

MJ-Tiêu	Visites à HCMV, Province deTay Ninh ; province de Hà Nôi, commune de Kim Dinh, et paroissse de Thai Hà.
	Hai Phong information à la commune de Bach Dang district de Tiên Lang

Fév, Mai Août 2002

Tiêu	3 sessions de formation pour moniteurs de 4 provinces

: Tay Ninh, Dong Nai, Binh Phuoc et Tay Nguyên.

<u>Nov 2002</u>

MJ Tiêu   Da Nang : rencontre 8 soeurs.

Hué : 2 groupes : soeurs Kim Long et laïcs.

Hà Nôi : paroisse de Thai Hà préparation mariage : 400 couples. Suivi 60 couples

En prévision : session de formateurs Bac Ninh et Nam Dinh

Nam Dinh : formation en cours de 30 catéchistes

Bac Ninh : formation en cours de 24 catéchistes à

District de Luc Nam ; projet de formation de formateurs pour le diocèse

Ninh Binh : 14 couples utilisateurs depuis 5 ans. Transmission à d'autres.

Début de formation au district de Luu Phuong : 15 femmes.

<u>Janvier 2003</u>

H L   Visite à Angoulême. Projets ensemble

<u>Sept 2003</u>

MJ-JBJ

Tiêu-HL   Prise en charge par l'Église catholique

Supervision de toutes les équipes TQS du Viêt Nam

Rencontre de 6 évêques

HCMV : coordination prise en charge par Hoang Lan.

Groupes à :

Sud : Thu Duc, Dong Nai, Tay Ninh, Can Tho, KonTum, Pleiku.

Centre :

Da Nang, Hué,

Nord :

Hà Nôi, Bac Ninh, Bac Giang, Nam Dinh, Kim Son

<u>Nov-déc 2004</u>

MJ-

JBJ-Tiêu   commune de Kim Dinh district de Kim Son. Paroisse de Thai Hà à Hà Nôi. Province de Bac Ninh, province de Tuyen Quang district de Luc Nam, province de Bac Giang, disrtict de Thuong Trang. Province de Ha Nam, province de Ninh Binh, Bui Chu. Luong Xà province de Hà Tay. Province de Da Nang

HCMV :Thu Duc, Ba Chuong, Phanxico Dakao

Sœurs Enfant Jésus

Province de Binh Thai, District de Lo Duc. Provinces de Dong Nai, Tay Ninh, Tay Nguyen, Can Tho

<u>Nov 2005</u>

MJ-Tiêu-JBJ-Loï

    NORD

        Le bureau de conseil de Thai Hà est installé

           2 sessions de renforcement par Tiêu

           Province de Hà Nam, Bui Chu. Bac Ninh : Cours dans 4 nouvelles communes

           Visite de Thuong Trang province de Hà Nam avec Tiêu, père Hiên et Loï.

           Perfectionnement des enseignants de Hà Nôi : suivi des couples

           Formation de moniteurs des communes de Hoa Muc province de Hà Nam et Thach Bich, province de Hà Tay Conférence de préparation au mariage

    SUD

        HCMV : Rencontre des responsables de la Pastorale familiale du diocèse : père Bao, père Vinh

        Recyclage 5 moniteurs, 3 médecins.

        2 soirées avec 10 couples de la préparation au mariage

        Groupe de Binh Thai

<u>Juin 2006,</u>
MJ-Tiêu   Tiêu : conférence au CGFED
                 Thai Hà : MJ conférence préparation au mariage
                 Visites à Kim Dinh district de Kim Son,
                 Visites à HCMV. Tentatives de contacts avec les
                 évêques de HCMV, Can Tho, Da Nang

<u>Mai 2007</u>
MJ-Tiêu-H L-JB
                 HCMV : Recyclage de Lan. Rencontres
                 individuelles.
                 Cours au foyer de charité de Thu Duc
                 My Tho
                 Da Nang : Cours de renforcement : 30 personnes
                 Trois soirées sœurs de St Paul de Chartres
                 Bureau de pastorale familiale. Rencontre de
                 l'évêque
                 Hà Nôi : Visite et cours à communes de Dong Xà,
                 et Dong Chiêm. Visite à l'évêque. Réunion à Thai
                 Hà
                 Kim Dinh district de Kim Son: cours à 31
                 utilisatrices
                 Thuong Trang province de Ha Nam : 13 utilisatrices

<u>Avril 2008</u>
MJ-Tiêu-JB   Kim Dinh : 30 utilisatrices
                 Deux jours cours de renforcement communes de
                 Dong Xa, Chiên Hung, Bac Son
                 Deux jours cours de renforcement province de Bac
                 Giang, cmmune de Thuong Trang
                 Bilan

Depuis 2008
                 L'enseignement de nouveaux groupes,
                 Les réunions de préparation au mariage,
                 La formation de moniteurs,

Sont assurés par la paroisse de Thai Hà, sous la direction du Père Joseph Trinh Ngôc Hiên et du Père Phuong. L'animateur formateur est Monsieur Duong Van Loï.

Où en est la diffusion de TQS
au Viêt Nam en 2020 ?

La seule organisation structurée qui subsiste est celle de la paroisse de Thai Ha à Hà Nôi. Loï continue son enseignement de TQS dans les classes de préparation au mariage dans les paroisses autour de la ville. Il forme 3 étudiants (donc un est docteur) pour devenir formateurs de TQS.

Le Père Joseph Trinh Ngôc Hiên de la paroisse de Thai Ha à Hà Nôi, a interrogé les formateurs de Da Nang, Hué, Hô Chi Minh Ville. Dans ces localités, l'enseignement a cessé de façon officielle et structurée, les responsables ayant été mutés comme il est fréquent dans l'Eglise.

Cela ne veut pas dite que TQS soit abandonné. De nombreuses personnes avaient été formées. Elles avaient montré leur enthousiasme et avaient commencé à diffuser de leur propre initiative par des enseignements personnels. Il est probable qu'un certain nombre d'entre elles continuent d'appliquer la méthode pour elles mêmes et qu'une diffusion de proche en proche continue de se faire. Mais il n'est pas possible de se faire une idée de la réalité de cette hypothèse ni du nombre des personnes intéressées.

Les sœurs de Saint Paul de Chartres de Da Nang continuent probablement d'enseigner TQS dans les villages des Hauts plateaux dans la province de Kon Tum.

M.A.O. au Mali

JB.

En 1983, la ville d'Angoulême s'est jumelée avec celle de Ségou au Mali.

J'ai fait partie de la première délégation et ai constitué avec Alou Traoré, alors adjoint au Maire, le « groupe santé » qui comprenait des personnalités maliennes et françaises chargées de problèmes sanitaires et de soins.

Marie s'est jointe au groupe, tout d'abord en participant au programme d'enseignement des sages femmes et des mères de famille avec la constitution de diapositives, la réalisation du film « La vie entre les mains » d'enseignement des soins aux mères et aux nouveau-nés. Puis elle est devenue championne de constitution et d'expédition de conteneurs en participant activement et avec précision et efficacité au rassemblement du matériel nécessaires aux rénovations hospitalières qui ont été la première activité de la Fondation Leïla Fodil à Ségou. Enfin, elle a tenté d'implanter un programme de planification familiale naturelle.

C'est cette partie de son action qui est décrite dans ce chapitre[23].

M.

Kani Kané, sage femme du centre de santé Famory Doumbia, était particulièrement attachée au développement du statut des femmes du Mali. Dès les premiers contacts, elle nous a parlé de la nécessité d'agir en faveur de la limitation du nombre de naissances. En 1984, le taux de natalité se situait aux environs de sept enfants par femme. Les hommes s'en glorifiaient, les femmes en soufraient et en mouraient.

---

[23] Marie a aussi participé activement aux autres actions de la Fondation Leïla Fodil. Tout cela est décrit dans le livre « Le Mali que j'aime »

Je suivais la formation du CLER en vue d'aller enseigner les MAO au Viêt Nam. J'en parlai avec Kani. Celle-ci avait déjà commencé à enseigner la méthode Billings aux accoucheuses traditionnelles (AT) qu'elle rencontrait.

Avec Kani, la Fondation Leïla Fodil a rédigé un chapitre sur ce sujet dans le livret d'enseignement sans texte destiné aux AT[24]. Mais elle pensait qu'on pouvait aller plus loin et proposer les MAO aux femmes de Ségou.

Une rencontre avec madame le docteur Hasfatou Diallo, alors responsable de la Section Planification Familiale à la Division Santé Familiale à Bamako avait même imaginé la possibilité d'avancer plus loin, en diffusant à la totalité du pays. Ceci n'a pas été fait, car la division n'avait pas d'argent.

Elle a donné les informations suivantes :

Actuellement, seulement 5% des femmes utilisaient une méthode contraceptive.

Une circulaire récente du Ministère de la Santé n'exigeait plus l'autorisation du mari pour donner un moyen de contraception à une femme.

Jusqu'à maintenant, les pilules étaient distribuées gratuitement. Avec la création des Centres de Santé Communautaires, qui devaient vivre en autofinancement par la population, la plaquette de pilule était vendue 100 FCFA (0,15 €). Cela avait abouti à la situation suivante : pilule gratuite en ville, payante dans les villages. Le paiement allait donc se généraliser. De même pour les préservatifs qui étaient distribués gratuitement par le plan de lutte contre le SIDA, et payants dans les centres de Planification Familiale.

Un programme se mettait en place pour diffuser le Norplan, implant contraceptif qui dure 5 ans. Mais il coûtait cher : 100 US$, plus le coût de son implantation.

---

[24] Manuel d'obstétrique en bande dessinée réalisé à Ségou avec Francis Groux, Kani Kané, financé par la Caisse d'Épargne

Je me suis donc contentée de concentrer l'effort sur la ville de Ségou.

En 1991, j'avais obtenu une subvention de la Fondation Jean Paul II, qui avait été attribuée à L'AMPPF (Association Malienne pour la Protection et la Promotion de la Famille) de Ségou. Cette ONG était chargée exclusivement de la sensibilisation, de l'information sur la planification familiale, mais non de la fourniture de contraceptifs. Les produits qu'elle recevait de l'IPPF[25] devaient être remis à la Direction de la Santé qui en organisait la diffusion.

Des réunions de quartier ont été organisées. Des femmes ont été formées comme monitrices. Celles-ci se sont réparties par équipes de trois pour aller faire des réunions de sensibilisation M.A.O. dans les 13 quartiers de Ségou. Dans un quartier, cela n'a pas été possible de l'organiser, malgré trois tentatives auprès des responsables du quartier. Quelques hommes sont venus à ces réunions de sensibilisation, intéressés par cette méthode naturelle sans risque d'effets secondaires. Les animatrices ont senti les femmes désireuses d'en savoir plus. C'est ce qui les a amenées à proposer à cinq chefs de quartiers d'envoyer chacun deux femmes à la session de formation que j'ai organisée en Juillet 1994 pendant cinq jours.

À cette session de formation, il y avait huit agents de santé déjà formés ; onze femmes déléguées par cinq quartiers ; huit mères de famille et trois jeunes filles animatrices de centre social ou de clubs de mères.

Cette session a revêtu un caractère très différent des précédentes, dans la mesure où elle s'adressait à des femmes n'ayant aucune connaissance médicale, et ouvertes à un apprentissage pour lequel elles se sentaient très personnellement concernées.

La plupart ont dit leur intention d'informer leur mari, de commencer dès maintenant leur observation puis de l'utiliser pour

---

[25] Institut international de planification familiale

maîtriser leur fécondité, et d'en parler autour d'elles. Je pensais qu'elles seraient de bonnes ambassadrices, car leur intérêt semblait réel.

Malheureusement, l'enseignement apporté n'a pu être que théorique, puisque même si certaines ont essayé de faire leur propre observation, il n'y en a qu'une seule (celle qui n'était pas agent de santé) qui a vraiment adopté les MAO comme méthode de planification familiale.

En novembre 1992, à la demande de l'évêque, Monseigneur Sidibé, et de Firmin Sidibé, directeur de l'enseignement catholique, j'ai participé au Centre Gabriel Cissé à une rencontre avec l'équipe de pastorale familiale du diocèse, pour leur proposer un travail commun sur la Planification Familiale Naturelle et l'éducation affective et sexuelle des jeunes.

Une Equipe Notre Dame qui regroupait sept couples m'a demandé de venir les rencontrer lors de leur réunion mensuelle d'un dimanche. 14 personnes étaient présentes, dont l'abbé Christophe Zongo. Je leur ai exposé le travail déjà fait à Ségou en Planification Familiale Naturelle auquel deux d'entre elles avaient été associées. Un groupe s'est formé à la Mission Catholique.

J'ai aussi informé plusieurs femmes intéressées.

L'UNICEF s'est déclaré intéressé. Jean Coursivault, coordinateur pour la région de Ségou, surveillait un projet nutrition sur 20 villages de la région. Les enquêtes préliminaires dans ces villages avaient fait ressortir les préoccupations des femmes autour de la naissance, en particulier les problèmes des grossesses rapprochées. N'étant pas persuadé des bienfaits de la pilule pour ces villages, Jean Coursivault cherchait une possibilité du côté des méthodes naturelles.

Dans ces villages, il prévoyait une formation des accoucheuses traditionnelles, dont il avait ressenti toute l'importance et l'influence sur la population.

Il était très intéressé par le travail de Kani Kané qui formait les A.T. depuis 10 ans sur grossesse et accouchement, et depuis peu sur les soins aux nouveau-nés et les Méthodes d'Auto Observation (Billings).

Il a été suggéré que le Centre de Santé Famory entre en relation avec l'UNICEF pour que la formation de ces A.T. puisse se faire en commun.

Tout ce travail ne pouvait se faire sans financement. En effet, si les personnes rencontrées se disaient intéressées, et pour certaines avaient commencé de pratiquer la méthode pour leur compte personnel, la diffusion ne pouvait qu'être rémunérée. Le bénévolat à Ségou était impossible, même en milieu catholique.

Beidari Tamboura, animateur à la Croix Rouge, m'a demandé de donner une information à un groupe de jeunes. Ce furent des journées passionnantes. J'ai exposé en détails la méthode, ses fondements physiologiques, sa pratique, l'organisation de sessions de formation. Ces jeunes étaient avides de connaissances, les questions fusaient de tous côtés. J'ai alors bien ressenti la différence entre la génération des parents, ignorants et accrochés aux usages traditionnels et celle des jeunes, soucieux de pouvoir vivre de façon libérée de ces contraintes.

En revanche, le comité des jumelages d'Angoulême a rejeté le projet. Une réunion devait avoir lieu à la Mairie. Quand je suis arrivée, les Ségoviens étaient entrain de partir. Pas parce que nous étions en retard, mais parce qu'il y avait l'enterrement de la mère du secrétaire de la mairie. J'y serais bien allée pour voir comment une cérémonie se déroulait ; ainsi j'ai dû rester pour la réunion du groupe. Quel groupe ? Il n'y en avait plus. Finalement la réunion a eu lieu. Dans la discussion, vint la formation MAO. Kani qui voyait loin, parlait déjà de la formation des accoucheuses traditionnelles. J'ai tenté d'expliquer à la délégation les principes

de la méthode : période sèche, période humide. Mais rapidement est apparu que nous ne cheminions pas sur la même longueur d'ondes. Les membres du groupe, professeurs français des écoles, répondirent que les MAO fonctionnaient moins bien que les pilules. Ils étaient assurés dans leur ignorance idéologique.
Kani avait raison.
Faisons comme tu le proposes, avec les gens qui ont envie de travailler. Sachons rester modestes et humbles devant leurs fausses connaissances et la pauvreté de ceux qui en demandent. Si nous voulons être hommes parmi les hommes, il faut se mettre à un niveau permettant l'efficacité.

Les années suivantes, je n'ai plus été sollicitée. Les paiements avaient cessé car le coordinateur de l'AMPPF avait mangé la subvention.
Et puis, une conversation approfondie avec Kani m'a dissuadée de continuer à proposer les MAO à Ségou. Elle me disait que les maliens, les hommes surtout et aussi les femmes, n'avaient aucune intention de maîtriser leurs appétits sexuels. La continence périodique était pour eux impensable.
Je n'ai pas insisté.

Koubri au Burkina Faso

JB.

Annie Boisdon, pharmacienne en retraite, très liée au dispensaire de Koubri au Burkina Faso, avait demandé à la Fondation Leïla Fodil une aide pour la construction d'une maternité.

Le dispensaire de Koubri se trouve à une trentaine de kilomètres à l'est de Ouagadougou. Il avait été créé par les moines bénédictins qui ont un monastère à côté, vers 1950. À l'époque, les lions venaient encore rôder.

Sœur Gisèle Chapelais des sœurs de Saint Gildas en était la gérante, aidée par des sœurs Burkinabés du même ordre.

Après un long échange et une visite d'Annie Fonteneau, membre du Conseil d'Administration de la Fondation Leïla Fodil, la Fondation a payé la plus grande partie de la construction et de l'équipement de cettte maternité.

Marie et moi sommes allés à l'inauguration.

Nous avons alors trouvé sur place un dispensaire géré à la façon habituelle des religieuses, c'est à dire : rigueur, technique sûre et bon cœur.

Le personnel soignant : sages femmes et infirmières burkinabés, a souhaité recevoir une information sur les méthodes naturelles de planification familiale.

Après une journée de fête comme savent en faire les Africains, Marie a consacré deux journées à expliquer de façon très précise ce qu'étaient les MAO. Les séances de travail en petits groupes réunissaient autour d'une table quatre soignantes, ce qui a permis des échanges approfondis. La bonne organisation de sœur Gisèle a permis que toutes les soignantes du dispensaire puissent à tour de rôle suivre ces formations.

Nous avons trouvé, pendant ce séjour, la joie du partage des connaissances, la confiance et la force que donne la foi, comme dans les séances de formation avec les catholiques du Viêt Nam.

Manuel d'utilisation
De la méthode d'auto- observation

Pour
La planification familiale naturelle

FONDATION LEILA FODIL   **C.G.F.E.D.**
Angoulême   **Hà Nôi**
France   **Viêt Nam**

Mme Marie Joly – Docteur Pham Xuân Tiêu

Présentation

Marie Joly, éducatrice en planification familiale naturelle et le docteur Pham Xuân Tiêu, chirurgien et obstétricien, directeur exécutif de l'association vietnamienne de planification familiale, ont travaillé pendant vingt cinq ans à enseigner et diffuser la méthode de planification familiale naturelle au Viêt Nam, encouragés par la Professeure Duong Thi Cuong, directrice de l'Institut de Protection de la Mère et du Nouveau-né.

IIs ont conçu et rédigé ce manuel, écrit en Français et en Vietnamien, pour servir de référence aux couples utilisateurs.

Le manuel en Français est mis à la disposition sur le site de la Fondation Leïla Fodil afin de permettre une large diffusion.

Fondation Leïla Fodil
325 Route de Royan 16730 FLÉAC France
tél : 33 (0)5 45 95 28 52
Site WEB : fondationleilafodil.org
e-mail : courrier@fondationleilafodil.org

Un enfant quand je veux ?

L'enfant est le résultat de la rencontre entre l'ovule de la mère et un spermatozoïde du père, qui par leur union vont former un être nouveau et unique, l'enfant. Cette rencontre est possible grâce à la relation sexuelle entre le père et la mère. Cette relation est dite "fertile" quand elle peut permettre la conception d'un enfant. La fertilité du couple dépend de la fertilité de l'homme et de la femme.

<u>L'homme est fertile tous les jours,</u> de la puberté jusqu'à la fin de sa vie, car il produit des spermatozoïdes en permanence.

<u>La femme n'est fertile que quelques jours par mois,</u> de la puberté à la ménopause, car elle ne produit qu'un ovule au cours de chaque cycle.

C'est donc la période fertile de la femme qui conditionne la période fertile du couple.

Le cycle de la femme est la période qui s'étend du premier jour de ses règles à la veille du premier jour des règles suivantes, début d'un nouveau cycle.

Au cours de son cycle, par une observation quotidienne, la femme peut repérer elle-même les signes qui lui permettent de déterminer sa période de fertilité : le signe de la glaire et le signe de la température.

Grâce à la connaissance précise de la période de fertilité, le couple peut décider d'avoir ou de ne pas avoir de relation sexuelle pendant cette période, selon qu'il souhaite avoir ou ne pas avoir d'enfant. L'homme et la femme ont tous deux leur responsabilité dans le choix de la méthode et dans son utilisation. C'est ensemble qu'ils décident de leur vie sexuelle.

Anatomie de l'homme

Les deux TESTICULES :
Produisent les spermatozoïdes en permanence.
Et la testostérone (hormone mâle)

La VERGE :
Est l'organe de la rencontre avec la femme.

Les deux CANAUX DÉFÉRENTS
Sont les organes de transport des spermatozoïdes

L'URÈTRE :
Est le canal d'évacuation de l'urine ou du sperme (jamais des deux
à la fois)

Les deux VÉSICULES SÉMINALES et la PROSTATE :
produisent le liquide du sperme

L'HYPOPHYSE : pilote le fonctionnement continu.
La fertilité de l'homme est permanente.

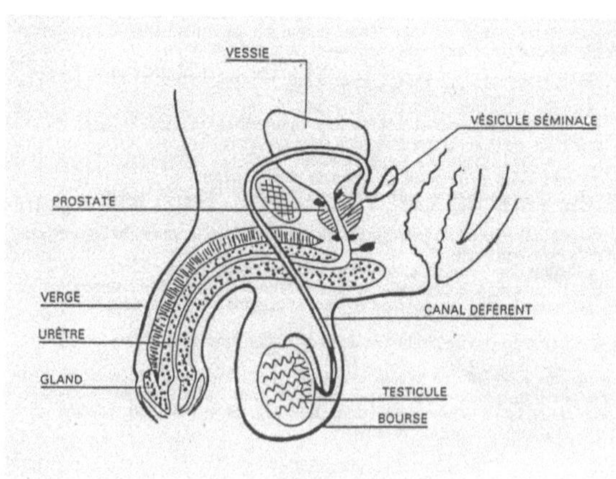

Anatomie de la femme

L'HYPOPHYSE, située dans le cerveau, pilote le fonctionnement du cycle féminin La fertilité de la femme est temporaire.

LES OVAIRES contiennent les follicules qui libèrent un ovule à chaque cycle.

Ils produisent les hormones : œstrogènes et progestérone.

LES TROMPES sont le lieu de la rencontre entre l'ovule et le spermatozoïde. C'est l'organe de transport de l'œuf fécondé.

L'UTÉRUS : c'est là que le bébé grandit. C'est la chambre du bébé. Il est tapissé par la muqueuse utérine.

LE COL DE L'UTÉRUS : est la porte de la chambre. C'est la salle d'attente des spermatozoïdes.

Il secrète la GLAIRE CERVICALE.

LE VAGIN accueille la verge de l'homme. Le bébé le franchit lors de l'accouchement.

LA VULVE est l'entrée du vagin.

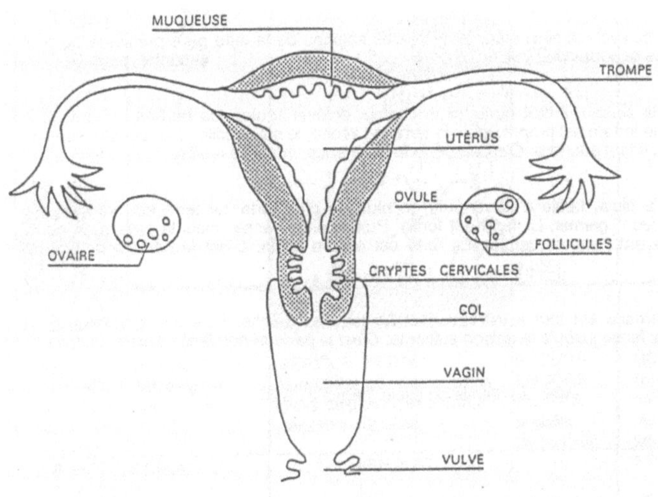

Le cycle féminin

Une comparaison du cycle féminin avec le cycle des saisons de la terre peut permettre de bien comprendre les différentes périodes du cycle.

1 - Au début de la saison, il faut nettoyer le champ, enlever toutes les herbes restant de la saison   précédente. Puis le terrain est propre, mais la terre est sèche, le soleil brille, des graines semées ne pourraient pas germer. Il faut attendre. C'est la période de latence, infertilité relative.

2 - Un jour vient la pluie, faible d'abord puis de plus en plus forte. La terre est humide puis mouillée. Les graines peuvent germer. La terre est fertile. Puis la pluie cesse, mais la terre est encore humide. Les graines peuvent encore germer. La terre est encore fertile. C'est la période ovulatoire, fertile.

3 - Enfin, la sécheresse est tout à fait revenue. La terre est sèche. Plus une graine ne peut germer. La terre n'est plus fertile jusqu'à la saison suivante. C'est la période non fertile post-ovulatoire.
Voir les détails du fonctionnement du cycle, pages 338 et suivantes

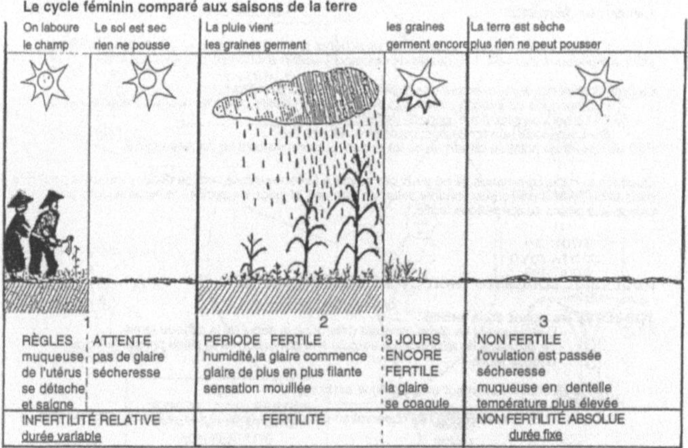

Le cycle féminin est représenté ci-dessous sur un schéma en rond. Les organes génitaux se modifient selon les périodes du cycle. Les détails de ces modifications sont présentés pages 338 et suivantes.

Le cycle commence le premier jour des règles, il comporte 3 périodes :
I - La période de latence : elle comprend la durée des règles et les jours suivants.
Sa durée est variable. *L'infertilité est relative.*
II - La période de l'ovulation, *c'est la période de fertilité.*
III - La période qui suit l'ovulation. Sa durée est fixe. C'est la période de *non fertilité absolue.*
Puis on revient au point de départ, les règles commencent un nouveau cycle.

Quand le cycle commence, il n'est pas possible de savoir à l'avance quelle sera sa durée puisque la première période a une durée variable selon les femmes et selon les cycles. Il n'est pas possible de prévoir le moment de la période fertile.

.

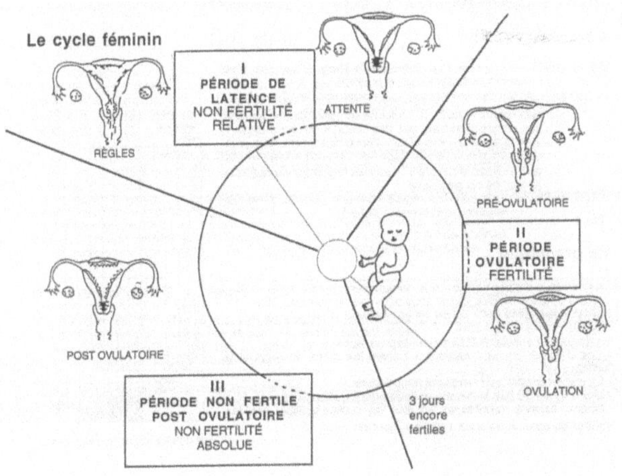

Pour connaître mon cycle que dois-je faire ?

J'OBSERVE les signes de la fertilité : *la glaire et la température.*
- L'écoulement de la glaire cervicale détermine le début de la période fertile.
- Le décalage de température associé à la disparition de la glaire précise la fin de la période fertile.
JE NOTE l'observation sur un graphique. Cela me permettra de me souvenir précisément du déroulement de mon cycle.
J'INTERPRÈTE ce que j'ai noté pour savoir chaque jour si je suis fertile ou non.
Le graphique :
Le graphique me permet de voir le déroulement de mon cycle et de pouvoir décider chaque jour si nous pouvons ou non avoir des relations sexuelles sans risque de grossesse.
Il présente 3 parties :
- Les 3 *lignes* du haut servent à inscrire les dates du mois et la fertilité.
- La partie centrale sert à noter la température.
- Les 4 lignes du bas servent à noter les règles et la glaire.
Chaque *colonne* représente un jour du cycle, marqué par les chiffres du bas. La colonne 1 est le 1er jour du cycle.

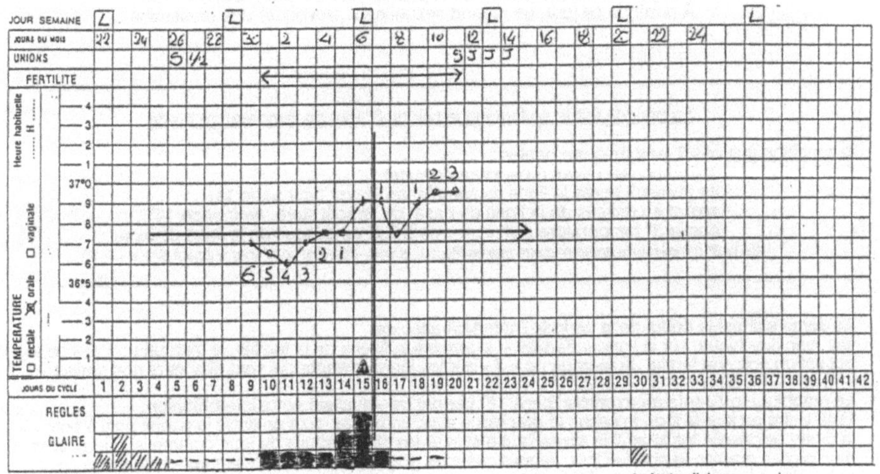

Les règles

J'OBSERVE : Dès que je vois apparaître le sang des règles, c'est un nouveau cycle qui commence.

JE NOTE : Je prends un nouveau graphique,
Je note le 1er jour des règles dans la 1ère colonne à gauche, sur la ligne d'en bas, par des rayures obliques dans 1, 2 ou 3 carreaux
selon l'abondance des règles.
Les jours suivants, je note le soir dans les colonnes suivantes.
En fin de cycle, je note le 1er jour des règles suivantes, puis je change de graphique.

J'INTERPRÈTE :
Les jours de règles sont une période d'infertilité relative.

La glaire

La glaire est une substance produite par le col de l'utérus certains jours du cycle. Elle s'écoule à travers le vagin et s'extériorise à la vulve. Elle est sans odeur, d'abord collante et translucide, puis transparente, élastique, filante. Si on la prend entre ses doigts, on peut l'étirer facilement. Elle peut ressembler à du blanc d'œuf cru. Elle procure une sensation d'humidité au niveau de la vulve et du vagin.

L'apparition de la glaire indique le commencement de la période fertile.

La glaire accueille et nourrit les spermatozoïdes. Elle permet la fécondation.

Après la sensation d'humidité provoquée par l'écoulement du sang des règles, vous pourrez tout d'abord avoir une sensation de sécheresse.

Puis, un jour vous retrouverez une sensation d'humidité, avec l'impression que quelque chose coule à l'intérieur de votre vagin : ce peut être la glaire produite par le col de l'utérus.

COMMENT OBSERVER LE SIGNE DE LA GLAIRE ?
OBSERVER CE QUE JE RESSENS :
Chaque jour, dès la fin des règles, tout au long de la journée, au moins 3 fois par jour, matin, midi et soir, en accomplissant mes tâches quotidiennes, je cherche à définir la sensation que j'éprouve au niveau du vagin et de la vulve :

- Est-ce que je me sens sèche, ou pas sèche ?
- Est-ce que je sens quelque chose s'écouler dans mon vagin ?
- Est-ce aujourd'hui comme hier ou différent d'hier ?

OBSERVER CE QUE JE VOIS :

3 fois par jour, matin, midi et soir, aux toilettes avant d'uriner, je passe deux doigts à la vulve (sans pénétrer dans le vagin) puis je les mets à hauteur de mes yeux et je regarde en écartant les doigts lentement :

- Y a-t-il quelque-chose ou rien ?

- Est-ce de la glaire ? Comment est-elle ? Collante, filante, glissante, élastique ?

- Est-ce aujourd'hui comme hier ou différent d'hier ?

La glaire évolue de jour en jour. C'est la qualité de la glaire qui est importante et non pas sa quantité.

Deux changements sont importants à remarquer :

1°) Le passage de "sec et rien vu" à de la glaire sentie ou vue. Ce jour marque le début de la période fertile.

2°) Le « jour sommet de glaire » est le dernier jour de glaire filante et élastique avant le changement brutal qui la voit redevenir épaisse et collante.

En général, l'observation de la glaire est simple, il est facile de faire la différence entre les jours secs et les jours humides avec présence de glaire.
S'il y a une difficulté, par exemple une sensation d'humidité permanente, voir page 353

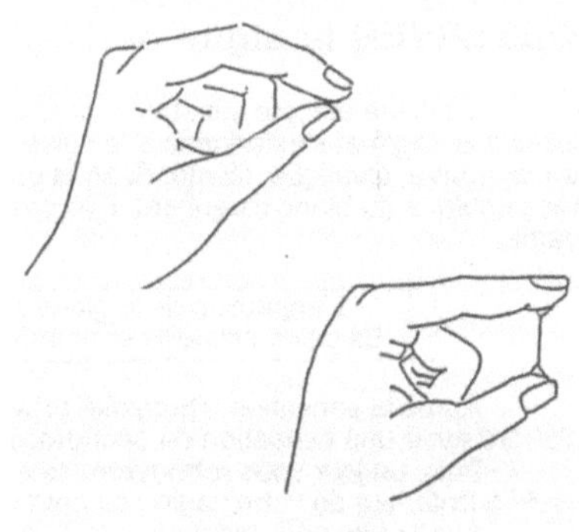

NOTER SUR LE GRAPHIQUE

Chaque soir, je note dans la colonne du jour, dans les carreaux prévus pour la glaire, selon la sensation éprouvée, la présence ou l'absence de glaire et la qualité de la glaire,
- Jour sec et rien toute la journée : un tiret
- Jour de glaire, sentie ou vue : 1 carreau noir
- Jour de glaire filante, mouillée: 2 carreaux noirs
- Jour de glaire très filante et glissante: 3 carreaux noirs
- Jour de glaire coagulée : 1 carreau noir

<u>Flèche de la fertilité :</u>
Dès l'apparition de glaire ou la sensation d'humidité, je trace le début de la flèche de fertilité sur la ligne prévue pour cela en haut du graphique.

<u>La ligne du jour sommet :</u>
Le jour où la glaire redevient brusquement épaisse et collante, je peux dire « hier était le jour sommet de glaire ». Sur le dernier jour de glaire filante je trace le signe du sommet : un petit triangle, pointe en haut.

Et je trace une ligne verticale à droite du dernier jour de glaire filante

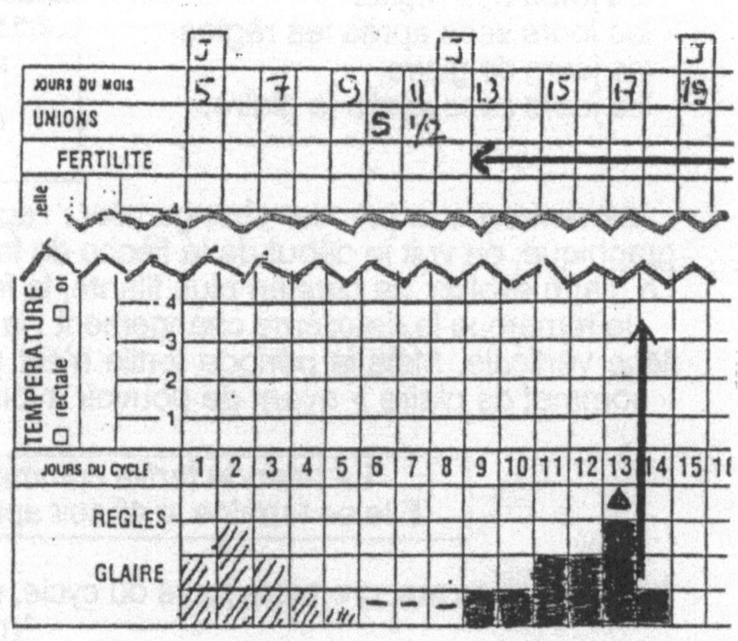

INTERPRÉTER L'OBSERVATION DE LA GLAIRE
DÉTERMINER LA PÉRIODE FERTILE

En lisant ce graphique d'observation de glaire,
Jour après jour, on voit clairement :
- les jours des règles
- les jours secs après les règles,
- les jours de glaire,
- les jours secs après la glaire.

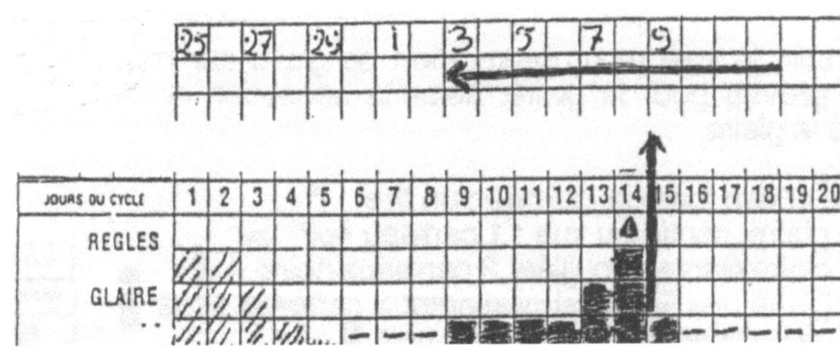

Je remarque le premier changement : l'apparition de la glaire.

La période fertile commence. En haut du graphique, on voit le début de la flèche de fertilité.

La glaire évolue, de plus en plus filante, la fertilité est de plus en plus grande.

Je remarque le deuxième changement : la fin de la glaire filante, avec le signe du sommet de glaire et la ligne verticale. Mais la période fertile n'est pas encore terminée. Je dois attendre 4 jours après le jour « sommet de glaire » avant de pouvoir avoir des relations sexuelles sans risque de grossesse.

La période fertile commence dès l'apparition de glaire sentie ou vue.

Elle se termine le 4° soir après le jour sommet de glaire.

Mais attention aux premiers jours du cycle, règles et jours secs avant la glaire. Leur infertilité est relative. Voir conseils page 324.

Cette règle est valable pour les femmes qui n'observent que la glaire cervicale (Méthode Billings)
L'observation des variations de la courbe de température apporte une plus grande précision et une plus grande sécurité pour déterminer la fin de la période fertile.

La température

L'observation de la température sert à confirmer de façon très sûre que l'ovulation est passée.
Voir les explications détaillées du cycle pages 338.
La courbe de température est plus haute d'environ 0,3° après l'ovulation. C'est ce décalage de température qui permet de déterminer avec précision la fin de la période fertile.

OBSERVER la température

Dès la fin des règles, chaque matin avant de me lever, à la même heure, je prends ma température avec un thermomètre médical ordinaire ayant des graduations bien lisibles.
Toujours couchée, avant toute activité, je mets le thermomètre :
- soit dans l'anus et je le garde pendant 3 minutes.
- soit sous la langue, bien au fond et au contact de la muqueuse, la bouche fermée et je le garde 5 minutes.
- soit dans le vagin, je le garde 5 minutes.
<u>Jamais sous le bras.</u>
Je n'oublie pas de laver le thermomètre à l'eau froide et au savon après chaque usage, et de le secouer pour faire baisser la colonne colorée, en faisant bien attention à ne pas le faire tomber, il est fragile. Puis je le repose à l'abri à côté de mon lit pour l'avoir à portée de la main le lendemain au réveil.

NOTER la température

Dès que je retire le thermomètre, je lis la température donnée par la colonne colorée.
Et aussitôt je l'inscris sur mon graphique : un point au milieu de la colonne du jour, sur la ligne correspondant au chiffre lu sur le thermomètre. Je relie ce point au point de la veille.

Jour après jour je vois ainsi se construire le graphique de mon cycle.

Voir des exemples de graphiques pages 349.

Tracer la LIGNE DE BASE DE LA TEMPÉRATURE :

Au cours du cycle, je repère :
1°) Un niveau bas. C'est le 1er étage.
                2°) Un décalage. C'est l'escalier
                                3°) Un niveau haut.
                            C'est le 2ème étage.
Pour pouvoir interpréter mon observation, je dois repérer le niveau bas et le décalage.

Le décalage de température se situe au cours de la période ovulatoire. Il est toujours précédé ou accompagné de glaire. Mais il peut se produire soit avant, soit après, soit au moment du jour sommet de glaire.

Je ne m'occupe pas du jour sommet de glaire pour repérer le décalage.

Quand la température commence à décaler vers le haut, je cherche le jour de température la plus basse au pied du décalage, et je compte 6 jours en arrière vers la gauche.

Je trace une ligne horizontale au niveau de la plus haute de ces 6 températures basses, et je prolonge cette ligne de quelques jours vers la droite.

C'est la ligne de base de température. Elle est utile pour déterminer le niveau haut.

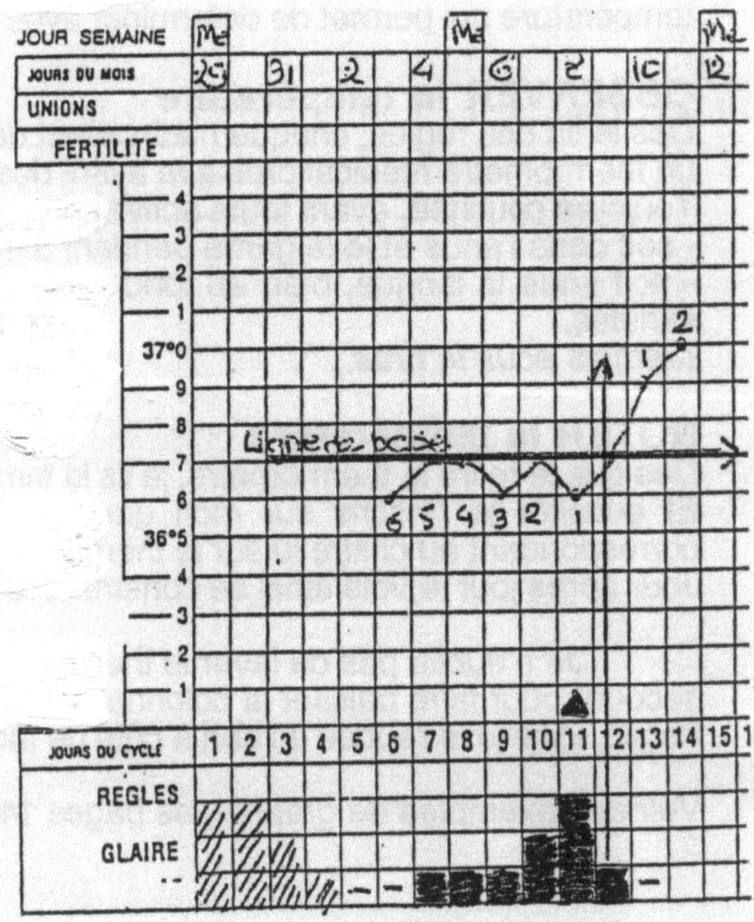

JOUR SEMAINE
JOURS DU MOIS
UNIONS
FERTILITE
4
3
2
1
37°0
9
8
7
6
36°5
4
3
2
1
Ligne de base
6 5 4 3 2 1
2
1
JOURS DU CYCLE
1 2 3 4 5 6 7 8 9 10 11 12 13 14 15 1
REGLES
GLAIRE

Interpréter
L'observation de la température et de la glaire associées
Pour déterminer la période fertile

La période fertile commence le premier jour de glaire sentie ou vue.
À partir de ce jour, un rapport sexuel peut provoquer une grossesse.

La période fertile se termine le soir du 3° jour de température haute,
À condition que ces 3 températures hautes :

     - soient consécutives (trois jours de suite)

     - se trouvent après la ligne du sommet de glaire (voir page 327)

     - soient au dessus de la ligne de base de température. (Voir page 331)

     - que la 3° température soit au moins à 0,2° au dessus de la ligne de base.

(Si la 3° température haute n'atteint pas ce niveau, je dois attendre un 4° jour qui peut être à + 0,1°)

Le 3ème soir est le début de la période d'infertilité absolue.
Sur mon graphique, sur la ligne « Fertilité », je termine la flèche de la fertilité, je marque un « S » ce soir-là qui est un soir non fertile.
Je marque un « J » sur les jours suivants qui sont des jours non fertiles.
Le graphique présenté en exemple permet de visualiser cette interprétation.
Pour le lire au jour le jour, je cache le graphique avec un papier, puis en tirant le papier petit à petit vers la droite, je dévoile les jours l'un après l'autre et je lis les observations du jour, comme je

le ferai avec mon propre graphique chaque jour. Je sais que mes graphiques ne seront jamais identiques à ceux présentés en exemples.

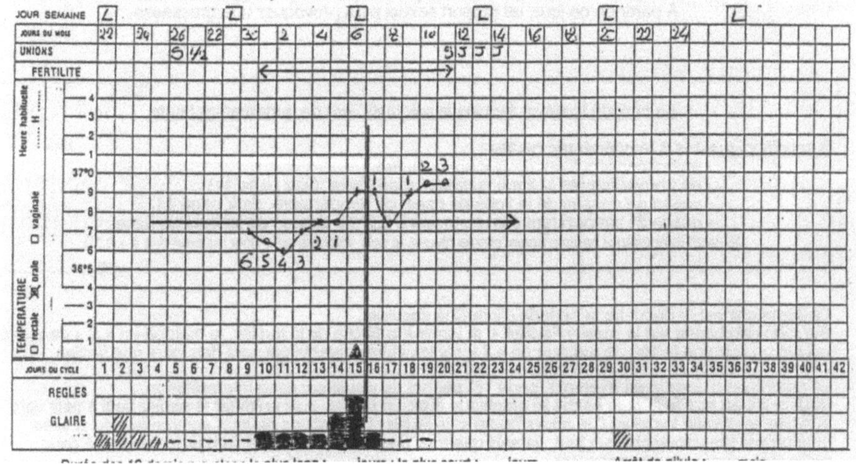

Quand les relations sexuelles sont-elles possibles si nous ne désirons pas de grossesse

<u>Pendant la période d'attente</u>, l'infertilité est relative : <u>prudence !</u>

- Pendant les règles :
Dans le cas de cycles courts, la glaire (donc la fertilité) peut commencer pendant les règles.
Les relations sexuelles sont possibles pendant les règles à condition d'avoir moins de 35 ans et que dans les 12 cycles précédents il n'y ait pas eu de cycle de moins de 26 jours.

- Pendant les jours secs après les règles :
Cette période est délicate car on ne sait pas combien de temps va durer l'attente du début de la fertilité. Il convient d'observer des consignes de prudence si on ne veut pas risquer une grossesse.

Au premier cycle d'observation : pas de relations sexuelles car il faut apprendre à bien repérer le début de la fertilité.

Les cycles suivants : si j'ai repéré 6 jours de glaire minimum au cycle précédent, les relations sexuelles sont alors possibles sans risque de grossesse, <u>à deux conditions</u> :
- Le soir seulement : en effet, le matin, je ne peux pas savoir si la glaire n'a pas commencé pendant la nuit. Couchée, la glaire ne s'écoule pas. L'observation de toute la journée est nécessaire.
- Si toute la journée, j'ai observé "sec et rien vu", les relations sexuelles sont possibles le soir sans risque de grossesse.

- Mais pas 2 soirs de suite : en effet, le lendemain d'une relation sexuelle, l'humidité du sperme peut masquer le début de la glaire.

Dès l'apparition de glaire sentie ou vue, la relation sexuelle peut provoquer une grossesse.
ATTENTION : un jour « sec et rien vu » n'est pas toujours un jour non fertile.

Après tout épisode de glaire sans jour sommet ou non accompagné d'un décalage de température, il faut attendre le 4° soir "sec et rien" pour reprendre les relations sexuelles, le soir seulement et pas deux soirs de suite. C'est toujours la période d'attente, l'absence de jour sommet et de décalage de température montre qu'il n'y a pas encore eu d'ovulation.

Pendant la période fertile (définie ci-dessous) : abstinence
Sur mon graphique, cette période est notée sur la ligne « Fertilité », par un trait.
Pas de relation sexuelle depuis le 1° jour de glaire sentie ou vue jusqu'au soir du 3° jour de température haute.
Pendant la période post-ovulatoire : l'infertilité est absolue

À partir du soir du 3° jour de température haute ou du 4° soir après le jour sommet de glaire en cas d'observation de la glaire seule, (méthode Billings) les relations sexuelles sont possibles à tout moment sans risque de grossesse jusqu'au retour des règles.

La Planification Familiale naturelle
Est un nouveau mode de vie.

Vous avez maintenant toutes les connaissances nécessaires pour bien comprendre votre cycle, et votre fertilité, et pratiquer la Planification Familiale Naturelle. Vous savez qu'il existe aussi d'autres méthodes de contraception.
Vous devez donc choisir la méthode qui convient le mieux pour votre couple.

Pour vous aider dans ce choix, vous pouvez vous poser quelques questions :

- Souhaitons-nous que la contraception soit sous la responsabilité d'un seul, ou de tous les deux ?
- Sommes-nous prêts à décider ensemble et à assumer ensemble cette responsabilité ?
- La méthode que nous choisissons est elle vraiment efficace ? Est-elle réversible ?

Si vous choisissez la P.F.N., vous choisissez une méthode efficace et aussi un mode de vie pour votre couple :
Respecter le rythme de la femme, fait d'alternances de périodes fertiles et non fertiles c'est accepter que la femme ne soit pas toujours disponible pour une relation sexuelle sans risque de grossesse, c'est la respecter dans toute sa féminité. Ce respect de l'autre dans la continence peut faire grandir l'amour.

La continence, c'est l'absence de relations sexuelles, mais pas l'absence d'amour. Pour bien la vivre, il faut intensifier le dialogue dans le couple : se dire ses désirs, ses attentes, ses craintes, ses joies, découvrir ensemble une autre façon d'exprimer son amour. L'attente partagée redonne toute sa valeur à la relation sexuelle qui n'est plus un acte banal mais prend alors une nouvelle dimension.

On peut dire que la P.F.N. permet à la fois de maîtriser la fertilité et de faire grandir l'amour des époux.

Pour vous aider dans la pratique de la P.F.N.
Des moniteurs et monitrices sont à votre disposition,
N'hésitez pas à leur demander conseil.*

* Cler Amour et Famille, 65 Bd de Clichy 75009 Paris, www.cler.net

ANNEXES

Le Cycle féminin

Le cycle féminin est la période qui s'écoule entre le premier jour des règles et la veille du premier jour des règles suivantes. Il se met en place au moment de la puberté, entre 12 et 15 ans. Il fonctionne jusqu'à la ménopause, vers 45 - 50 ans.

L'hypophyse, glande située à la base du cerveau, produit des hormones qui stimulent et contrôlent le fonctionnement des organes génitaux.

Au cours de chaque cycle, les mêmes évènements se produisent pour permettre :
- Au col de l'utérus de produire la glaire,
- À un ovaire de faire mûrir un ovule et de sécréter des hormones,
- À l'utérus de se préparer pour l'accueil d'un bébé,
- Aux règles de revenir si l'ovule n'a pas été fécondé.
La durée d'un cycle est en moyenne de 4 semaines, mais elle peut varier d'une femme à une autre, ou d'un cycle à l'autre chez une même femme. On voit des cycles de 21 jours, des cycles de 45 jours ou même plus.

Le cycle, quelle que soit sa longueur, comporte 3 périodes :
1° La période de latence avec les règles et des jours d'attente. Période d'infertilité relative, de durée variable.
2° La période ovulatoire, période de fertilité, d'une durée à peu près constante.
3° La période non fertile post ovulatoire, d'une durée fixe.

1° période du cycle : Période de latence
a) Les règles :
La muqueuse de l'utérus ne reçoit plus de stimulation hormonale. Elle se détache et saigne.
Le col de l'utérus est ouvert pour laisser s'écouler le sang.
La femme sent le sang qui s'écoule à travers son vagin,

Elle voit le sang apparaître à la vulve. Les règles durent 3 à 6 jours.

b) Après les règles: attente

Les organes génitaux sont au repos, en attente :

Les ovaires produisent une dose infime d'estrogènes.

La muqueuse de l'utérus est fine.

Le col de l'utérus est fermé par de la glaire épaisse qui ne coule pas.

La femme se sent sèche au niveau de la vulve et du vagin.

Elle ne voit rien s'écouler.

Sa température est en niveau bas.

La période de latence a une durée variable selon les femmes et selon les cycles, pouvant aller de quelques jours à plusieurs semaines ou mois.

C'est une période d'infertilité relative qui nécessite une grande vigilance pour bien repérer l'apparition des signes de la fertilité, et nécessite des consignes particulières au moment des relations sexuelles (Page 355).

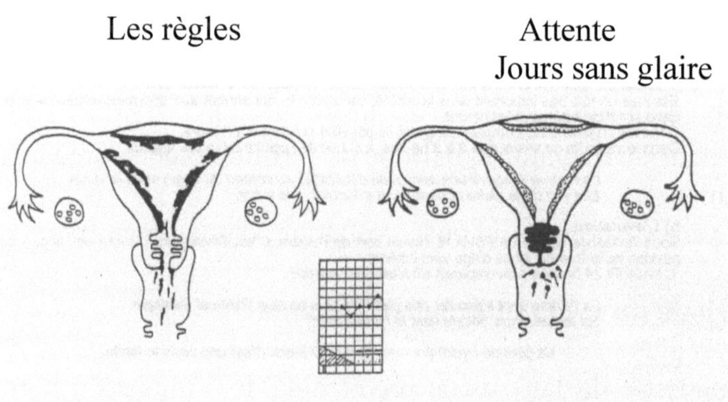

2° période du cycle : période ovulatoire fertile

a) Avant l'ovulation :
L'hypophyse sécrète les hormones FSH et LH qui font mûrir un follicule qui produit plus d'estrogènes.
Sous l'influence des estrogènes :
- la muqueuse de l'utérus se développe, s'épaissit.
- le col de l'utérus s'ouvre et sécrète de la glaire.
Définition de la glaire :
La glaire est produite par le col de l'utérus, elle s'écoule à travers le vagin et s'extériorise à la vulve. Elle est sans odeur, d'abord collante et translucide, puis transparente, élastique, filante. On peut la comparer à du blanc d'œuf cru. Si on la prend entre ses doigts, on peut l'étirer facilement.
Elle joue un rôle très important dans la fertilité, car c'est elle qui permet aux spermatozoïdes de pénétrer dans le col de l'utérus et les nourrit.
Dans les cryptes du col emplies de glaire ils peuvent survivre 6 à 8 jours.
Dans le vagin ils ne vivent que 2 à 3 heures, à cause de l'acidité du milieu vaginal.

La femme éprouve une sensation d'humidité au niveau du vagin et de la vulve.
Elle voit de la glaire apparaître et s'écouler à la vulve.

b) L'ovulation :
L'ovule sort de l'ovaire. Il est aspiré par le pavillon de la trompe et se dirige vers l'utérus.
L'ovule vit 24 heures puis disparaît s'il n'est pas fécondé.
La femme sent s'écouler une glaire de plus en plus filante et élastique.
Sa température se décale vers le niveau haut
La période ovulatoire dure de 6 à 10 jours. C'est une période fertile.

Avant l'ovulation   L'ovulation

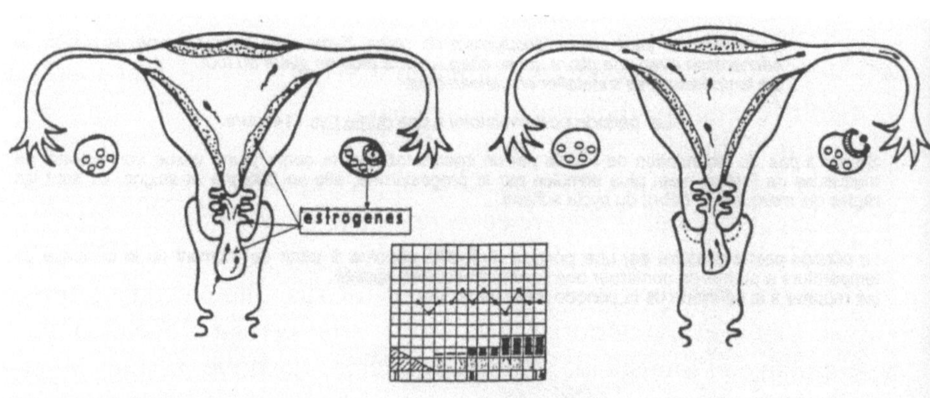

3° période du cycle : période post ovulatoire, non fertile

Après l'ovulation, à la surface de l'ovaire, sur la cicatrice laissée par le départ de l'ovule, apparaît une glande, le corps jaune, programmé pour fonctionner pendant 14 jours.

Le corps jaune produit une hormone, la progestérone qui va tout préparer pour accueillir un éventuel embryon :

- Elle bloque l'hypophyse et empêche une nouvelle ovulation au cours de ce cycle.

- Elle enrichit la muqueuse de l'utérus pour permettre l'implantation de l'embryon.

- Elle ferme le col de l'utérus et coagule la glaire.

- Elle fait monter la température de la femme. C'est le décalage de température qui permet d'affirmer que l'ovulation a bien eu lieu.

La femme ne sent plus d'écoulement de glaire filante, elle retrouve une sensation de sécheresse avec une glaire qui se coagule, puis plus de glaire du tout.

Sa température va s'installer en plateau haut.

La période post ovulatoire a une durée fixe : 14 jours.

S'il n'y a pas de fécondation de l'ovule par un spermatozoïde, le corps jaune cesse son activité. La muqueuse de l'utérus n'est plus stimulée par la progestérone, elle se détache et saigne, ce sont les règles qui marquent le début du cycle suivant.

La période post-ovulatoire est une période d'infertilité absolue à partir du moment où le décalage de température a permis de confirmer que l'ovulation est bien passée.

(Se reporter à la description de la période fertile, page 340)

Après ovulation, infertilité   Les règles

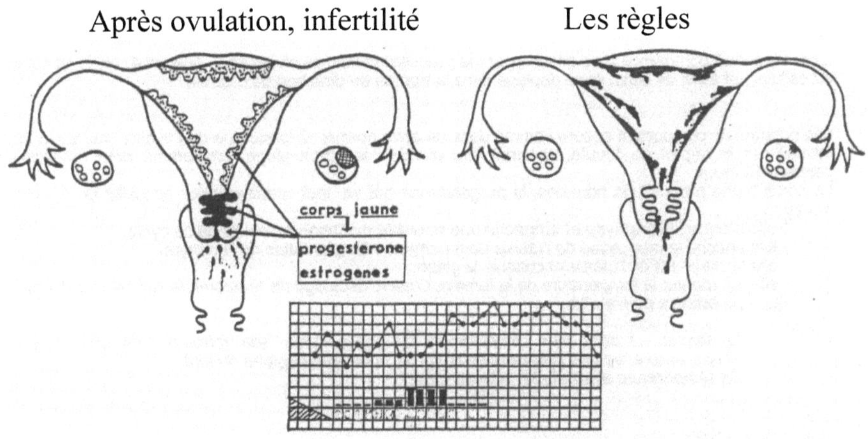

La grossesse

a) Fécondation

Les spermatozoïdes déposés dans le vagin de la femme ont utilisé la glaire pour pénétrer dans le col de l'utérus. De là ils vont à la rencontre de l'ovule. La fécondation a lieu dans la trompe : un spermatozoïde pénètre dans l'ovule pour former la première cellule du futur bébé.

b) Migration

L'œuf fécondé commence à se développer : la première cellule se divise en 2, puis en 4, en 8, en 16, en 32 cellules, et ainsi de suite, et se déplace dans la trompe en direction de l'utérus.

À la surface de l'ovaire, sur la cicatrice laissée par le départ de l'ovule, apparaît une glande : le corps jaune, programmé pour fonctionner pendant 14 jours.

Le corps jaune produit une hormone, la progestérone qui va tout préparer pour accueillir un éventuel embryon :

- elle bloque l'hypophyse et empêche une nouvelle ovulation au cours de ce cycle.

- elle enrichit la muqueuse de l'utérus pour permettre l'implantation de l'embryon.

- elle ferme le col de l'utérus et coagule la glaire.

- elle fait monter la température de la femme. C'est le décalage de température qui permet d'affirmer que l'ovulation a bien eu lieu.

La femme ne sent plus d'écoulement de glaire filante, elle retrouve une sensation de sécheresse avec une glaire qui se coagule, puis plus de glaire du tout

Sa température s'installe en plateau haut.

Fécondation   Migration de l'embryon

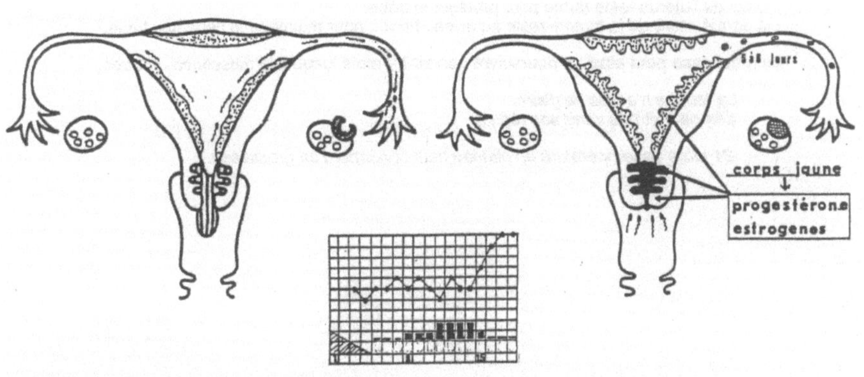

c) Nidation

L'embryon s'implante dans l'utérus 6 à 8 jours après la fécondation.

La femme ne sait pas encore qu'elle est enceinte, et pourtant, l'embryon va déjà se manifester en secret.

Dès son implantation dans la muqueuse utérine, il produit l'hormone HCG qui va stimuler le corps jaune pour qu'il ne cesse pas son activité au bout de 14 jours, mais continue sa production de progestérone :

- L'hypophyse reste bloquée, il n'y aura pas d'ovulation au cours de la grossesse.

- La muqueuse de l'utérus continue à s'enrichir pour nourrir l'embryon. Elle ne se détache pas, il n'y a pas de règles pendant la grossesse.

- Le col de l'utérus reste fermé pour protéger le bébé.

- La température de la femme reste au niveau haut... pour maintenir le bébé au chaud.

La grossesse peut ainsi se poursuivre pendant 9 mois jusqu'à la naissance du bébé.

La femme n'a plus de glaire.
Elle ne voit pas venir ses règles.
21 jours de température en plateau haut confirment sa grossesse

La nidation de l'embryon dans l'utérus

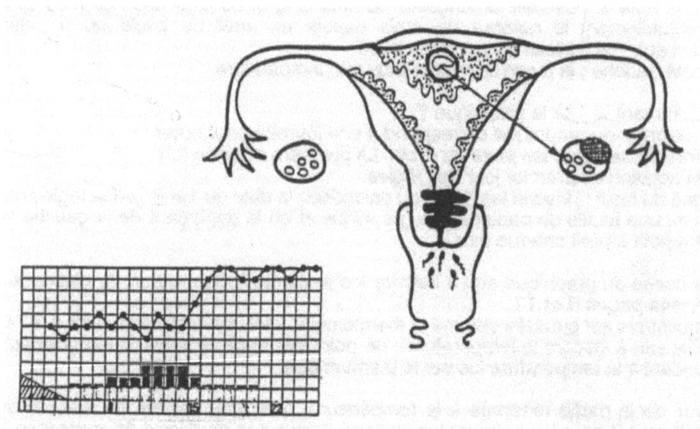

Le graphique d'observation

Un graphique est utilisé pour chaque cycle.
Le 1er jour des règles, je commence un nouveau graphique, et lui attribue un nouveau numéro.
Je note quelques renseignements avant de commencer :
- En haut : le mois et l'année - le n° du graphique - mon âge - notre désir d'éviter ou de favoriser une grossesse.
- En bas je note si possible la longueur du plus long et du plus court de mes cycles depuis 1 an - je note éventuellement le nombre de mois depuis un arrêt de pilule ou de stérilet, ou depuis un accouchement. – si j'allaite ou non mon bébé.
- Sur le côté gauche : la façon dont je prends ma température.

Comment utiliser le graphique ?
Chaque colonne du graphique correspond à une journée pour noter les observations du jour.
Les chiffres du bas sont les jours du cycle. La première colonne (chiffre 1) est le 1er jour du cycle. On y inscrira la notation du premier jour des règles.
Sur la ligne du haut : j'inscris les dates du calendrier, la date du 1er jour des règles dans la 1ère colonne.
• En posant une feuille de papier sur le graphique et en la déplaçant de la gauche vers la droite, on fait apparaître petit à petit chaque jour.

La partie basse du graphique sert à inscrire les règles et l'observation de glaire. Les codes de notation sont précisés page 327.
La partie centrale est graduée comme le thermomètre, mais seulement de 36°1 à 37°4 (il ne s'agit pas de fièvre). Elle sert à

inscrire la température : un point est tracé dans la colonne du jour, sur la ligne correspondant à la température lue sur le thermomètre.

Au dessus de la partie réservée à la température, une ligne permet de noter la fertilité : flèche de la fertilité, "S" ou "J" pour les soirs ou les jours où il n'y a pas de risque de grossesse. (Voir page 321)

Un graphique bien rempli permet de voir le déroulement du cycle et de savoir chaque jour si une relation sexuelle peut aboutir ou non à une grossesse.

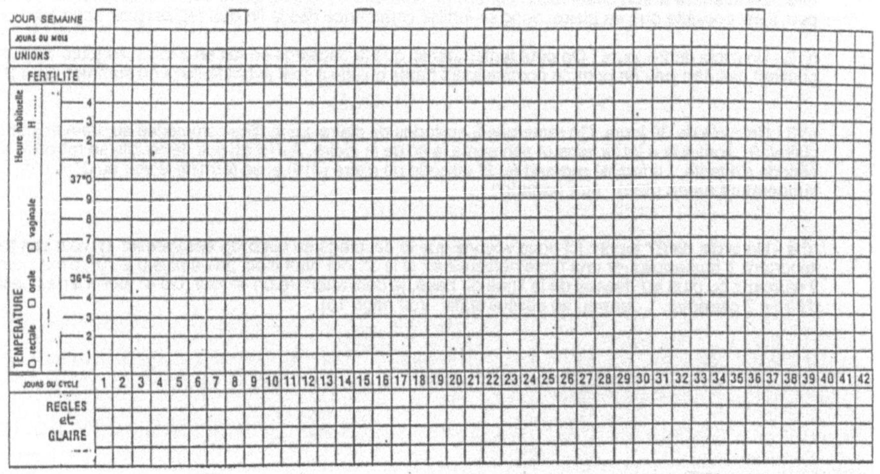

Quelques exemples de graphiques

N° 1 - Un cycle court de 24 jours : cette femme a noté 2 jours secs après ses règles. Mais elle devrait être plus attentive à son observation car elle ne note que 3 jours de glaire avant le sommet, ce qui est peu. Il est possible que sa glaire, donc sa fertilité commence dès la fin des règles.

N° 2 - Un cycle de 28 jours : On peut remarquer ici que le décalage se fait en 2 fois. Les jours 16 et 17 ne peuvent pas être pris en compte comme jours hauts puisqu'il sont avant la ligne du sommet

N° 3 - Un cycle de 39 jours. On remarque 2 épisodes de glaire. La fertilité commence au premier jour de glaire (J9), continue 4 jours secs et rien après la fin de la glaire. A J16 au soir, le couple se retrouve en période d'attente. La fertilité reprend au 2° épisode de glaire (J19) et se termine le soir du 3° jour de température haute (J30).

N° 4 - Un cycle de 27 jours : Ici nous voyons que le décalage se fait progressivement et n'est pas très important. Il faut appliquer une règle particulière : si le 3° jour haut n'est pas à plus 0,2/10°, c'est à dire à 2 carreaux ou plus au dessus de la ligne de base, je dois attendre un 4° jour. Ce 4° jour n'a pas besoin d'être à 2 carreaux, 1 carreau au dessus suffit.

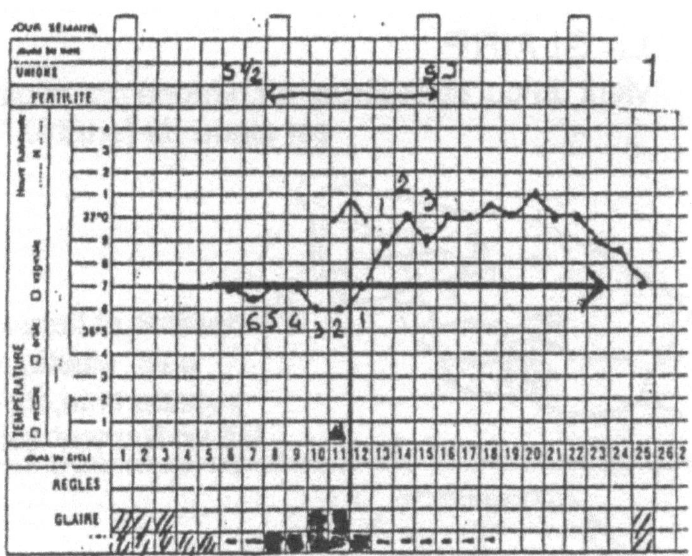

Graphique 1 : cycle court

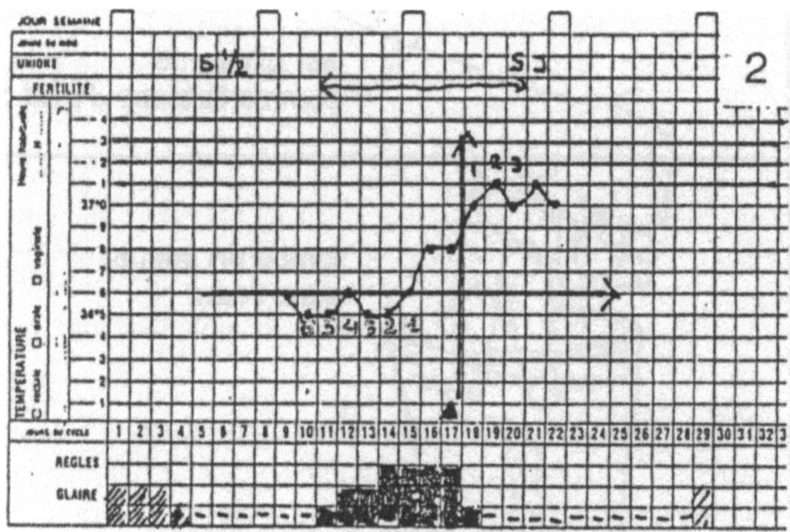

Graphique 2 : cycle de 28 jours

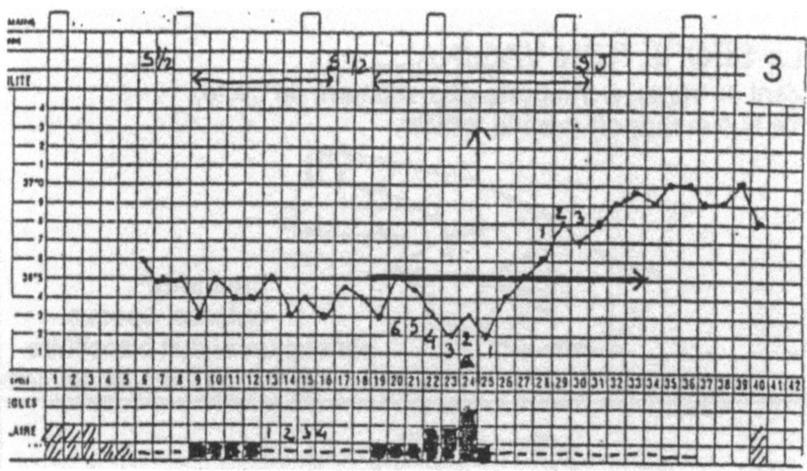

Graphique 3 : Cycle de 39 jours

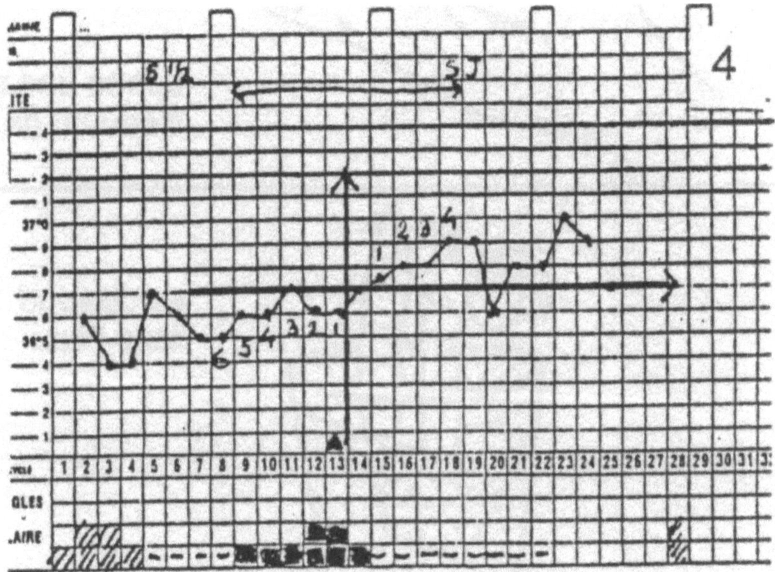

Graphique 4 : Cycle de 27 jours

Des situations particulières

Sécrétion vaginale ou glaire ?

Je me sens toujours humide :
Comment différencier la glaire et la sécrétion vaginale ?

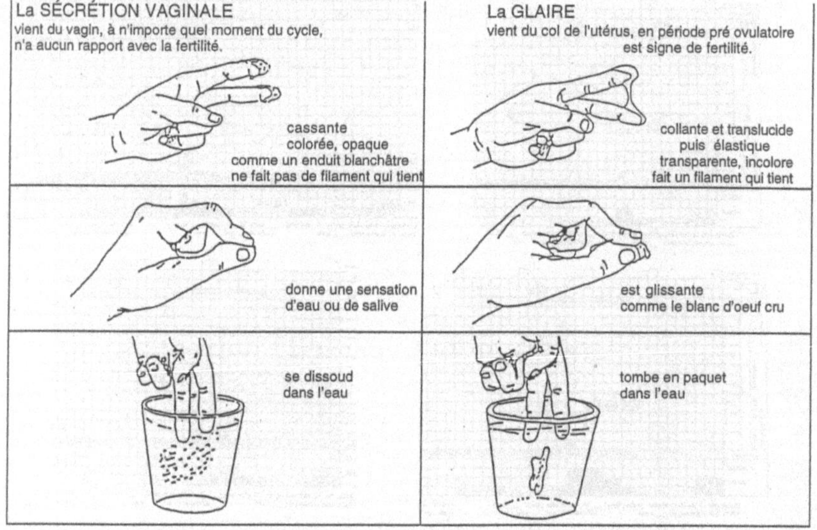

Différence entre règles et saignements :

Les règles sont toujours précédées par une ovulation, donc par un jour sommet de glaire et un décalage de température.
Si du sang apparaît avant le jour sommet de glaire ou le décalage de température, c'est un saignement et non pas des règles. Ce saignement ne marque pas la fin du cycle, nous sommes toujours dans la période d'attente. Il faut continuer l'observation sur le même graphique.
Tout saignement avant le jour sommet ou avant le décalage de température est considéré comme un épisode de glaire, car il peut

masquer de la glaire. Donc, abstinence pendant le saignement et les 4 jours "sec et rien vu" qui suivent.

Si le décalage de température intervient après le 30° jour du cycle : tracer la ligne de base sur 21 jours (au lieu de 6) et attendre 5 jours de température haute selon les critères habituels (au lieu de 3).

Les cycles longs

Pour certaines femmes tout au long de leur vie, pour la plupart au moment de la pré-ménopause, les cycles peuvent s'allonger beaucoup. Rappelons nous que c'est toujours la première période du cycle qui s'allonge, la période d'attente. Puis vient l'ovulation et le cycle se termine 14 jours plus tard. Tant qu'il n'y a pas eu d'ovulation, le cycle n'est pas terminé. Au cours de cette longue période d'attente, il peut y avoir plusieurs épisodes de glaire, il peut aussi y avoir quelques jours de saignements.

Critères d'interprétation des cycles longs :
Dès l'apparition de glaire, (sensation d'humidité et/ou glaire vue) la femme est possiblement fertile.
Après tout épisode de glaire qui n'évolue pas vers un jour sommet et n'est pas accompagné par le décalage de température, la femme est encore fertile les 4 jours suivants.
C'est le 4° jour "sec et rien vu" toute la journée, que le couple peut reprendre les relations sexuelles sans risque de grossesse, le soir seulement et pas 2 soirs de suite.

Pour favoriser la venue d'un enfant

La connaissance de la fertilité peut s'utiliser dans les deux sens. Elle permet d'éviter une grossesse, mais aussi de la favoriser.
L'absence de grossesse dans les mois qui suivent le début des relations sexuelles est souvent une grande tristesse, mais elle n'est

pas synonyme de stérilité. La connaissance et la compréhension des trois périodes du cycle de la femme peuvent être alors une grande aide pour le couple.

Des couples qui ignorent le rôle de la glaire cervicale dans la fertilité risquent parfois d'éviter les relations sexuelles en considérant la glaire comme impure.

Des femmes peuvent être "hypofertiles", n'avoir que peu de jours de fertilité.

Des hommes peuvent être "hypofertiles" par une concentration insuffisante de spermatozoïdes dans le sperme.

Une bonne observation de la glaire permet de repérer le moment de plus grande fertilité : plus la relation sexuelle est proche du moment de l'ovulation plus les chances de conception sont grandes.

Pour plus de détails, revoir les explications du cycle page 358 et suivantes.

Des conseils :

Pour augmenter les chances de concevoir un bébé, le couple ne doit pas multiplier les relations sexuelles, mais bien choisir leur moment : abstinence de 3 ou 4 jours dès que la glaire commence, puis relations sexuelles les jours où la glaire est la plus filante. Ainsi les spermatozoïdes déposés dans le vagin de la femme seront plus nombreux, au moment où l'ovulation est toute proche.

Ces conseils ont souvent permis à des couples de concevoir le bébé désiré. Et de toutes les façons, le graphique d'observation apporte une bonne connaissance du cycle, qui sera utile pour éclairer des examens médicaux éventuels.

Allaitement
Et planification familiale naturelle

La "MAMA" Méthode de l'Allaitement Maternel et de l'Aménorrhée, précise les conditions d'infertilité au cours de l'allaitement.

Pendant l'allaitement, vous êtes infertile à 4 conditions :
- votre bébé a moins de 6 mois.
- l'aménorrhée persiste : vous n'avez pas de flux menstruel.
- l'allaitement est complet : votre bébé n'absorbe rien d'autre que votre lait maternel pris au sein.
- vous lui donnez 6 tétées au sein ou plus par 24 heures.

Si ces 4 conditions sont remplies, vous n'avez pas à vous soucier de votre observation. Même si vous sentez de la glaire, vous n'êtes pas fertile.

Mais dès qu'une de ces conditions n'est pas remplie, votre fertilité revient et vous devez reprendre une méthode de planification familiale.

Si vous choisissez la P.F.N., vous reprenez vos observations de glaire et de température, vous êtes en période de latence avec les consignes habituelles de cette période : Pas de relation sexuelle dès qu'il y a sensation d'humidité et/ou présence de glaire : la fertilité est possible. Il faut attendre le 4° soir sec et rien après tout épisode de glaire pour reprendre les relations sexuelles sans risque, le soir seulement et pas deux soirs de suite.

Il peut y avoir une longue période d'attente, avec plusieurs épisodes successifs de glaire avant de trouver le premier décalage de température qui marquera la première ovulation, suivie du retour de couches, premières règles après l'accouchement.

Pour interpréter avec sécurité le premier décalage de température, il faut :
- Tracer la ligne de base sur tous les points bas
- Et trouver 5 points hauts.
Pour le cycle suivant, on reprend les règles d'interprétation habituelles :
- Ligne de base sur 6 jours
- 3 points hauts.

Utiliser la planification familiale naturelle après avoir utilisé une technique de contraception : Ogino, retrait, préservatif, stérilet ou pilule

Faites-vous aider par une monitrice !

Les consignes sont différentes selon la méthode utilisée auparavant et il faut bien veiller à ce que le passage se fasse sans risque d'une technique à la P.F.N.

<u>Ogino :</u> Vous pouvez passer directement de l'un à l'autre. Vous trouverez plus d'efficacité.

Retrait ou Préservatif : Au début, ne changez pas vos habitudes. Apprenez l'auto-observation. Habituez-vous à la continence en période fertile. (Retrait ou préservatifs ne sont pas très sûrs, un peu de sperme à la vulve permet aux spermatozoïdes d'entrer dans les voies génitales. Risque de grossesse)

Cesser de pratiquer le retrait ou ôtez le préservatif seulement quand vous serez bien sûr de votre capacité à appliquer les règles de la P.F.N.

<u>Stérilet :</u> Au début, gardez le stérilet. Le stérilet ne modifie pas l'observation de la glaire et de la température. Apprenez l'observation. Habituez-vous à la continence en période fertile.

Ôtez le stérilet seulement quand vous serez très sûre de l'interprétation du graphique et de votre capacité à observer la continence et les règles de la méthode.

<u>Pilule :</u> Au début, continuez à prendre la pilule, elle vous protège pendant la période d'apprentissage qui sera plus difficile.

Sous pilule, vous avez très peu de glaire. Votre température ne présente pas de décalage. Il n'y a pas de période fertile.

Apprenez les principes de la méthode. Prenez l'habitude de prendre votre température tous les matins et de l'inscrire sur le graphique. Essayez d'éprouver la sensation de glaire au niveau de vagin.

Faites l'apprentissage de la continence pendant une semaine entière, vers le milieu du cycle.

Arrêtez la pilule seulement quand vous serez à l'aise avec la continence, et avec la prise de température. Votre cycle va reprendre petit à petit son déroulement normal.

Vous devez vous faire aider par une monitrice pour le suivi des premiers graphiques, car il y a des règles particulières d'interprétation pour les 3 premiers cycles après pilule :

Pas de relations sexuelles en début de cycle, jusqu'à la fin de la période fertile.

Ligne de base tracée sur tous les points bas (au lieu de 6), et trouver 5 jours de température haute (au lieu de 3) avec les critères habituels.

Table des matières
Du Manuel d'utilisation
De la méthode d'auto- observation
Pour
La planification familiale naturelle

Table des matières

Générales de l'ouvrage

TQS avec les services de santé de l'État dans les provinces du Nord avec la VINAFPA

Rapports annuels de Duong Van Loï